子ども家庭福祉論

柏女霊峰 著

Kashiwame Reiho

第8版

誠信書房

は じ め に

　子ども家庭福祉とは，理念的に人格主体として理解されつつ，実際には自己の立場を主張し守りにくい子ども，ならびにその子どもが生活する基盤である家庭を対象とし，子どもが生存し，発達し，自立しようとする際に出会うさまざまな困難に対し，子どもや家庭と環境との接点にあって，社会統合や一定の社会的価値ならびに子ども家庭福祉にかかわる根源的な価値追求その他を理念として，子どもならびに家庭のウエルビーイングの実現のために，国，地方公共団体，法人，私人等が行う子どもや家庭および関係者を対象とする実践および法制度の総体である。

　また，子ども家庭福祉は，子どもや子育て家庭の置かれた環境の現状を視野に入れ，子ども家庭福祉の理念に基づき，子ども家庭福祉の目的とその方策を法令等に基づいて制度化し，その運用ルールを示したもの，およびそのルールに基づいた機関・施設の運営や具体的実践行為（方法）の体系である。すなわち，子ども家庭福祉は，社会のありよう，現状を基礎として，理念，制度，方法（経営，援助）の3つを構成要素として成り立つ。

　その子ども家庭福祉は，平成期から令和期に移った現在，大きな変革期にある。それは，子ども・子育て支援制度創設とともに，戦後70年にわたって制度創設当時の体制をほぼ保ち続けてきた子ども家庭福祉に，新しい世界をもたらすこととなった。

　この間，平成28年には，児童福祉法の大改正も行われた。しかし，子どもの最善の利益を重視する公的責任論と，人々のゆるやかなつながりのなかで包み支え合う社会連帯論とは，つながるばかりかさらに溝を深くしているかのようである。筆者もこの間，時代とともに走りながら最善の道を探ってきたが，その評価は歴史の判断に委ねられることとなる。

　本書の前身は，平成7年の拙著『現代児童福祉論』である。平成19年の第8版まで版を重ねてきたが，平成21年度からの社会福祉士養成カリキュラムの改正や新保育所保育指針の施行にともない，全体を再構成して書名を『子ども家庭福祉論』と改めた。しかしながら，「現状を踏まえた理念，制度，方法の円環的

前進」という著者の基本的視点は引き継いだ。

　本書はその第 8 版である。新型コロナウイルスとの戦い半ばでの改訂ではあるが，テキストという性格上，その影響についての考察等は第 7 版同様，原則として含めないこととした。コロナ禍の子ども家庭福祉については，別途，考察を進めているのでご容赦いただきたいと思う。今回は，令和 4 年改正児童福祉法の令和 6 年度からの施行を踏まえた準備状況，令和 5 年度からのこども家庭庁の創設，こども基本法の施行などが改訂の中心となっている。統計数値の改訂も盛り込んでいる。なお，令和 5 年末に閣議決定された「こども未来戦略」についても概略を盛り込んだ。

　本書の読者は，社会福祉士ならびに保育士資格取得をめざす学生のみならず，子ども家庭福祉・保育現場の専門職，子ども家庭福祉行政関係者，子育て支援等のボランティアの方々をも想定している。そのため，テキストを超えた考察も含めるように努めた。

　本書が多くの方々に読まれ，そのことにより，子ども・子育ての福祉が少しでも進展し，多くの子どもたちや親たちに幸せ（福祉）をもたらすことを願っている。最後に，本書の校正等についてご尽力いただいた誠信書房の中澤美穂編集部長ならびに楠本龍一氏に心からの感謝をささげたい。

　　令和 5 年 12 月

　　　　　　　　　　　　　　　　　　　　　　　　　柏女　霊峰

目　　次

第1章

子ども家庭福祉を考える視点

　第1章においては，まず，子ども家庭福祉の定義やその営みを構成する4つの要素，すなわち，現状，理念，制度，方法の相互関係について理解する。続いて，第2節において，子ども家庭福祉ニーズを社会との関連で考察する。

●第1節　子ども家庭福祉とは何か●

1. 子ども家庭福祉の定義と構成要素

　まず，最初に，子ども家庭福祉とは一体どのような営みを指すのか考えてみる。子ども家庭福祉とは，簡潔にいえば，「子ども家庭福祉とは，理念的に人格主体として理解されつつ，実際には自己の立場を主張し守りにくい子ども[*1]ならびにその子どもが生活する基盤である家庭を対象とし，子どもが生存し，発達し，自立しようとする際に出会うさまざまな困難に対し，子どもや家庭と環境との接点にあって，社会統合や一定の社会的価値ならびに子ども家庭福祉に関わる根源的な価値追求その他を理念として，子どもならびに家庭のウエルビーイングの実現のために，国，地方公共団体，法人，私人等が行う子どもや家庭及び関係者を対象とする実践および法制度の総体である」と定義できる。

　また，子ども家庭福祉は，「子どもや子育て家庭の置かれた環境の現状を視野に入れ，子ども家庭福祉の理念に基づき，子ども家庭福祉の目的とその方策を法

[*1]　本書においては，「児童」という表現に代えて「子ども」という表現を用いる。ただし，法令上「児童」と標記することが必要な場合には，「児童」の表現を用いる。児童の定義は法律により異なるが，児童福祉法においては18歳未満の者に対して用いられる。したがって，本書において「子ども」という場合には，原則として18歳未満の者をいう。なお，令和5年4月1日施行のこども基本法における「こども」の定義は「心身の発達の過程にある者」である。政府は「こども」の表記を推奨しているが，本書では「18歳未満の者」の定義を採用するため，「児童」「こども」と表記すべき部分を除いて，原則としてこれまでどおり子ども家庭福祉において通常用いられる「子ども」と表記する。

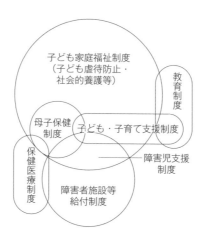

図 1-1　子ども家庭福祉制度体系

令等に基づいて制度化し，その運用ルールを示したもの，およびそのルールに基づいた機関・施設の運営や具体的実践行為（方法）の体系である」といえる。すなわち，子ども家庭福祉は，社会のありようを基礎として，理念，制度，方法（経営，援助）の3つを構成要素として成り立つ。

　たとえば，代表的な子ども家庭福祉サービスである保育所保育を例にとると，保育所における日々の保育は，子育てと仕事の両立を願う人びとや，子育ての孤立化などの現状を踏まえ，親の仕事と子育ての両立や，育児負担の軽減，子どもの豊かな発達・福祉の保障を理念として，認可保育所制度という制度や保育所保育指針等の法令に基づいて，適切な保育所の経営・運営のもとで，一人ひとりの子どもに対して提供される保育という専門的行為によって成り立っている。したがって，子ども家庭福祉を語る場合には，常に現状，理念，制度，方法の4つを視野に入れていくことが必要である。

　なお，広義の子ども家庭福祉は，制度体系としての母子保健制度や障害児支援制度（障害者施設等給付制度），ならびに平成27年度から創設されている子ども・子育て支援制度等を包含するが，それぞれの制度体系と子ども家庭福祉制度体系とは一部重なり合っている。これは，図1-1のように示される。

2.　児童福祉から子ども家庭福祉へ

「子ども家庭福祉」の用語は近年とみに使われるようになったものであり，これまでは「児童福祉」と呼ばれていた。子ども家庭福祉の概念は，子どもを直接のサービスの対象とする児童福祉の視点を超え，子どもが生活し成長する基盤となる家庭をも福祉サービスの対象として認識していこうとする考え方のもとに構成された概念である。

政府関係報告書において初めて「児童家庭福祉」が用いられたのは，昭和56年の中央児童福祉審議会意見具申「今後の我が国の児童家庭福祉の方向性について（意見具申）」が最初である。その後，平成2年に，全国社会福祉協議会の児童家庭福祉懇談会の提言「新たな「児童家庭福祉」の推進をめざして」でその意義について言及がなされ，続いて，“児童”より権利行使の主体とのニュアンスをもつとされる“子ども”へと表現を変え，「子ども家庭福祉」[*2]と表現されるようになった。

そこには，従来の救貧的な福祉観から，権利の保障と自己実現を重視した福祉観への転換をみてとることができる。子ども家庭福祉に含まれる特徴については，第6章「子ども家庭福祉の理念」に詳しく述べているので参照いただきたいが，本書においては，これまでの「児童福祉」に代えて，「子ども家庭福祉」の用語を用いることとする。

3.　子ども家庭福祉の具体的内容

子ども家庭福祉の対象は大きく，①子ども，②妊産婦や子育て家庭，③子どもと子育て家庭が暮らす地域社会や社会そのもの，の3つである。

まず，子どもたちが暮らすこの社会のありように注目しなければならない。現代社会は，今，さまざまな価値観のゆらぎのなかにある。その社会のなかでの子どもたちや子育て家庭の暮らしの実情について，正確に理解することが求められる。社会のありようや社会全体が向かっている方向について目を配ることが必要とされる。次に，子どもの育ちの実情についての正確な理解が求められる。つま

[*2]　現在では，社会福祉士試験受験資格取得のための指定科目は「児童福祉論」から「児童や家庭に対する支援と児童・家庭福祉制度」と告示され，新保育士養成課程においても「子ども家庭福祉」と告示されている。

り，現代社会における子どもの生活の実情や，子どもの発達についての理解である。第三に，地域における子育ての実情，および子育てをしている親たちの生活の実情についての正確な理解が求められる。そのうえで，前述したとおり，子ども家庭福祉の理念，制度，方法が語られる。

　まずは，「理念」について検討が必要とされる。わが国においては，具体的には，児童の権利に関する条約，障害者の権利に関する条約や，児童福祉法第1〜3条の2，児童憲章，少子化社会対策基本法，障害者基本法，子ども・子育て支援法，こども基本法の各規定などがあり，さらには，近年の子ども家庭福祉改革を導く理念について把握することが求められる。それは，社会的存在としての子どもの尊厳性および平等，自己実現を理念とするウエルビーイングの実現をめざすこと，切れ目のない支援をめざすソーシャル・インクルージョン（social inclusion：社会的包摂）*3や共生の理念であるといえる。また，次世代育成支援施策や後述される子ども・子育て支援制度の創設などを踏まえると，子どもや子育て家庭の福祉を保障する「公的責任」に加えて，人と人との緩やかなつながりを構築する「社会連帯」の視点が重要視されていることが理解できる。

　続いて「制度」は，これらの理念に基づいて「児童福祉法」を中心とする各種の法令および財政等により構成され，保育，子育て支援（経済的支援を含む），子ども育成，母子保健，障害児童福祉，社会的養護・虐待防止，非行・心理的問題を抱える（情緒障害*4）児童の福祉，ひとり親家庭福祉（寡婦福祉を含む）等の各種サービスが体系化され，市町村，福祉事務所，児童相談所，保健所，市町村保健センター，児童委員・主任児童委員のほか，児童福祉施設や各種在宅事業がそれらを支えている。

　こうした制度に基づく多様な供給主体による公的なプログラムのほか，非営利

＊3　イギリス，フランスなどにおける近年の社会福祉再編の基本理念のひとつであり，失業者，ホームレスなど社会的に排除されている人びとの市民権を回復し，公的扶助や就労機会の提供などを通じて，再び社会に参入することを目標とする考え方のことである。わが国では平成12年，厚生労働省に設置された「社会的な援護を要する人々に対する社会福祉のあり方に関する検討会」において，「包み支え合う（ソーシャル・インクルージョン）ための社会福祉を模索する必要がある」と，新しい社会福祉の考え方として示されている。

＊4　平成28年改正児童福祉法により，これまでの情緒障害児短期治療施設の名称が平成29年度から児童心理治療施設と改称されており，「情緒障害」という用語の定義が情緒障害児短期治療施設の入所対象とすべき児童とされていたことにかんがみれば，これで，情緒障害ならびに情緒障害児というよび名は子ども家庭福祉分野から消失したことになる。したがって，本書においては，これ以後，情緒障害という用語は用いない。

団体等によって提供される自発的なプログラム，地域住民，友人関係等のネットワークによる相互扶助活動，企業等によるビジネスや社会貢献活動なども重要な分野を構成している。

　子ども家庭福祉を支える専門職としては，児童相談所専門職員である児童福祉司や児童心理司のほか，児童指導員，保育士，保育教諭，放課後児童支援員，児童厚生員等の各種の専門職員がある。これらの専門職が，子ども家庭福祉問題の特性ごとに具体的「援助」，すなわちソーシャルワークやケアワーク，心理学的援助，訓練等を展開しているのである。そして，これらの援助が，それが展開される機関・施設・事業の「運営・経営」とともに，子ども家庭福祉の「方法」を構成している。

4.　子ども家庭福祉の円環的前進

　古川（2004：32-35）は，社会福祉の構成要素を政策，制度，援助とし，それぞれの相互関係について考察している。古川は，「政策，制度，援助という各要素の間には，しばしば切迫したコンフリクトが形成される」と述べ，「こうした政策と援助の乖離が明らかになるのは，政策と援助が出会う場所，すなわち制度の領域においてである。制度の領域では，政策的な基準と援助領域における実態的な要請との乖離をどのように調整し，埋め合わせるかが重要な課題の一つとなり，そこにおける経験が新たな政策的対応（ここでの基準でいえば認定基準の改善）をうみ，また新たな援助方法の開発と展開をもたらす内在的な契機となる」と述べている。

　そのうえで，「社会福祉学を法則定立的な科学から，それを基礎に据えつつも，それを超えて実際的実践的な政策，制度，援助のありようを追求するデザイン（設計）志向の科学-設計科学として展開するという視点」を重視している。

　筆者も，基本的にその視点に同感する。ただ，筆者は，古川の構成要素のうち，政策の背景にある社会福祉の理念をより重要な構成要素としたいと考えている。こうしたところから，筆者は，社会福祉，子ども家庭福祉の構成要素を，前述したとおり，社会のありよう（環境）を基礎とした，理念，制度，方法の3つに整理している。したがって，社会福祉のありようは，社会のありように連動する。また，社会福祉の理念が変われば制度が変わり，また，制度の変容は方法にも影響をもたらす。

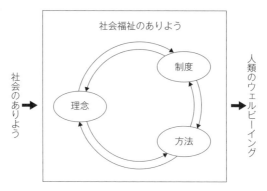

図 1-2　社会福祉における理念，制度，方法の
円環的前進

（柏女，2002，p. 84）

　近年の代表的社会福祉制度改革である社会福祉基礎構造改革を例にとると，こ
れは，社会福祉法改正を中心とするいわば"法改正"であり，"制度"の改正で
ある。しかし，それは，社会事象や人びとの価値観の変容など，「社会」の変容
に対応するものであり，「パターナリズムからパートナーシップへ」とのスロー
ガンに象徴されるように，「理念」の変更を内包している。さらに，それにとも
ない，「方法」も新たな展開を求められることとなる。

　すなわち，専門家が各種情報を所有して利用者を支援する時代から，利用者に
情報を提示し，利用者や地域社会をエンパワーし，利用者本人の自己決定を支援
する方法が重視されるようになってくる。そして，そうした「方法」による検証
は，次なる「制度」改正へと結びつく。これが，理念，制度，方法の円環的前進
である。この構造は，図 1-2 のように示される。

　つまり，古川（2004：35）の述べる「制度の領域では，政策的な基準と援助領
域における実態的な要請との乖離をどのように調整し，埋め合わせるかが重要な
課題の一つとなり，そこにおける経験が新たな政策的対応（ここでの基準でいえ
ば認定基準の改善）をうみ，また新たな援助方法の開発と展開をもたらす内在的
な契機となる」という視点は，筆者からいえば，社会のありよう，現状を踏まえ
た理念，制度，方法（機関・施設の運営・経営と具体的援助実践）の円環的前進
ということになる。

　すなわち，実践（方法）の集積が「○○を重視すべき」という理念を生み出

し，それが制度を創り出し，その制度のもとでの実践（方法）がまた新たな視点や理念を生み，あるいは制度改正へのインセンティヴとして働くこととなる。こうした円環的構造が，社会のありようの変化に対応するエネルギーを生み出し，かつ，子ども家庭福祉に絶え間ない改善という生成的構造を創り上げていくことになるのである。

●第2節　子ども家庭福祉の変容と社会●

1. 子どもの育ち・子育てと社会

　近年の社会における人びとの人間関係に対する態度をひと言で表現すると，「つながり，ソーシャルキャピタル（社会関係資本）[*5]の喪失」ということになるだろう。こうした現代日本が抱える病は，出生率の継続的低下や子ども虐待の社会問題化に象徴される，子どもを生み育てにくい社会をもたらし，保育所入所児童数，放課後児童クラブ登録児童数の激増，放課後子どもプラン，同総合プラン，新プランの提唱といった，子どもの学校への抱え込みにもつながりかねない現象を生み出している。

　さらに，詳細は第4章において触れるが，障害，疾病，心理・行動上の問題といった子どもの発達，成長にまつわる具体的ニーズが顕在化している。また，家庭や学校，地域における大人の子どもへの不適切な養育・関わり，体罰，子どもの遊び場不足，有害なチラシの配布や第三者による子どもへの暴行などが，子どもの豊かな生活を阻害している。さらには，子どもを消費者とみなすコマーシャルも氾濫し，子どもの心を蝕んでいっている。施設や里親のもとで生活せざるを得ない子どもたちも増加の傾向にある。こうした現象は，子どもの人間関係の縮小化や希薄化，子どもの生きる力の低下といった現象と無縁ではない。子どもがストレスに耐える力を低下させ，心理・行動上の問題を引き起こしやすくしている。

　生きた体験の乏しさも深刻である。子どもたちは，本物ではない擬似体験とし

　＊5　アメリカの政治学者パットナム（Putnam, R. D.）による研究によって，1990年代以降大きな関心を集めることとなった概念で，人びとの協調的な行動によって社会の効率性を高めることのできる，社会的信頼，互酬性の規範，ネットワークといった社会組織の特徴のことである。

て社会を知り，成長していく。こうした生活のなかで，人と人との生の触れ合いも不足し，社会性や他者に対する共感性などが育ちにくいことも指摘されている。子どもは親にケアされながら育ち，自立し，やがて親となって子どもを育てる。育てられる存在が育てる存在となる"いのちの循環"がそこにある。この悠久の昔から続けられてきたいのちの循環が，今まさに危機に瀕しているといえるのである。

2. 社会の価値観のゆらぎと子ども家庭福祉

次に，このようなニーズの変容は，近年の種々の社会事象，社会問題をもたらす以下の価値観のゆらぎを背景としている。

(1) 「集団」から「個人」へ
(2) 「保護」から「自立」へ
(3) 「供給者主体」から「利用者主体」へ
(4) 「集権」から「分権」，「公」中心から「規制緩和」へ
(5) 「隔離」から「ソーシャル・インクルージョン（社会的包摂）」へ
(6) 出生前診断，代理出産などの「倫理」への問いかけ
(7) 「私物的わが子観」から「社会的わが子観」へ

こうした方向への価値観のゆらぎは，人びとの孤立化と競争の激化を生み出し，格差や社会的排除（ソーシャル・イクスクルージョン：social exclusion）を生み出していく。近年では，子どもの貧困も大きな課題として浮かび上がっている。こうした事態に対して，社会的包摂（ソーシャル・インクルージョン：social inclusion）の視点からの対策が求められている。

少子・高齢社会の到来にともない，多くの人が当たり前のように福祉サービスを利用し，また，多くの人が，これまた当たり前のように福祉サービスの担い手となることのできる，福祉の「普遍化」が求められている。しかし，また一方で，困難な生活問題を抱える利用者を長期にわたって支え，あるいはケアし，さらには専門的に支援する福祉の「専門化」も求められている。

この福祉の「普遍化」と「専門化」という２つの課題を，現代社会のなかでどのように整合化させ，システムとして実現していくかが問われているのである。

また，近年では，価値観の流動化のなかで生じてきた各種の生活課題と，現行の
サービス提供体制や具体的サービスとの乖離が大きくなってきており，社会福祉
サービス供給体制の再構築が求められている現状にある。子ども家庭福祉もその
ただなかにあるといってよい。

【文　献】

網野武博（2002）：『児童福祉学』中央法規出版

古川孝順（2004）：『社会福祉学の方法』有斐閣

柏女霊峰（2002）：「社会福祉の制度と臨床」江幡玲子・深澤道子編『現代のエスプリ』
　　第 422 号

柏女霊峰（2007）：『現代児童福祉論』（第 8 版）誠信書房

柏女霊峰（2008）：『子ども家庭福祉サービス供給体制──切れ目のない支援をめざして』
　　中央法規出版

柏女霊峰（2011）：『子ども家庭福祉・保育の幕開け──緊急提言　平成期の改革はどう
　　あるべきか』誠信書房

柏女霊峰（2015）：『子ども・子育て支援制度を読み解く──その全体像と今後の課題』
　　誠信書房

柏女霊峰（2017）：『これからの子ども・子育て支援を考える──共生社会の創出をめざ
　　して』ミネルヴァ書房

柏女霊峰（2019 a）：『子ども家庭福祉学序説──実践論からのアプローチ』誠信書房

柏女霊峰（2019 b）：『平成期の子ども家庭福祉──政策立案の内側からの証言』生活書
　　院

柏女霊峰編（2020）：『子ども家庭福祉における地域包括的・継続的支援の可能性──社
　　会福祉のニーズと実践からの示唆』福村出版

第2章

子どもの社会的特性と
必要とされる配慮

　第2章においては，子どもの社会的特性と，そのために必要とされる配慮について7点を挙げて整理する。続いて，子どもの発達的特徴を概観し，さらに，保護者の生活の実情等も踏まえて必要とされる配慮について解説する。

●第1節　「子ども」の社会的特性●

1. 「子ども」期とは何か

　そもそも，社会的意味における「子ども（期）」（childhood）の誕生はそんなに古いことではない。中世以前においては，「成人」と区別される時期として，身体的に未自立な状態にある7歳頃までの「乳幼児（期）」（infantile）が存在したにすぎず，それ以降の年齢は区別する必要がなかったからである。ところが，近世の印刷技術の発明およびその普及により，識字能力をもつ成人が優位に立ち，学校において文字等の教育が開始されるようになると，これまでの徒弟制度時代は7歳頃までとみなされていた子ども期が，「子どもが成人の領域の要求や責任を負わないですむ期間」として延長されることとなり，子ども期が誕生した経緯をもつ。

　このように，「子ども（期）」とは，生物的な概念であると同時に社会的な概念であり，主として社会的な必要により成人によって創り出されてきた概念であるということを忘れるわけにはいかない。したがって，子どもの存在が成人にとって脅威となれば，すぐにでも「子ども期」を縮小させる論議が沸き起こる。すなわち，子ども（期）は成人の掌の上にある概念であり，成人の都合によりいつでも拡大，縮小できるものであると自覚しておくことが必要である。

　ちなみに，わが国における子どもの定義は，多くは18歳までか20歳までとされており，子ども家庭福祉においては，児童福祉法により誕生から18歳未満とされている[*1]。

　ところで，成人と子どもを社会的に分ける視点として代表的なものに，「自立」がある。網野（2002）によれば，自立には，「個人的自立」と「社会的自立」がある。個人的自立には，「身体的自立」「心理的自立」「社会的自立」がある。また，社会的自立には，「個人としての社会的自立」と「社会的認知としての社会的自立」がある。子どもが保護の対象とされているのは，子ども個人が未自立であるという理由のほかに，社会的認知としても自立の地位を与えられていないためである。この「未自立」という子どもの特徴は，社会，とりわけ，子ども家庭福祉に携わる成人に対していくつかの社会的配慮を要請する。以下に代表的な7点を取り上げることとしたい。

2.　子どもの特性と社会的配慮

（1）要監護性

　要監護性は，主として低年齢の子どもの場合に，社会との関連で課題となる。民法第818条第1項に「成年に達しない子は，父母の親権に服する」，および第820条に「親権を行う者は，子の利益のために子の監護及び教育をする権利を有し，義務を負う」とあるように，子どもは第一義的には親権者の監護下におかれる[*2]。親権者による監護が不可能または適切でない場合においても，その未自立性のゆえに，他の適当な監護者のもとにおいて養育されることが必要である。子ども家庭福祉の各種サービスは，子どものこの特性に基づいて用意されているのである。なお，子どもの監護・養育を保障するうえで重要なことはパーマネンシー（permanency）の保障である。パーマネンシーとは「子どもが育つ環境の

---

*1　選挙権年齢を18歳に引き下げる公職選挙法等の一部を改正する法律が平成28年度から施行され，また，平成30年6月公布の民法改正において，令和4年度から成年年齢が18歳とされている。しかし，少年法は18〜19歳を特定少年と規定し，20歳未満を少年としている。

*2　令和3年の民法等の一部を改正する法律により，令和4年12月から民法第822条のいわゆる懲戒権規定が廃止され，代わりに，第821条において，「親権を行う者は，前条の規定による監護及び教育をするに当たっては，子の人格を尊重するとともに，その年齢及び発達の程度に配慮しなければならず，かつ，体罰その他の子の心身の健全な発達に有害な影響を及ぼす言動をしてはならない」と新設規定が置かれている。これにより，児童福祉法第33条の2第2項並びに第47条第3項，いわゆる児童虐待防止法第14条第1項も改正されている。

安定性，永続性」（有村，2015：28）と規定され，その保障は，子どもがもつ要監護性という特性に配慮するために重要な視点であるといえる。

（2）発達性

　子どもが日々発達する存在であることを念頭に置くとき，子どもの発達に関する理解を抜きに対応することはできない。子どもの発達段階および発達課題に応じた成人の対応が必要である。エリクソン（Erikson, E. H.）は，人間の発達は漸成的構造をもち，ある発達段階の発達課題の克服のうえに次の段階に進むという視点を示し，人間の発達段階と段階ごとの発達課題を提示している。

　子どもに対する成人の対応としては，こうした発達段階，発達課題の理解のうえに必要な環境を整備していかなければならないし，ある時期には，成人に対して自己主張をし，批判的であることが，正常な発達段階の過程を踏んでいる証になるということにも留意しなければならない。

　さらに，子ども自身の発達可能性に着目した場合には，子どもの発達を阻害する要因を取り除いたうえで，「見守る」という対応も必要であるし，また，社会的学習という考えからは，成人による良きモデルの提示という観点も必要となってくる。このように，子ども家庭福祉を考える場合には，発達的視点を十分考慮していくことが必要である。

（3）専門性──福祉ニーズの専門的把握

　子どもの福祉ニーズは，通常，子どもの関係者，つまり保護者，教師，地域の人びと，施設の職員等，子どもと深い関わりをもつ成人の相談・通告というかたちをとって，子ども家庭福祉の場に持ち込まれる。したがって，そこには第三者のニーズ，つまり，子ども本人の問題や福祉ニーズではない別の問題やニーズが介在することが多く，ときとして，それが子ども本人の問題や福祉ニーズと相反する状況も出現する。

　つまり，相談・通告者が子どもの福祉ニーズの仲介者・代弁者ではなく，子どもの問題から生じた独自のニーズをもつ主体として関わってくることがよくあり，さらに，子どものニーズと相談・通告者のニーズとが二律背反的であって，しかもその両方のニーズの充足が迫られるという事態もみられる。

　したがって，子ども家庭福祉においては，これらの相談・通告を手がかりとしつつも，子ども本人の真の福祉ニーズについて専門的に探っていくことがどうしても必要となる。特に，子どもは自らの意見を言語で表現する力が弱いため，社

会調査等による社会診断，絵画や遊びの分析などの各種技法を用いての心理診断や医学診断などにより，子ども本人の福祉ニーズについて，周到に把握していく専門性が必要とされる。

(4) 代弁性

さらに，(3) に述べた特性を踏まえ，子ども家庭福祉の機能として，保護者その他の関係者に対し，専門的に把握した子ども本人の福祉ニーズについて代弁していくことも求められる。この場合，子どもの福祉ニーズと保護者らのニーズが相反しているからといって，保護者らを責めるだけでは何も解決しないばかりか，かえって保護者らの反発や無力感を強め，子どもとの関係をより悪化させてしまうことがあることにも，留意しなければならない。

子どもの福祉ニーズをしっかりと把握し，それを保護者らにフィードバックしていくことは必要なことではあるが，同時に，保護者のこうした感情をも十分受容し，保護者と一緒になって解決策を探っていくことが必要である。このように，子ども家庭福祉の場においては，子どもの福祉ニーズと保護者・関係者のニーズとの調整作業を行っていくことが求められる。また，制度においても，子どもの意見を成人が吸い上げることのできる制度的担保，たとえば，子どもの権利擁護機能や意見聴取のための幅広いアドボカシー（advocacy）の制度を整えることが必要とされる。さらにいえば，子どもが自らの意見を表明することができるよう支援していくことも必要とされる[*3]。

(5) 要保護性

すでにみてきたように，子どもは心身ともに未自立であるために，(1) で述べた要監護性以外にも，一定の"保護"を必要とする。この保護は，生活レベルでも制度レベルでも必要とされ，日本国憲法をはじめ各種法令において各種の子どもの保護規定が用意されている。たとえば，憲法においては，第26条の能力に応じて教育を受ける権利，および保護する子女に普通教育を受けさせる義務，第27条の児童酷使の禁止等があり，また，民法，労働基準法等においても各種の

[*3] 国際連合が2006年12月3日に採択した国連・障害者の権利に関する条約第7条（障害のある児童）は，障害のある児童の意見表明を担保するため，障害および年齢に適した支援を確保することを締結国に求めている。わが国は，この条約を平成26年1月に批准している。また，令和4年の改正児童福祉法等により令和6年4月から，児童相談所等で児童の一時保護や施設入所等の措置が実施される場合には，児童が意見を表明できることを支援する意見表明支援員が置かれることとなっている。

保護規定が設けられている。さらに，児童福祉法等の子どもの保護自体を目的とする法律も定められている。児童の権利に関する条約（子どもの権利条約）にも，子どもの保護規定（第3条の「子どもの最善の利益など」の担保）がおかれている。

このような保護規定については，一方では，当事者の主体的な権利性を阻害する面もあるため慎重に考える必要がある。とはいえ，子どもに関する保護規定をなくすことはとうていできない。

(6) 有期性

子ども期は，社会的に有期であるという特性がある。つまり，その始期と終期があるということであり，それぞれの連続性をどのように担保するかという視点を欠くことはできない。これが，いわゆる「切れ目のない支援」と結びつく。

まず，始期については，妊娠期からの切れ目のない支援が必要とされる。平成28年母子保健法一部改正において，母子保健法に子ども虐待防止の観点が盛り込まれたこと，母子健康センターを母子健康包括支援センターに改称し，妊娠期からの切れ目のない支援をその機能としたことなどが切れ目の克服政策の一つといえる。また，妊婦，女性の尊厳と胎児の権利，望まない妊娠・出産など緊急下の女性の視点と子どもの権利をめぐる議論も必要とされる。さらに，出生前診断，代理出産など生命倫理をめぐる課題への対処も必要である。これらは主として，胎児の権利といわゆるリプロダクティヴ・ヘルス・ライツとの関係により論じられたり，障害者の人権問題として論じられたりしているが，親のケアも含めて議論はあまり進んでいない。

続いて，終期については，特に，いわゆる社会的養護における18歳の壁問題が課題である。また，発達障害，引きこもり，無職少年，非行問題など，成人期に引き続いていく課題もある。ところが，子ども・若者育成支援推進法は，施策の推進は見られるもののいまだそれらを十分に引き継ぐ体制にはなってはいない。平成30年6月に成立した民法改正により，令和4年度から成年年齢は18歳となっている。それにともなって，民法の契約その他，個の自立を支援する法改正や特定場面における保護期間の延長に係る法改正等も実施された。また，他分野（公的扶助等）との整合性も必要とされる。さらに，特別養子縁組成立後の支援など，制度がつくる終期の延長可能性や妥当性についての議論も必要である。重症心身障害，知的障害，発育全体に遅れのある子どもの成人期や就学をめぐる

連続性の論点も課題である。

　なお，こうした不連続に注目し令和 5 年 4 月から施行されたこども基本法は「こどもの定義を「心身の発達の過程にある者」とし，年齢による規定を置いていない。今後は，理念法であるこども基本法のこの精神を実体化させるよう，施策の各分野における切れ目のない仕組みの創設が求められる。

(7)　受動性

　子どもは大人に対して受動的な存在である。芹沢（2013: 200）は，「子どもという存在は，なにひとつ選ぶことができないうちにすべて書き込まれて生まれてきてしまったという意味で，徹底して受身的です」とし，こうした子どものあり方を「根源的受動性」ないしは「イノセンス」とよんでいる。そして，ドナルド・ウィニコット（Winnicott, D. W.）の原初的母性的没頭（primary maternal preoccupation）の概念を援用し，「最早期（赤ちゃん，胎児）においては，そのいのちの存続に対し，自分以外の誰かに絶対的依存を余儀なくされているのです。徹底して受け身であり，したがって無力であるゆえに，無条件の受けとめ手（絶対受容者）を不可欠としている」（2013：203）と述べている。そのことは，俗にいう「子どもに罪はない」ということを示しているといえる。

　子ども家庭福祉の目的は，こうした「子どもに罪はない」を前提として，マクロ的には養育，教育その他の社会的機会の平等を図り，かつ，結果の平等に資する方途についても検討すべきである。また，ミクロ的には，子どもの心のなかの「理不尽さ」にしっかりと目を向け，寄り添うことが必要とされる。

●第 2 節　子どもの発達的特徴や保護者の●　　生活の実情と必要とされる配慮

1.　子どもの発達的特徴

　子ども家庭福祉を考える際，子どもの発達の視点を抜きにすることはできない。そのことは，子どもが日々発達する存在であり，その発達を保障し，もてる力を最大限に発揮できるようにしていくことこそ，子ども家庭福祉の主たる目標であることからも当然のことである。

　平成 20 年 3 月に厚生労働大臣告示として公布された旧「保育所保育指針」の第 2 章は，発達について以下のように定義している。すなわち，「子どもの発達

は，子どもがそれまでの体験を基にして，環境に働きかけ，環境との相互作用を通して，豊かな心情，意欲及び態度を身に付け，新たな能力を獲得していく過程である」とし，そのうえで特に大切なこととして，「愛情豊かで思慮深い大人による保護や世話などを通して，大人と子どもとの相互のかかわりが十分に行われることが重要である。この関係を起点として，次第に他の子どもとの間でも相互に働きかけ，関わりを深め，人への信頼感と自己への主体性を形成していくのである」と述べている。子どもの発達を概観すると，以下のとおりである。

(1) 乳幼児期

まず，乳児期においては，歩行や初語，固形の食物の摂取，睡眠リズムの獲得など，人として生きる基本的な技能を獲得し，保護者等の愛情ある接触により，自分や他人に対する基本的信頼感を獲得する時期であるといえる。

続いて幼児前期（3歳頃まで）は，運動能力，言語能力などの発達がみられ，また，排泄のコントロール，食事，着脱衣など，基本的生活習慣の自立が始まり完成に向かう時期である。情緒的には保護者等の愛情ある接触が基礎として必要であり，3歳頃になると，親がいなくても心のなかの親をもつことにより安心できる，いわゆる「親表象の内在化」（情緒的対象恒常性）[4]が達成される。そして，それとともに自我の芽生えがみられ，自己主張が始まる。また，保護者等との安定した関係を基礎として，他の子どもたちとの交流も始まる。

幼児後期（4〜6歳頃）は，身体発達，運動能力，言語能力，社会性の発達，基本的生活習慣の自立などにより，行動範囲が家族を超えて拡大し，ごっこ遊び，構成遊びを中心として友達との交流が広がっていく時期である。また，自我の発達もみられ，自己主張も強くなる。

(2) 学童期

続いて学童期（7〜12歳頃）は，興味，関心が主として外界に向かい，知的活動，友人との種々の遊び，スポーツ等を通じて学力，社会性を発達させるとともに，価値観，他人との相互交流など，社会生活の基礎を学習する時期である。低学年から高学年にかけて，大人の意味，比重が変化していき，また，他者認識や

---

* 4　マーラー（Mahler, M.）の提唱した発達上の概念である。乳幼児が母親表象を記憶に内在化していく過程を研究し，乳幼児が親が目の前にいなくても親の存在を心のなかに保つことができて安定できる，いわゆる情緒的対象恒常性を獲得していくまでの段階を分離－固体化期と呼び，乳幼児の対象関係の発達を解明した。

交渉方略など，対人関係，コミュニケーションの基礎を習熟させる時期でもあり，この時期には“遊び込む”ことが必要とされる。また，親との垂直的な絆をもとにして，友人との水平的な関係を通して社会性や民主的人間関係を学ぶ時期でもある。この時期の課題が達成されていることが，次の思春期の基礎となる。なお，学童期の発達の道筋や遊びの意義などについては，放課後児童クラブ運営指針第2章ならびにその解説書が参考になる。

(3) 思春期・青年期

　最後に，思春期・青年期は，第二次性徴の始まりとともに衝動の高まりがみられ，これまで外に向かっていた関心が再び内に向けられる。自我による衝動の統制，これまでの依存対象である親からの心理的自立，親友の獲得，自我理想・自我同一性の獲得，異性に対する愛情の獲得などが課題となる。心理的自立の過程では，第二反抗期といわれる不安定な状態を示すこともある。この時期には，幼児前期までの分離-個体化の過程の仕上げとして，親・家庭への心理的依存からの脱却という第2の分離-個体化過程[*5]の達成が求められている。

2. 保護者の生活の実情

　続いて子育て家庭，保護者の生活の現状については，以下の点が指摘できる。まず，社会の格差の進展が指摘されるなかで，女性就労の一般化と父親の長時間就労の実態が指摘できる。働き方改革も進められているが，成果はいまだ不十分である。また，就業形態の多様化も，子ども家庭福祉に大きな影響を与えている。さらに，しつけ，子育てに自信がない層が，調査のたびに増加傾向にある。こうした事態が，子ども虐待の増加，社会問題化の背景のひとつとなっている。また，ひとり親世帯も厳しい状況に置かれている。

　加えて，若年層の非正規雇用就労の増加とともに所得格差が大きくなっており，いわゆる子どもの貧困問題も顕在化している。

[*5]　P. ブロスは，乳幼児期を通じて獲得した両親への依存関係を少しずつ離れ，新たな家族外の依存対象を獲得することをめざしつつ，親から離れて個を確立していく過程としての思春期を M. マーラーの分離-個体化段階と比較し，第2の分離-個体化の時期であると主張している（皆川，1980 他）。

3. 子ども家庭福祉に必要とされる具体的配慮

　以上の子どもの発達と保護者の生活実態を踏まえると，子ども家庭福祉には，以下の配慮が必要とされる。

　まず，乳幼児期には，特に，ライフコース（life-course）[*6]に応じた支援の重要性を挙げたい。共働き家庭，非共働き家庭，それぞれの具体的ニーズに応じた支援を幅広く用意することが求められる。特に，働き方改革のさらなる進展，育児休業制度や保育サービスの充実は欠かせない。親になることは喜びである反面，子どもとともに暮らす生活を新たに創りあげるという危機をはらんでいることにも留意し，たとえば，専門家とともに子育て支援プランを作成するなどの試み[*7]も，今後考えられていかねばならない。すでに障害児福祉サービス利用にあたってケアプランの作成が前置とされており，また，利用者支援事業も創設されている。サービス利用支援のあり方は今後の大きな課題である。

　さらに，子どもの成長をともに喜べる仲間や，気軽に相談に応じられる第三者や専門職（子育て支援者や保育士など）の存在が必要である。子育ては親だけではできないことを再確認すべきである。障害や難病，ひとり親家庭など特別なニーズをもつ親子への支援も必要である。

　続いて，子どもに，多様な大人との，あるいは子ども同士の関わりを保障することが必要である。"子はかすがい"を，生活場面において具現化しなければならない。特に，非共働き家庭や育児休業中の親子に対し，乳幼児の健全な育成のための"基本保育"ともいうべき，新たな保育制度を整備すべきである。

　基本保育制度とは，「就学前児童は，その年齢に応じ単独でまたは子どもの保

　　[*6]　家族社会学の概念。家族の周期的な変化によって画一的にモデル化されていた，いわゆるライフサイクルに代わって，個々人の人生の多様性に着目し，また，災難や病気など予想し得ない出来事にも目配りしつつ人生行路をとらえる考え方，およびその人生行路そのものをいう。

　　[*7]　石川県においては，これまで全国に先駆けて実施しているマイ保育園登録事業において，著者らの研究班が提唱している基本保育構想を一時保育券として導入し，また，保護者がマイ保育園に配置された子育て支援コーディネーターとともにハイリスクアプローチとしての子育て支援プランを作成する事業を実施している。子ども・子育て支援制度においても平成27年度から利用者支援事業が創設され，母子保健型の母子健康包括支援センターでは，妊娠期からのポピュレーションアプローチとしての子育て支援プランの作成が進められている。さらに，令和6年度から施行されるこども家庭センターでは，子育て支援プランを含めたいわゆるサポートプランの作成も進められる。

護者とともに，一定の時間，基本保育を利用することができる」という構想である。基本的視点は，「子どもは，人と人との関わりのなかでこそ健全な成長が図られる」である。現代は，そうした関わりを保障する地域におけるつながりが得にくいため，0歳児から一定時間の保育をすべての子どもに保障していくことが必要とされている。この仕組みに，前述の子育て支援プランづくりを付加すれば，文字どおり，子どもの出産や子育てを契機として，親の新たな人生設計をともに考えることもできる。

　続いて学童期においては，仲間集団による自由な遊び，スポーツなどを通じて社会性を育てるとともに，教育環境の整備が重要である。また，豊かな放課後生活の保障や放課後児童クラブの充実も欠かせない。第4章において述べるように，幼児期から子どもに生きた体験を幅広く用意し，生きる力の基礎を培うことも大切である。学童期は盗みや万引きなどの過ちが始まる時期でもあり，早期の相談支援体制の充実が望まれる。

　思春期においては，不安定な時期であるだけに心理・行動上の問題が起こりやすく，専門的な相談支援体制が必要である。また，健全育成サービスがエアポケットとなっている部分でもあり，援助者のもと，自由に集える場の確保や，ボランティア，多様な人と触れ合う体験等の拡充が必要である。性やいのちを大切にする教育も求められる。

　青年期においては，若者に対する就労，自立の支援や出会いの場の確保，施設退所児童の自活や就職，職場定着のための各種支援も欠かせないであろう。

【文　献】

網野武博（2002）:『児童福祉学』中央法規出版
有村大士（2015）:「第1章　子ども家庭福祉の理念と価値」山野則子・武田信子編『子ども家庭福祉の世界』有斐閣
柏女霊峰（2007）:『現代児童福祉論』（第8版）誠信書房
柏女霊峰（2019 a）:『子ども家庭福祉学序説——実践論からのアプローチ』誠信書房
柏女霊峰（2019 b）:『平成期の子ども家庭福祉——政策立案の内側からの証言』生活書院
厚生労働省雇用均等・児童家庭局保育課編（2008）:『保育所保育指針解説書』
皆川邦直（1980）:「青春期・青年期の精神分析的発達論——ピーター・ブロスの研究をめぐって」小此木啓吾編『青年の精神病理2』弘文堂
芹沢俊介（2013）:『子どものための親子論』明石書店

第3章

子どもと子育て家庭の現状

　子どもは家庭や地域社会のなかで愛護され，そのふれあいを通じてさまざまな社会経験を積み，将来の自立に必要な能力を身につけていく。その意味では，家庭や地域社会こそ子どもの生活，成長にとって最も重要な意味をもつ環境と考えられる。そして，その家庭や地域社会のありようは，わが国の社会経済の影響を強く受けている。

　ここでは，近年の家庭・地域社会と子ども・子育ての状況について，主として，①社会経済の変容と地域社会の変容，②家庭の外形的変容，③家庭の質の変容，④家庭機能の変容，の4つの視点から整理する。

●第1節　社会・経済の変容と家庭・地域社会●

1. 社会・経済の変容

(1) 社会・経済の変容

　戦後，私たちの生活水準は著しく向上した。また，国勢調査によると，農林漁業などの第一次産業の割合が著しく低下し，代わって，サービス・情報産業などの第三次産業の割合が著しく増加している。これにともない，雇用労働者の割合が増加し，就業者の雇用者化の傾向が顕著になっている。

　産業構造の変化と雇用者世帯の増加は，人口の都市集中をもたらした。郡部から市部へ，地方から大都市圏への人口の移動がみられている。また，これらの変化は，高学歴社会をも生み出した。文部科学省の学校基本調査によると，現役高卒者の大学・短期大学進学率（過年度卒を含む）は，昭和30年の10.1％から昭和50年には37.8％にまで増加し，令和4年には60.4％で過去最高となっている。専修学校への進学率も横ばい（令和4年。過年度卒を含む22.5％）であるなど，全体として高校卒業者の8割以上が進学するなど高学歴化が進行している。

　こうした現象は相互に影響しあい，地域社会や家庭のありよう，あるいは子ど
もの生活などに有形無形の影響を与えている。

(2) 子ども・子育てに関するコロナ禍の影響

　令和2年から全国に猛威を振るった新型コロナウイルス禍は，子ども・子育て
に多大な影響をもたらした。まず出生数の減少が示す産み控えがある。令和4年
の出生数は過去最少となった。近年毎年ほぼ6万人増えていた保育サービス利用
児童数の伸びも，約半世紀ぶりに減少に転じた。

　子どもの育ちや子育てについても，「密」防止に伴う子どもの成長への影響，
たとえば，体力低下，視力低下，肥満などが懸念されている。一方で，子育て家
庭においては，一斉休校，登園自粛，テレワークなど家庭にひずみが凝縮され，
子どもの貧困も目立つ。そんななかで子ども虐待，配偶者暴力の増加，顕在化な
いしはアウトリーチの制限に伴う潜在化も懸念されている。

　子どもはいわば，「密」がなければ生きられない存在である。子どもたちは
「密」のなかで，社会で生きていくための人間関係の取り結び方や交渉方略を学
んでいく。その機会が奪われてしまうのは大きな問題といえる。

２．地域社会の変容

　子どもたちの成長や子育てを包み込んできた地域社会も，大きな変容を遂げつ
つある。都市化によって近所の手ごろな遊び場は減少し，交通事故の危険性も増
大している。また，豊かな自然環境や子どもたちの遊び空間も減少しつつある。

　地域の安心，安全が失われつつあるなか，子どもが暴行や性犯罪の被害者と
なっている。また，携帯電話の普及などのメディア環境の変化により，たとえ
ば，出会い系サイトなどをめぐる被害は子どもたちにも多くみられるなど，子ど
もが危険にさらされやすくなっている。

　一方，子育てにおいても互助を担ってきた地域社会であるが，都市化や就労形
態の変化により職住分離が進み，人びとの意識も変わるなかで，地域の人間関係
は希薄になりつつある。こうした地域社会では，子育てについて近隣の人びとの
支援が得られにくく，また，父親の育児参画が十分に進んでいないこともあっ
て，母親と学校だけが子育てを担うという傾向を強めていっている。さらに，近
年では，家庭の所得格差の進行が，子育て期にある若年層の貧困や，いわゆる
「子どもの貧困」問題を浮かび上がらせている。非正規雇用で働く若者や，いわ

ゆるニート*¹も増加しているといわれている。

つながり，社会連帯の希薄化，ソーシャルキャピタルの喪失が，子どもの育ちや子育てを深刻な状況に追い込んでいっているのである。

●第2節　家庭の外形的変容●

以上の傾向は，①出生数・児童数の減少，②核家族化，世帯人員の減少，③女性就労の増加，④離婚の増加と減少，といった家庭の外形的変容をもたらしている。

1. 出生数・児童数の減少

(1) 少子化の動向

厚生労働省によると，令和4年の出生数（概数）は77.1万人で，戦後最低を更新した。また，合計特殊出生率は1.26で前年を0.04下回った。図3-1は，わが国における出生数および合計特殊出生率*²の年次推移を示したものである。

これによると，昭和22〜24年の第1次ベビーブーム期に生まれた女性が結婚，出産したことにより，昭和46〜49年には第2次ベビーブームとなり，当時は1年間に200〜210万人もの出生数があった。しかし，昭和48年（209万人）をピークとして，昭和49年以降は毎年減少が続き，平成4年からは低水準のまま増加と減少を繰り返し，ここ数年大きく減少している様子がみてとれる。今後は，さらなる出産人口の減少にともない，出生数は低下を続けるとみられる。

また，合計特殊出生率も，昭和40年代はほぼ2.1台で推移していたが，昭和50年に2.00を下回ってから低下を続け，人口の置き換え水準である2.07を下回る低水準を続けている。この結果，14歳以下の年少人口が全人口に占める割合は，平成9年には65歳以上の老年人口割合を下回る結果となり，その後は，この差が大きく開いていっている。ちなみに，令和4年の出生数が77.1万人であ

---

* 1 ニート（NEET）とは，英国の調査報告書が使用した Not in Employment, Education, or Training の頭文字をとった造語であり，15〜34歳までの非労働人口のうち，就労せず，教育を受けず，職業訓練にも参加していない者をいう。わが国においては，その用語が実態を反映していないという批判も出てきており，近年はあまり使用されなくなってきている。
* 2 15〜49歳までの女性の年齢別出生率を合計したもので，一人の女性が仮にその年次の年齢別出生率で，一生の間に生むとしたときの子どもの数に相当する。

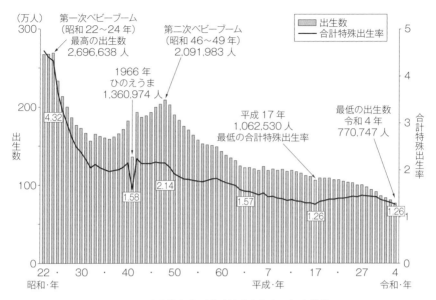

図 3-1　出生数および合計特殊出生率の年次推移

（厚生労働省「令和 4 年人口動態統計月報年計（概数）の概況」，2022. p. 4 を著者一部改変）

るのに対して死亡数は 156.9 万人であり，自然減数は，79.8 万人であった。今後，その差はますます大きくなっていくと予想される。

国立社会保障・人口問題研究所の「日本の将来推計人口」（令和 5 年推計）中位推計によると，2070 年には，0～14 歳までの年少人口割合が 9.2％であるのに対して，65 歳以上の老齢人口割合が 38.7％になると推計されている。わが国は今まさに，子どもが少なく高齢者が多い少子高齢社会へと向かっているのである。

(2) 少子化の要因

このような少子化の要因としては，主として次の 3 点が考えられている。

第一は，婚姻年齢の上昇である。厚生労働省の人口動態統計によると，男女の平均初婚年齢は，昭和 30 年には男性 26.6 歳，女性が 23.8 歳であったものが，令和 4 年にはそれぞれ 31.1 歳，29.7 歳にまで上昇しており，特に女性の上昇が顕著となっている。ちなみに婚姻件数は同年に 50.5 万組で，前年を若干上回ったものの，全体として減少傾向にある。

第二は，結婚そのものにこだわらない，いわゆる非婚[*3]傾向の増加が挙げら

れる。すなわち，結婚や子育てに拘束された生活よりも，ひとりの人間としての自立を志向する傾向が強まっているのである。これらの背景には，高学歴化や職業生活の安定などにともなう女性の社会的地位の相対的上昇や，結婚や子育てにともなう人間関係の煩わしさや負担を避ける社会風潮などが影響していると考えられている。つながりの希薄化も影響していると考えられる。

第三には，夫婦の出生力の低下が挙げられる。ここ30年間，夫婦の出生力は平均 2.2 人前後で一定していたが，近年の調査では，夫婦の出生力そのものの低下がみられている。国立社会保障・人口問題研究所が令和3年に実施した「第16回出生動向基本調査」によると，夫婦の完結出生児数（最終的な出生子ども数の平均値）は 1.81 人で前回を下回っている。また，平均希望子ども数は全年齢層で減少し，男性は 1.82 人，特に女性は 1.79 人（前回 2.02 人）と大幅に減少している。

また，夫婦の理想子ども数と実際の子ども数との間には，常に大きな乖離がみられる。その原因として，国立社会保障・人口問題研究所の「第16回出生動向基本調査」（令和3年）によると，子育てに対する経済的負担，子育てにかかる肉体的・精神的負担，高年齢，仕事との両立困難などの理由が挙げられている。特に，子育てに対する経済的負担を理由とするものの選択率は 52.6％ で高率だった。

また，「子育て世代の意識と生活」をテーマとした『平成17年版 国民生活白書』では，子どもを持つことについての選択における夫婦の意識について，子育ての負担感が大きいほど，もう一人子どもをほしいという意欲は低くなる傾向を指摘している。子育てをする人の負担を軽減するためにも，親や親族以外に地域での子育て支援活動を活性化していく必要があり，社会全体での子育てが一層普及していくことが望まれる。

2. 核家族化，世帯人員の減少

厚生労働省の厚生行政基礎調査，国民生活基礎調査によると，平均世帯人員は昭和30年の 4.68 人に対し，令和4年は 2.25 人であり，長く3人を割りこんで

＊3　婚姻関係を結んでいない状況にある者は一般的に「未婚」と呼ばれるが，この用語は将来的に婚姻関係を結ぶことを前提としており，こうした一定の価値観を前提とした用語を避けるために，近年では，「非婚」という用語が用いられるようになってきている。

いる。また，子どものいる世帯のうち核家族世帯は，平成元年当時1141.9万世帯であったのが，令和4年には840.3万世帯となっており，一方，三世代世帯は441.5万世帯から110.4万世帯に減少するなど，核家族化が進展している。子どものいる世帯の平均子ども数は，同年で1.6人となっている。

3. 女性就労者の増加

　産業構造がサービス産業にシフトするとともに，女性の社会参画が進んできている。女性の生産年齢人口（15〜64歳）の就業率は，令和3年は71.3%で過去最高を更新し，近年著しく増加している。近年では，女性のパートタイム労働が顕著である。

　図3-2は，女性の年齢階級別就業率の推移をみたものである。これによると，全体的に女性の就業率は上昇しているものの，その形は一貫してM字形*4をしていることがみてとれる。これは，わが国においては，女性が出産後いったん仕事をやめて家庭で育児を行い，子どもが一定の年齢になってから再び就労を開始する傾向があることを示している。スウェーデンやデンマークなどの国が逆U字形をしているのとは対比をなしている。

　この原因として，育児休業中の所得の保障や各種保育サービスなど，育児と仕事とを両立させるための社会の仕組みがなお不十分であることや，3歳児神話*5と呼ばれる発達観が，十分な根拠もないままにまだまだ根強く流布していること，家事，育児における男性の参画が進んでいないことなどが考えられている。ただ，最近では，M字形の底上げがなされており，改善が進んでいる。

　ちなみに，総務省がまとめた令和4年就業構造基本調査によると，未就学児の育児をしている女性（521万人）のうち仕事をしているのは73.4%で，平成29年の前回調査より9.2%上昇している。また，直近1年間に出産や育児を理由に離職した女性は14.1万人で，これも前回調査（21.2万人）の3分の2に減少し

---

*4　最近では，M字の底（30〜34歳，近年では35〜39歳）およびその前後の年齢層の労働力率の上昇がみられ，ゆるやかなM字カーブとなっている。これは30〜34歳の独身割合の増加とも関わっている。

*5　3歳児神話とは，「子どもは3歳までは，常時家庭において母親の手で育てないと，子どものその後の成長に悪影響を及ぼす」（『平成10年版 厚生白書』）というものである。欧米における母子研究の影響を受け，"母性"役割が強調され過ぎた結果，わが国に広く浸透したものであり，現在でも，子育てや子ども家庭福祉政策に影響を与えている。『平成10年版 厚生白書』は，「3歳児神話には，少なくとも合理的な根拠は認められない」と結論づけている。

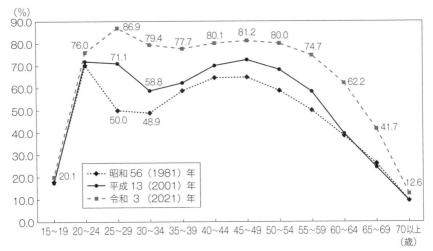

(備考) 1. 総務省「労働力調査（基本集計）」より作成。
2. 労働力率は，「労働力人口（就業者＋完全失業者）」／「15歳以上人口」×100。

図3-2　女性の年齢階級別労働力率の推移

(内閣府「令和4年版男女共同参画白書」, 2022, p. 126)

ている。育児をしている女性の共働き率が7割を超えたのは過去最高であり，近年，仕事と子育ての両立する生き方が多数派となっている。しかし，まだまだ困難も多い。

　現代の子育ては，育児と仕事とを両立しようとすると種々の困難に直面し，また，家庭で子育てをしようとすると，仲間のいない孤立した子育てに悩むことともなりがちである。

4.　離婚の傾向

　厚生労働省の人口動態統計によると，離婚件数は，昭和30年の7万5千組から増加し，昭和58年に17万9千組で最大となって以降，平成2年まで漸減ないし横ばいであったが，平成3年から再び上昇に転じ統計史上最高を更新し，この数年は減少しており，令和4年には17万9千組となっている。

　この結果，母子家庭，父子家庭などの，いわゆるひとり親家庭は，厚生労働省が令和3年度に実施した全国母子世帯等調査によると，全国の母子世帯数は119.5万世帯，父子世帯数は14.9万世帯であった。ちなみに5年前の平成28年

度の母子世帯数は 123.2 万世帯，父子世帯数は 18.7 万世帯で，政府は，「令和 3 年度の調査結果は推計値であり，平成 28 年度の調査結果の構成割合との比較には留意が必要」としている。近年では，夫の暴力から逃れてくる母子への対応も社会問題化している。

●第3節　家庭，地域社会の質の変容●

　このように，子どもと家庭をめぐる状況は大きく変容してきており，このことは，子どもの成長や生活の質，親のありよう，親と子の関係のありよう，ひいては家庭の機能そのものに大きな変容をもたらしつつある。

1. 子どもの変容

　まず，第一に挙げられるのは，子どもの生活時間や遊びなど，子どもの生活の変化であろう。NHK の国民生活時間調査によると，この四半世紀の間に，学業やコンピュータゲームなどに費やす時間が増加し，睡眠や家事などに費やす時間が減少している。また，各種調査をみても，子どもの通塾率は増加傾向にある。加えて，戸外遊びが少なくなり，また交友関係も縮小化してきている。このように，子どもたちが主体的に遊び，自らの可能性を開花させ，生きる力の基礎を育成することのできる時間，空間，仲間のいわゆる三間（サンマ）の縮小化が進行している。

　第二に，社会の変容を受け，学校非公式サイトの利用実態に関する文部科学省の調査結果をみても，その多くに誹謗中傷，暴力誘発，猥雑情報が含まれているという。大人の目が届きにくいメディア環境が，子どもの健全育成を蝕んでいるのである。

　そして第三に，子どもがストレスに耐える力の低下がみられ，子どもたちの各種の心理・行動上の問題が顕在化している。子どもの人間関係の縮小化や希薄化は，子どもたちの生きる力[*6]を低下させている。この結果，子どものストレス

　＊6　文部省の中央教育審議会答申（平成 8 年）のなかで使用された用語であり，教育改革のスローガンとしての意味ももっている。「自分で課題を見つけ，自ら学び，自ら考え，主体的に判断し，行動し，よりよく問題を解決する資質や能力」「自らを律しつつ，他人とともに協調し，他人を思いやる心や感動する心などの豊かな人間性」「たくましく生きるための健康や体力」などを，これからの社会における「生きる力」と称している。

に耐える力が低下し，心理・行動上の問題を引き起こしやすくすることが指摘されている。

さらに，子どもの発達障害が社会の変容により顕在化しやすくなっており，アレルギーなどの増加ともあいまって，特別な配慮を必要とする子どもたちの存在にも留意が必要とされる。

2． 親の変容——育児負担感の増大

一方，子どもの養育に関わる親の生活や意識にも変容が指摘される。第一に，近隣関係の希薄化による育児の孤立化が進行し，厚生労働省の全国家庭児童調査によると，「しつけや子育てに自信がない」と回答する親の割合は調査のたびに増加し，平成11年度は17.6％（平成元年度は12.4％）[*7]となっており，特に片働き家庭（19.2％）に高い傾向がみられている。この傾向は，政府，民間調査機関のいくつかの調査においても実証されている。

第二に，父親の長時間労働や通勤時間の長時間化，単身赴任の増加がみられ，子どもとの接触時間が減少している。父親の家事，育児時間は母親に比べて極端に短く，父親の家庭における存在感の希薄化が指摘されている。

第三に，母親の就労が進んでいる一方で父親の家事・育児への参画が十分に進んでいないため，母親の負担が増大している。さらに，多様な働き方に対応する休業や再雇用制度，保育サービスなどが十分に浸透していないため，就労と家事・育児との両立困難といった課題も解決途上にある。

第四に，こうした状況のなかで，子ども虐待の増加・顕在化が大きな社会問題となっている。こども家庭庁によると，図3-3にみるとおり，全国の児童相談所が受け付けた子ども虐待件数は，平成2年度の1,101件から，令和4年度の21万9,170件（速報値）と大きく増加している。

子ども虐待の背景として，育児の孤立化や負担感の増大も指摘されている。特に，かつて地域社会が担っていた子育ての知識の伝え合いや，ちょっとした手助けが消えてしまったために，保育所などの支援が得にくい専業主婦層の子育てが危機におちいっているのである。

なお，近年は，非正規雇用の拡大にともない，子育て家庭の所得格差が進行し

[*7] ちなみに，平成16年度，21年度の同調査においては，選択肢が改訂されているので厳密な比較はできないが，子育てに自信がもてない割合はともに21.4％となっている。

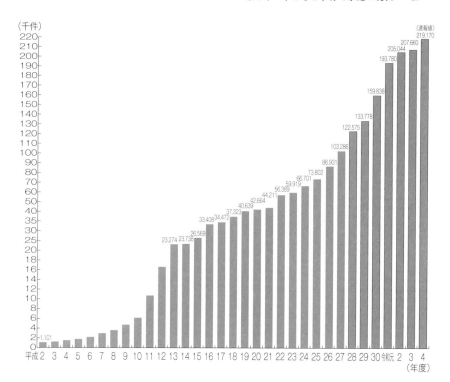

注）平成22年度は，東日本大震災の影響により，福島県を除いて集計した数値である。

図3-3　児童相談所における児童虐待相談処理件数の年次推移

（こども家庭庁「令和4年度児童相談所における児童虐待対応件数（速報値）」を元に著者作成）

ている。わが国の子どもの貧困率[*8]は令和3年には前回より下がって11.5％となったが，ひとり親世帯の子どもの貧困率は44.5％と5割程度の状況が続いている。子どもの貧困は，子どもたちに，不十分な衣食住による心身の不調，親子共同の体験の不足，居場所のなさ，その年代に必要な経験や持ち物の制限をもたらし，その結果，学業不振や自己肯定感の低さなどがもたらされる可能性があることが指摘されている。また，保護者にも，子育て支援情報にアクセスしづらいなどのハンディキャップを生み出す可能性がある。

_____

[*8]　相対的貧困率とは，等価可処分所得の中央値の半分に満たない世帯員の割合を示す。子どもの貧困率は，17歳以下の子どもに占める中央値の半分に満たない子どもの割合をいう。今回の調査では貧困線は127万円であった。

3. 親子関係の変容

　また，少子化は，少ない子どもに手をかけて育てようという傾向を生み出し，その結果，子どもに対する過剰な統制や期待も生じがちとなる。高学歴化などにともなう子どもたちの社会的自立の遅れは，親の子離れ，子の親離れを困難にし，親子の世代境界をあいまいにしている。不登校児童の割合も統計史上最高を更新している。

　さらに，便利さを追い求める効率優先社会のなかにあって，手間暇かけることを厭う社会状況がつくり出され，このことが，子育て支援サービスの少なさともあいまって，子ども虐待や放任・放置を生み出しやすくしている。

　最近，家族のケアを担う子どもたちとしてのヤングケアラーの支援が注目されている。ヤングケアラーには法律上の定義はないが，厚生労働省の調査研究では，「家族やきょうだいの世話，家事労働など，本来大人が担う役割を日常的にしている18歳未満の子どもをいう」，とされている。全国調査によると，「世話をしている家族がいる」中学2年生は5.7%，全日制高校2年生は4.1%いるとされている。こうした子どもたちの多くは，自身がケアを担っているとの自覚が乏しいままにケアを続けている。現在，支援のあり方が模索されているが，実情把握，伴走，休息（レスパイト），そして分野によらないサービス，支援の組み合わせのほか，スクールソーシャルワーカーなどのつなぎの役割が求められている。

4. 家庭機能の変容

　これらの結果，家庭そのものがもつ機能自体も変容してきている。家事・外食産業や保育サービスの進展にともなう家事や育児の外部化が進行し，家庭における子どもの養育・教育機能の低下が指摘されている。家庭内における構成員相互の扶助機能も低下している。家族関係の基本的な機能である子どもの社会化と成人のパーソナリティの安定化も，変わりゆく社会のなかで大きな影響を受けているということができる。以上，述べてきた子どもと子育て家庭を取り巻く環境の変化を図式的に示すと，図3-4のようになる。

　今後は，個性化する個人と，その個人が集合し生活する基盤である家庭とをどのように調和させていくか，さらには，家族構成員一人ひとりの自立と自己実現

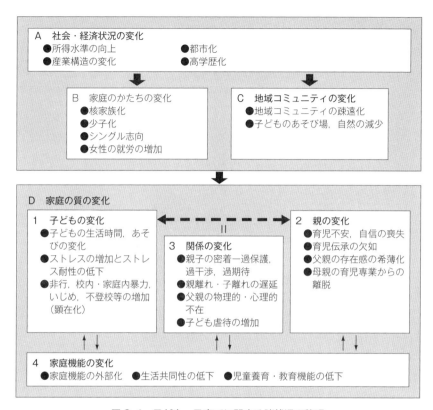

図3-4　子ども・子育てに関する諸状況の整理

を尊重し，個々人を家庭に埋没させずに，しかも「安らぎの場」となりうる家庭
をどのように実現していくかが，大きな課題として浮かび上がってくる。家庭や
子育てを社会的に支援する仕組みを充実していくことが必要とされている。

【文　献】

柏女霊峰（2019 a）:『混迷する保育政策を解きほぐす——量の拡充・質の確保・幼児教育
　のゆくえ』明石書店
柏女霊峰（2019 b）:『子ども家庭福祉学序説——実践論からのアプローチ』誠信書房
柏女霊峰（2019 c）:『平成期の子ども家庭福祉——政策立案の内側からの証言』生活書院
柏女霊峰・澁谷昌史・伊藤嘉余子編（2019）:『子ども家庭福祉』全国社会福祉協議会

第4章
子どもの育ち，子育てのニーズ

　本章では，第3章において整理した子どもの育ち，子育ての環境を踏まえ，子どもや親がライフステージにおいて出会う可能性のある子ども家庭福祉ニーズについて，子どもや親の声などにも学びつつ，その構造を含め整理する。

●第1節　子ども家庭福祉ニーズの諸相●

1. 子ども家庭福祉ニーズの諸相

　第1章で述べたとおり，子ども家庭福祉の具体的援助，サービスは，社会的存在である子どもや，子どもを養育・育成する営みである子育てを主として担う親（保護者）の具体的生活ニーズから始まる。それはまた大きく，①子ども自身の特性から生ずるニーズ，②親（保護者）の特性から生ずるニーズ，③子どもの生活環境から生ずるニーズ，④子育て環境から生ずるニーズに大別される。このようなニーズは，時代が変わっても続いていくものと，時代とともにその態様が変わっていくもの，時代の変化とともに新たに生ずるものとがあり，社会全体の変容について常に視野に入れておくことが必要である。

　子どもが成長，発達していく途上や子育ての途上で顕在化する可能性のある子ども家庭福祉ニーズをまとめると，表4-1のようになる。

2. 欠乏動機と成長動機

　マズロー（Maslow, A. H.）は，人間のニーズを階層的にとらえ，人間欲求の5段階説を示している（Goble, 1970）。すなわち，基本的なニーズとしての生理的ニーズをその根底とし，安定・安全のニーズ，所属と愛のニーズ，承認と自尊のニーズを挙げ，これらが欠損することによって個人は心身の健康を損ない，充足されることにより，さらに成長する動機づけが促されると主張している。さら

表 4-1　子ども家庭福祉ニーズの諸相

領　　域	問　題　の　種　類
身体的障害	●肢体不自由（脳性麻痺，進行性筋ジストロフィー症，重症心身障害等） ●視覚障害（盲，弱視，色弱等） ●聴覚障害（ろう，難聴等） ●平衡機能障害 ●音声・言語機能障害（失語，吃音，構音障害，音声障害等） ●臓器機能障害（心臓，呼吸器等）等
知的障害・発達障害等	●知的障害 ●精神障害（統合失調，うつ病，境界例等） ●自閉症スペクトラム障害，注意欠陥／多動性障害，学習障害等
・神経症，心身症 ・難病	●睡眠障害（不眠，夜驚，過眠等） ●摂食障害（小食，過食，拒食，異食等） ●神経性習癖（指しゃぶり，爪噛み，チック，抜毛等） ●夜尿，頻尿，遺尿等 ●頻脈，心悸亢進等 ●強迫神経症・不安神経症等の神経症，ヒステリー，心気症等 ●学校恐怖 ●小児慢性特定疾病等難病
心理・行動上の問題	●不登校，緘黙，家庭内暴力等 ●引っ込み思案，分離不安，孤立等 ●非行，怠学，家出，校内暴力等 ●反抗，乱暴，かんしゃく，嘘言等
子どもの育ち，子育て環境上の問題	●虐待，放任，遺棄等養育上の問題 ●子育て不安，育児と就労の両立困難等子育て環境上の問題 ●有害環境，遊び場不足，交通事故等地域環境上の問題 ●いじめ，受験競争，子どもの貧困，ヤングケアラー等児童の生活環境上の問題 ●子育てに対する経済的支援等社会環境上の問題

に，これらの欠乏ニーズが充足されたとしても，人間には，真・善・美などの価値を求め，自己自身の可能性を最大限に発揮しようとする「自己実現」[*1]のニーズがあることを示したのである。

　このことは，子ども家庭福祉ニーズを考えていく際に，「生存・保護・発達の保障」といった子どもの基本的ニーズ（Basic Human Needs）の充足のみならず，子どもの「生活の質」（Quality of Life：QOL）の充足が必要であることを

＊1　個人が本来もっている自己の能力を最大限発揮し，それを実現したいという要求を完遂させる活動，ないしは，それに向かっている状態を自己実現という。

物語っている。

●第2節　子育てのニーズ●

1. 子育ての救助信号

　現代の子育ては，育児と仕事を両立しようとすると種々の困難にぶつかり，また，家庭で子どもを育てようとすると孤立した子育てに悩むこととなり，多くの子育てニーズが発せられることとなる。たとえば，以下は，ある投稿雑誌に収録されていた保育に関する母親の投稿である。約30年前の投稿であるが，現在，都市部を中心にそのニーズはまだまだ続いている。

　　「仕事決まりました。保育園，何とか入れそうです。でも保育園のお迎えに
　　間に合わないんです。園に子どもを迎えに行って私の帰るまでの2時間を
　　見てくれる人を捜し回りました」

　　　　　　　　（あんふぁんて編『ひとりで子育てしないで』ジャパンマシシスト，1993，pp. 94-95）

　また，家庭で子育てをしている親たちは，社会から取り残されてしまうのではないかといった寂寥感や，自由に外に出られない孤立感，初めて行う育児への戸惑いを訴えている。以下は，ある新聞に載っていた投書の抜粋である。

　　「……初めての育児にも少し慣れたこの頃，マンションの部屋に子どもと二
　　人きりで夫の帰りを待つ時間がとても長く，寂しくて仕方がない。赤ちゃん
　　の笑顔はとてもかわいいのに孤独を感じ，人恋しくてしょうがない……今は
　　ブルーな日々が無限に思える」

　さらに，これまでの自由な生活，人間関係の希薄さ，生きた体験の少なさなどが戸惑いに拍車をかける。

　　「……ぬいぐるみや動物の赤ちゃんは，見た途端，胸キュンのかわいさを感
　　じるのだが，なぜか，人間の赤ちゃんにはそう感じないのだ……なにしろ，
　　赤ちゃんは夜泣きはするし，今までの自由な生活とは大違い。戸惑うことも

　多いのだ」　　　　　　　　　　　　　　　　　　　　　　　（育児エッセイ）

　こうした孤立や戸惑いが進むと，これもある投書の一部であるが，「いとおし
く思えるはずの娘がうっとおしく」感じられ，「（母親としての）すばらしい時間
を持っていると思い込もうとしても，心の奥から突き上げてくるイライラを押え
込むことはできません」と追いつめられていくことにもなりかねない。

　さらに，子育てに対する社会の目，社会的な支援のなさも，子育てを追いつめ
る結果となる。ベビーカーでは歩きにくい街並みや建築物，混雑時，子連れで
は食事をさせてくれないデパートの食堂に追いつめられ，「これでは外出するな
といわんばかりだ。それとも短い間だから我慢しろとおっしゃるのか」（新聞投
書）と嘆くこととなる。ある母は投書で，「……一日中，夫のいない家庭で，乳
児を抱える妻は買い物へ行くのも一苦労である。ヨチヨチ歩きを始めると，トイ
レに行くのもままならない。買い物代行やヘルパー派遣や必要な用具の貸し出し
など，子育てに関してはどうして何も社会的サービスがないのだろうと不思議に
思ってきた……」と述べ，子育てに対する社会的支援の必要性を訴えている。

　さらに，次の詩に表現される子どもや子育てに対する容赦のない周囲の目も，
子育てを追いつめていくこととなる。

　　「ひっくり返って泣きわめいている一人の子ども／傍らには，子どもを突き
　　放すかのように／表情のない顔を強張らせた母親／その彼女に／周りの人々
　　から浴びせかけられている／無言の非難，非難，非難……／……／きっと彼
　　女は／こんな時にうまくあやすことのできない／自分が悔しくて／こんな時
　　に周りの目ばかり気にしている／自分にいら立って／私にはわかる／あたし
　　の「母親業」って，あなたと同じような／そんな日々の連続だったから」

　　　　（あんふぁんて編『ひとりで子育てしないで』ジャパンマニシスト，1993，pp. 54-55）

2.　増加する子ども虐待件数

　こうした動向は，近年の子ども虐待件数の著しい増加・顕在化からも読みとる
ことができる。

　子ども虐待は，さまざまな要因が複雑に絡まりあって発生する。通常，①親の
成育歴を含めた親自身の問題，②夫婦関係や家族の病気，単身赴任などのストレ

スに満ちた家庭状況，③近隣や親族を含めた社会からの孤立状況，④よく泣く，なだめにくい，その他いわゆる手のかかる子，育てにくい子など子ども自身の要因，⑤母子分離体験，相性の悪さなど，親と子どもとの関係をめぐる状況，などがその要因と考えられている。

子どもとの関係が確立する大切な時期に，父親が失職して家庭がピリピリしていたり，3番目の子どもが生まれて大変な時期に母が入院せざるを得なかったり，引っ越しして間もなくで友人がおらず孤立してイライラしていたり，さまざまな要因が重なって，子育てが追いつめられていくこともある。

もちろん，これらの要因のすべてが虐待を誘発する要因となるわけではないし，困難な状況下にあっても健康な親子のほうが多いのが実情である。これらは，虐待を生み出す可能性のあるリスク要因であり，リスクは，適切な援助や本人の自覚などにより回避できるものと考えなければならない。

したがって，子ども虐待に関しては，特定の原因を捜して悪者探しをするような援助方法は，あまり有効ではないといえる。このことが原因でこのような結果になったといういわゆる因果関係は，たいてい本人もわからず，また，そもそもそのような原因に対して支援が困難であることも多い。

それより，子ども虐待は，さまざまな要因，すなわち"縁"が重なって生じている[2]ととらえ，家族を含む全体的環境のなかで最も鍵となりそうな環境・人（たとえば父親など）に働きかけ，行動の改善を図ろうとすることが有効である場合が多い。

3. 子育て航海波高し

現代の親は，いままでの羅針盤が効かなくなった船の船長を演じざるを得ない状況におかれている。十分な準備もなく，いきなり子育ての海に船出する親の不安はかき立てられ，しかも，船長役は現在のところその多くが母親であり，不慣れな航海を助けるべきパートナーの父親の協力はいまだ不十分である。

子育て航海の責任を，不慣れで不安な船長だけに押しつけていては，子育て航海に旅立つ人はますます少なくなっていく。

---

[2] 物事の成り立ちには，原因があって結果があるとする因果律と，種々の要因が一定の附置を形成することにより生ずる縁起律とがあり，子ども虐待や不登校，非行といった行動は，縁起律により説明する方が適していると考えられる。

　大人が大人中心に創りあげてきた効率優先社会は，子どもの存在や子育てをともすると"足かせ"ととらえるようになり，「子どもの存在を許さない」少子社会を進行させ，また，この社会に生きている子ども，子どもを育む営みである子育てを，ますます孤立化させ，困難な状況に追い込んでいっている。まさに，子育て航海の行く手は波高しといった状況である。

●第３節　子どもの成長をめぐる具体的ニーズ●

1. 蝕まれる子どもの育ち
　一方，第１章において述べたとおり，子どもの発達，成長にまつわる具体的ニーズも顕在化している。家庭や学校，地域における大人の子どもへの不適切な養育・関わり，体罰，子どもの遊び場の不足，有害なチラシの配布や第三者による子どもへの暴行などが，子どもの豊かな生活を阻害している。さらには，子どもを消費者とみなすコマーシャルも氾濫し，子どもの心を蝕んでいっている。また，さまざまな事情で親と一緒に暮らせず，施設や里親のもとで生活せざるを得ない子どもたちも大きな減少をみせていない。

2. 子どもの声に聴く
　次の作文は，親の事情で里親に委託され，そこでも事情ができて児童養護施設に措置された女の子が読んだ作文である。40年以上も前から現在に至るまで，このような声は絶え間なくあげられているのである。私たち大人は，このような声にどう応えていけるのだろうか。

　　「かあちゃんはやさしかった。／かあちゃんはアイスやおかしをかってくれた。／さとおやのかあちゃんもやさしかった。／どっちのかあちゃんでもいい，かあちゃんといっしょにいたい。／いっしょにいたいんだよ，かあちゃん。／はやくむかえにきてよ。／かあちゃん。」

　　　　　　（全国養護施設協議会編『作文集　泣くものか』全国社会福祉協議会，1977，p. 1）

　また，先に述べたとおり，子どもの各種の心理・行動上の問題も顕在化している。

次の作文は，ある大学生男性が，不登校状態におちいっていた中学生のころを振り返って読んだ作文である。

「……時々，友達や先生が電話をくれたり家に来てくれたりしましたが，そうされればされる程追いつめられていき，留年するのではないか，皆は自分を登校拒否児だと思っている，自分などいない方がマシだなどと悩み，ノイローゼ状態で，家出・自殺未遂をくり返す日々で，本当に辛い時期でした。

　学校に行かなくてはいけないということは，十分わかっているけれど，あんなところに行くなら死んだ方がマシだと，無理矢理学校に連れていこうとした親に，泣き叫んだこともあります。

　あの頃は，いくらもがいても，もがけばもがく程落ちていく，出口がないという状態で，神経は過敏になり，夜も眠れず毎日死ぬことばかり考えていました」

(神戸市民生局『そんなに急がせないで』1987，pp. 78-79)

より速くという価値観に支配された新幹線社会に慣れた私たち大人は，子どものリズムを忘れがちになり，また，子どもの叫びを自分たちのフィルターを通してしか聴くことができなくなってしまっている。

また，これまで述べてきたとおり，その子どもたちの姿も変貌しつつある。人と人との生の触れ合いも不足し，社会性や他者に対する共感性などが育ちにくいことも指摘されている。子どもたちには，キャンプや外遊び，自然との触れ合いなどの活動を通じて，自然や人，社会と直接触れ合い，もまれる機会をたくさん用意する必要があるのである。

【文　献】

柏女霊峰（2007）:『現代児童福祉論』（第8版）誠信書房

柏女霊峰（2017）:『これからの子ども・子育て支援を考える——共生社会の創出をめざして』ミネルヴァ書房

Goble, F. G.（1970）: *The third force: The psychology of Abraham Maslow.* Grossman Publishers.（小口忠彦監訳〈1972〉:『マズローの心理学』産業能率大学出版部）

第5章

戦後の子ども家庭福祉通史

●第1節　子ども家庭福祉の成立●

1. 児童福祉法制の基盤の成立

　児童福祉[*1]法制・制度は，子どもの心身の健全な発達を保障し，その福祉の向上を図ることを目標としており，子ども自身の福祉はもとより，子どもを取り巻く家庭や地域社会の対策を含めた，総合的な制度である。また，それは，教育，労働，司法，警察など，広範な分野の対策と密接に関連している。このような総合的な児童福祉対策がスタートしたのは第二次世界大戦後であり，「児童福祉法」や「児童憲章」の制定を経て，進展してきたのである。

　敗戦直後のわが国は，国民の生活は窮乏し，精神的な虚脱も加わって社会の秩序は乱れ，この混乱と窮乏のなかで浮浪児，戦災孤児，引揚孤児などが多数出現し，これらの子どもを収容保護することが，当時の児童対策の緊急課題だった。

　これら応急的な児童救済対策を進めながらも，一方では，すべての子どもの福祉を国の責任において体系化し推進することをめざし，次代の社会の担い手である子どもの健全な育成，すべての子どもの福祉の積極的増進を基本精神とする「児童福祉法」が，昭和22年に制定された。この背景には，福祉国家の建設の理想を掲げた「日本国憲法」の制定（昭和21年）が大きく関連している。

　また，昭和21年に，児童福祉対策についてのみ責任を負う児童局が，初めて厚生省に設置されている。さらに，昭和23年には，「児童福祉施設最低基準」も策定されている。この後，さらに広く児童観や児童福祉の理念を確認し国民の間

---

　*1　本書は「子ども家庭福祉」の用語を原則としているが，子ども家庭福祉の用語は1990年代から使用されることとなったため，本章においては，それ以前の年代に関し「児童福祉」の用語を用いることとした。

に普及するために，昭和26年に内閣総理大臣により招集された児童憲章制定会議により，「児童憲章」が制定，宣言されている。こうして，戦後の児童福祉法制の基盤が形づくられていったのである。

2. 児童福祉関連法制の整備

　昭和20年代は，児童福祉法制の基盤が整備された時期であるが，30年代になると，昭和36年には，母子家庭を対象に支給される児童扶養手当について規定した「児童扶養手当法」が制定された。続いて，昭和39年には，母子家庭に関する施策を規定した「母子福祉法」（現在の「母子及び父子並びに寡婦福祉法」）が制定された。さらに，同年，「重度精神薄弱児扶養手当法」（現在の「特別児童扶養手当等の支給に関する法律」）が制定されるなど，施策に広がりがみられた。

　昭和40年になると，母性，乳幼児の健康の保持・増進に関する施策について規定した「母子保健法」が制定された。さらに，昭和46年には，児童手当について規定した「児童手当法」が制定され，これにより，わが国の基本的児童福祉法制はほぼ整備されることとなった。

　その後は，これらの法に基づいた施策の展開が図られたが，近年は，少子化や子ども虐待の社会問題化など変わりゆく世相のなかで，新たな課題に対応するための法整備も進められている。たとえば，「児童虐待の防止等に関する法律」（平成12年）や，「配偶者からの暴力の防止及び被害者の保護等に関する法律」（平成13年），「少子化社会対策基本法」（平成15年），「次世代育成支援対策推進法」（平成15年），「発達障害者支援法」（平成16年），「就学前の子どもに関する教育，保育等の総合的な提供の推進に関する法律」（平成18年），「子ども・子育て支援法」（平成24年）などの法律が制定されている。

　以下，これらの法整備をもとに，また，厚生省児童家庭局（1996）の著書などから引用しつつ，児童福祉・子ども家庭福祉の進展について年代ごとにみていくこととしたい。

●第2節　児童福祉・子ども家庭福祉の展開●

1. 昭和20年代

　児童福祉法が制定されると，児童福祉制度充実のための施策が次々と進められ

ていくこととなる。すなわち，妊産婦乳幼児保健指導要領，児童福祉司及び児童
委員活動要領，児童福祉施設最低基準などが作成された。前述のとおり，昭和
26年には児童憲章も制定されている。

　昭和25，26年頃になると，戦後の混乱はいくらか落ち着き，朝鮮戦争を契機
として経済復興の兆しも現れはじめる。大人も子どももようやく飢餓線上から抜
け出したのである。これにともない，それまでの収容保護を中心とした児童福祉
施策も，サービスの質を問われることとなる。事実，このころから，ホスピタリ
ズム論争，家庭的処遇論，治療教育的接近，積極的養護論など，児童処遇をめぐ
る論争が展開され，ケースワーク，グループワークなどの方法論の導入が関心を
引くこととなる。

　昭和24年11月には，国際連合からアリス・K・キャロールが来日し，児童相
談所をはじめとする児童福祉行政全般についての指導も行われ，以後，児童相
談所や児童福祉司の行う相談援助活動の基本的視点が定まっていくこととなる。
キャロールの残した足跡は，「児童福祉マニアル」として翻訳されている。そし
て，昭和27年には，厚生省児童局によって，児童相談所運営に関する体系的指
針を含む『児童福祉必携』が発刊されている。

　なお，昭和27年には，精神薄弱児[*2]に関する総合的な施策の推進方策を示
す，「精神薄弱児対策基本要綱」が作成されて，昭和29年には育成医療制度も創
設されるなど，障害児童福祉施策についても一定の拡充が図られている。

2. 昭和30年代

　昭和31年の『経済白書』は「もはや戦後ではない」と銘打ち，また，池田内
閣により所得倍増政策も打ち出され，その後，わが国は高度経済成長への道を
進んでいくこととなる。昭和30年代は，工業化の進展による急速な経済成長や，
都市への人口集中，共働き世帯の増加など，社会経済情勢が大きく変化した時期
である。こうしたなか，都会における子どもの遊び場の消失，交通事故の増加，
女性就労の増加や家族構成の変化による保育需要の増加などの，児童福祉問題を
招くこととなった。これに対応し，児童福祉制度はその対象を拡充するととも
に，戦後処理的な要保護児童福祉対策を脱し，一般児童や家庭をも視野に入れた

　＊2　たとえば「精神薄弱」の用語は現在では使用されないが，本章においては，原則として当
　　　時の用語を使用した。

施策へと転換していくこととなった。

　中央児童福祉審議会は，昭和31年に「児童福祉行政の諸問題について」（意見具申）を，さらに昭和37年には「児童の健全育成と能力開発によってその資質の向上を図る積極的対策に関する意見」（答申），昭和38年には「家庭対策に関する中間報告」を出し，児童福祉施策の展開が図られていくこととなる。

　母子保健施策としては，未熟児に対する訪問指導・養育医療の給付（昭和33年），妊娠中毒症妊産婦に対する訪問指導（昭和37年）などの乳児死亡率低下を促進する施策が展開され，また，昭和38年には，三歳児健康診査精密検診も開始された。

　保育施策においては，保育需要の増大・多様化に対応して，保育所の量的拡大が図られた。また，運営面においても，保育単価制の導入や「措置基準」の制定などの改正が進められた。さらに，昭和38年には，長年の懸案であった保育所と幼稚園との関係について，両施設の目的，機能が異なるとの整理が，厚生・文部両省の共同局長通知によって確認された。

　母子家庭施策に関しては，昭和34年に母子福祉年金が創設され，昭和36年11月には，離婚などによる生別の母子家庭などに対して児童扶養手当を支給する「児童扶養手当法」が公布された。さらに，昭和39年，母子家庭のための基本法である「母子福祉法」（現在の「母子及び父子並びに寡婦福祉法」）が制定され，母子家庭施策の体系化が図られることとなった。

　続いて障害児（者）施策も，昭和30年代後半を中心に著しく進展した。すなわち，昭和35年には，成人精神薄弱者のための基本法である「精神薄弱者福祉法」（現在の「知的障害者福祉法」）が制定され，さらに，昭和39年には，日常生活において常時の介護を必要とする，重度の精神薄弱児を養育する父母らに手当を支給する「重度精神薄弱児扶養手当法」（現在の「特別児童扶養手当等の支給に関する法律」）も制定された。

　最後に，家庭児童施策が進められたことも，この年代の特徴である。昭和36年には，情緒障害児短期治療施設（現在の児童心理治療施設）が創設された。また昭和39年には，「児童局」が「児童家庭局」（現在の子ども家庭局）と改称され，家庭を重視する姿勢が明らかにされるとともに，福祉事務所に家庭児童相談室が設置されることとなった。

　以上みてきたように，昭和39年は，児童福祉行政にとってひとつの転換期と

いえる。まず，子どもが生活する基盤である家庭を支援することをねらいとして，児童局が児童家庭局となるとともに，福祉事務所に家庭児童相談室も設置された。また，母子福祉法が公布施行され，さらに重度精神薄弱児扶養手当法も公布施行されている。著者が 15 年間勤務していた日本子ども家庭総合研究所（当時は日本総合愛育研究所）[*3] も，国の研究所に代わる機関としてこの年に設置されている。こうして，施策は昭和 40 年代に引き継がれていくのである。

3.　昭和 40 年代

　昭和 40 年代は，30 年代に引き続き日本経済は高度成長を続け，昭和 43 年には，わが国のＧＮＰはアメリカに次いで自由世界第 2 位となった。しかし，昭和 48 年の第一次オイルショックを契機に，その成長には陰りがみえはじめる。

　このころには，高度経済成長の負の側面も強く意識されることとなり，「福祉なくして成長なし」「福祉優先」のスローガンのもと，昭和 48 年には，年金・手当額の大幅アップなどが行われ，「福祉元年」と呼ばれた。児童福祉関係においては，障害児施策ならびに母子保健施策の拡充が図られ，また，児童手当制度の創設や保育施策の強化，社会福祉施設緊急整備五カ年計画の策定などが行われた。

　母子保健施策としては，昭和 40 年に母子保健法が児童福祉法から独立して制定された。昭和 43 年には中央児童福祉審議会から「当面推進すべき母子保健対策について」の意見具申が行われ，妊産婦・乳幼児に対する健康診査などが推進された。

　障害児（者）施策としては，昭和 42 年に，重症心身障害児施設が児童福祉施設として位置づけられた。昭和 45 年には「心身障害者対策基本法」（現在の障害者基本法）が制定され，中央心身障害者対策協議会も設置されるなど，障害者施策は昭和 40 年代に大きく進展することとなった。

　保育施策に関しては，女性就労の増加にともなう保育所整備が昭和 42 年に重点課題と位置づけられ，社会福祉法人が新設する保育所に対して国庫補助が開始された。また，昭和 46 年には「児童手当法」が制定され，翌 47 年から段階的に

---

　*3　日本子ども家庭総合研究所は，児童手当法に基づく児童育成事業によって運営に必要な財源が手当されていたが，子ども・子育て支援法の施行にともない児童育成事業費が廃止されたことから，平成 26 年度末をもって廃止となった。

児童手当の支給が開始された。児童手当法の成立により、現在の児童福祉行政の骨格ができ上がったことになる。

4. 昭和50年代

　昭和50年代は、高度経済成長から安定成長経済に転換していくなかで、従前のような財政拡大を続けることが困難な状況となり、特に老人医療費の急増への対応をはじめとして、社会保障施策の見直しが行われることとなった。

　児童福祉施策についてみると、いわゆるベビーホテルにおける乳幼児の死亡事件の多発を契機として、50年代後半ごろから保育需要の多様化への対応が意識されるようになった。そのため、乳児保育や延長・夜間保育、障害児保育施策などが進められていくこととなった。

　また、昭和50年代半ばには、国際連合が定めた児童福祉に関する2つの記念年、すなわち、「国際児童年」（昭和54年）および「国際障害者年」（昭和56年）があり、これらはそれぞれの施策の理念にも大きな影響を与えた。また、児童手当ならびに児童扶養手当の見直しも行われた。母子保健施策では、1歳6か月児健康診査が昭和52年から開始されている。戦後の非行の第三のピークがみられたのもこの時期であった。

5. 昭和60年代から平成の時代——児童福祉から子ども家庭福祉へ

　昭和60年代は、50年代後半に引き続き国と地方との役割分担が見直された時期である。児童福祉法の事務の団体事務化や、補助率の見直しが行われた。また、住民により、身近な行政主体による福祉サービスの展開が重視されるとともに、在宅福祉サービスが重視されるようになった。

　平成元年には、全国社会福祉協議会児童家庭福祉懇談会から「提言　あらたな「児童家庭福祉」の推進をめざして」と題する報告書が公表され、以後、次第に「児童福祉」から「子ども家庭福祉」、すなわち、子育て家庭のウエルビーイングをも視野に入れた政策が進んでいくこととなる。一方、平成に入ると、ソビエト連邦の消滅とともに時代はポスト冷戦時代に入ることとなる。日本経済はバブル経済とその崩壊を経験し、出生率の継続的低下が社会保障に与える影響が強く認識されるようになった。

6.　少子化対策から次世代育成支援対策へ

　平成 2 年 6 月，平成元年の合計特殊出生率が，統計史上最低を更新する 1.57 となったことが公表されると，高齢化社会の基盤整備を進めるため老人福祉法等の一部を改正する法律の審議中であった国会は，大きなショックに見舞われた。いわゆる「1.57 ショック」である。

　以後，保育などの子ども家庭福祉施策は「少子化対策」の一部として，年金・医療・介護を下支えする施策としての歩みを始める。その結果，子ども家庭福祉施策は，少子化対策と要保護児童福祉対策とに二分されていくこととなる。少子化対策は平成 6 年の「エンゼルプラン」に結実し，さらに平成 11 年の「新エンゼルプラン」へと引き継がれていく。平成 6 年には，「児童の権利に関する条約」（「子どもの権利条約」）を批准した。

　少子化対策は，保育所の利用希望の著しい増加，待機児童問題を招き，また，地域における連帯の希薄化とあいまって，家庭における子育ての閉塞化をもたらすこととなった。こうした状況を受けて，平成 15 年から次世代育成支援施策が展開されることとなった。

　平成 15 年改正児童福祉法は，子ども家庭福祉，子育て支援のための在宅福祉三本柱を「子育て支援事業」として法定化し，次世代育成支援対策推進法は，それらを含む次世代育成支援施策の計画的推進を全自治体に求め，さらに少子化社会対策基本法に基づき，自治体計画を後押しする国家計画であるいわゆる「子ども・子育て応援プラン」が，平成 16 年末に策定されたのである。

7.　要保護児童福祉対策の進展

　一方，要保護児童福祉も独自の歩みを始める。その契機は，平成 6 年の「子どもの権利条約」の締結による子どもの権利への注目と，その後の子ども虐待・配偶者暴力問題の社会問題化などである。

　ひとり親家庭福祉施策は，平成 13 年の「配偶者からの暴力の防止及び被害者の保護に関する法律」の成立，改正とともに，平成 14 年に大きな制度改革が行われ，平成 15 年度から新たな展開を始めた。厚生労働省の「母子家庭及び寡婦の生活の安定と向上のための措置に関する基本的な方針」に基づき，都道府県などにおいて，ひとり親家庭の自立促進計画も整備された。

　そして，要保護児童福祉の推進が，平成12年の「児童虐待の防止等に関する法律」（「児童虐待防止法」）の成立，改正とともに，平成16年に大きな転機を迎えることとなる。平成16年改正児童福祉法は，要保護児童福祉における市町村の役割強化，社会的養護サービスの見直しと拡充，子どもの権利擁護のための司法関与の強化を盛り込み，これを子ども・子育て応援プランが財政的に後押しすることとなった。社会的養護を必要とする子どもたちのQOLの向上が，初めて国家計画に盛り込まれたのである。

　平成17年度から，児童家庭相談が市町村において展開されており，厚生労働省からは「市町村児童家庭相談援助指針」（現在の市町村子ども家庭支援指針）および「要保護児童対策地域協議会設置・運営指針」も発出され，これらの指針とともに「児童相談所運営指針」や「子ども虐待対応の手引き」も，数次にわたり大幅に改訂されている。自治体の要保護児童福祉対策地域協議会も，子ども・子育て応援プランで全自治体設置という目標が掲げられ，平成19年の児童福祉法改正においては，同協議会の設置が自治体の努力義務として規定された。こうして，要保護児童福祉においても市町村重視，施策の計画的進展が始まったのである。

　こうした動向と連動して，引き続き増え続ける子ども虐待に対応するため，平成19年改正児童虐待防止法は，保護者に対する出頭要求，裁判所の許可状に基づく臨検・捜索の制度化など，家庭に対する介入性の強化を一層鮮明に打ち出し，結果として，保護した子どもたちのケア，自立支援を図る社会的養護体制の強化が，大きな課題として浮かび上がってきている。

8. 新たな時代へ

　さらに近年は，税源移譲，補助負担金削減，地方交付税改革を一体的に実施するいわゆる三位一体改革や認定こども園制度の新設，障害児施設給付制度の導入などの施策のほか，利用者に対する直接補助制度や，いわゆる育児保険制度（仮称）の検討といった，子ども家庭福祉の基礎構造や実施主体・サービス提供体制のあり方に関するさまざまな政策課題が子ども家庭福祉界を巻き込んできた。

　政府は，平成24年8月にいわゆる子ども・子育て支援3法も成立・公布された。それを受け，平成27年度から，子ども・子育ての充実を図る子ども・子育て支援制度が創設されている。また，障害児福祉においても，平成25年度か

ら，障害者自立支援法を見直すいわゆる障害者総合支援法，改正児童福祉法も施行されている。

　平成28年には70年ぶりに児童福祉法の理念がリニューアルされるとともに，家庭養護優先の原則の法定化，切れ目のない支援，子ども虐待防止や社会的養護の充実などを図る改正児童福祉法が成立し，29年度から施行されている。さらに，令和4年改正児童福祉法が成立し，令和6年度から施行されようとしている。

　おりしも，令和2年2月からのいわゆるコロナ禍によりこの間，出生児数の減少や保育サービス利用児童の減少が起こり，待機児童問題後の保育サービスの在り方が課題とされるなど，事態は新たなステージに入ろうとしている。そんなおり，令和5年度からこども基本法が施行されてこども家庭庁が創設されるなど，戦後78年を経て，子ども家庭福祉はいよいよ新たな時代を迎えるのである。

【文　献】

柏女霊峰（1997）：『児童福祉改革と実施体制』ミネルヴァ書房

柏女霊峰（2006）：「児童福祉法制の展開」網野武博・柏女霊峰・新保幸男『児童福祉分権ライブラリー　シリーズⅠ　児童福祉基本法制Ⅰ・Ⅱ　解説・解題』日本図書センター

柏女霊峰（2007）：「戦後子ども家庭福祉制度の変遷」高橋重宏監修，児童福祉法制定60周年記念全国子ども家庭福祉会議実行委員会編『日本の子ども家庭福祉』明石書店

柏女霊峰（2011）：『子ども家庭福祉・保育の幕開け――緊急提言　平成期の改革はどうあるべきか』誠信書房

柏女霊峰（2019a）：『子ども家庭福祉学序説――実践論からのアプローチ』誠信書房

柏女霊峰（2019b）：『平成期の子ども家庭福祉――政策立案の内側からの証言』生活書院

厚生省児童家庭局編（1996）：『児童福祉五十年の歩み』厚生省児童家庭局

厚生省児童家庭局監修，福田垂穂・柏女霊峰（1996）：『社会福祉学習双書　児童福祉論』全国社会福祉協議会中央福祉学院

第6章
子ども家庭福祉の基本理念

1. 子どもの権利保障

　わが国の子ども家庭福祉の理念を明文化したものとして，代表的なものに，平成28年6月に改正された児童福祉法第1条〜3条の2（**表6-1**）や児童憲章[*1]がある。

　時代の変容を受け，平成28年6月3日に公布された改正児童福祉法においては，第1条及び第2条が大幅に改正されている。児童福祉法制定以来，実に70年ぶりの理念の改正である。そのうえで，第3条においては，これらが子ども家庭福祉の原理であることが示され，第3条の2では，国及び地方公共団体が児童の保護者を支援する義務が規定されている。

　その条文は受動態記述であり，子どもの受動的権利の保障にとどまっていることは残念ではあるが，第1条の冒頭において，子どもの能動的権利をも保障する「児童の権利に関する条約にのっとり……」と規定されるなど，これまでより大きく前進したことは間違いがない。

　また，第2条において，「児童の年齢及び発達の程度に応じて，その意見が尊重され」，「その最善の利益が優先して考慮され」，子どもの権利条約の文言が盛り込まれたことも，意義あることである。さらに，子どもの養育における保護者の「第一義的責任」を規定するとともに，国，地方公共団体の「保護者支援の責務」を明確に規定したことも，重要な点である。

　また，児童憲章は，その前文において，「児童は，人として尊ばれる。／児童は，社会の一員として重んぜられる。／児童は，よい環境のなかで育てられる」と簡潔に述べている。

[*1]　1951（昭和26）年5月5日の子どもの日に，内閣総理大臣が召集する児童憲章制定会議が制定・宣言した，わが国における児童の権利宣言。3条の総則と本文12条からなり，制定後半世紀以上を経た今も，わが国の子ども家庭福祉の理念として重要な位置づけをもっている。

表6-1　児童福祉法　第一〜三条新旧対照表

改正前	改正後
第一条　すべて国民は，児童が心身ともに健やかに生まれ，且つ，育成されるように努めなければならない。 ②　すべて児童は，ひとしくその生活を保障され愛護されなければならない。	第一条　全て児童は，児童の権利に関する条約の精神にのつとり，適切に養育されること，その生活を保障されること，愛され，保護されること，その心身の健やかな成長及び発達並びにその自立が図られることその他の福祉を等しく保障される権利を有する。
第二条　国及び地方公共団体は，児童の保護者とともに，児童を心身ともに健やかに育成する責任を負う。	第二条　全て国民は，児童が良好な環境において生まれ，かつ，社会のあらゆる分野において，児童の年齢及び発達の程度に応じて，その意見が尊重され，その最善の利益が優先して考慮され，心身ともに健やかに育成されるよう努めなければならない。 ②　児童の保護者は，児童を心身ともに健やかに育成することについて第一義的責任を負う。 ③　国及び地方公共団体は，児童の保護者とともに，児童を心身ともに健やかに育成する責任を負う。
第三条　前二条に規定するところは，児童の福祉を保障するための原理であり，この原理は，すべて児童に関する法令の施行にあたって，常に尊重されなければならない。	第三条　［略］ 一節　国及び地方公共団体の責務 第三条の二　国及び地方公共団体は，児童が家庭において心身ともに健やかに養育されるよう，児童の保護者を支援しなければならない。ただし，児童及びその保護者の心身の状況，これらの者の置かれている環境その他の状況を勘案し，児童を家庭において養育することが困難であり又は適当でない場合にあっては児童が家庭における養育環境と同様の養育環境において継続的に養育されるよう，児童を家庭及び当該養育環境において養育することが適当でない場合にあっては児童ができる限り良好な家庭的環境において養育されるよう，必要な措置を講じなければならない。

　これらの理念はすべて受動態の表現で貫かれ，いわば，子どもが社会から保護される権利を有することを物語っている。ここに示される子ども家庭福祉の基本的理念は，成人や社会は子どもを守り育む義務を有するというものである。こうした考え方は，子どもの最善の利益[*2]を保障しようとする成人の義務を強調したものであり，国際連合が1959年に採択した，「児童の権利に関する宣言」[*3]など，昔から国際的に共通してみられる基本的な理念である。

　ところで，1989（平成元）年11月に国際連合が採択した「児童の権利に関する条約」（以下「子どもの権利条約」）[*4]は，こうした子ども家庭福祉の基本的考え方を受け継ぎつつも，子どもも主体的に自分の人生を精一杯生きようとしている主体的な存在であるという，権利行使の主体としての子ども観を鮮明に打ち出した点において，画期的なものとなっている。子どもの権利条約は，国際連合が，児童の権利宣言30周年に当たる1989年11月20日に採択し，翌年9月に発効した児童の権利に関する総合的条約である。前文と54条とからなり，18歳未満の子どもが有する権利について包括的・網羅的に規定している。

　ユニセフ（UNICEF：国際連合児童基金）は，本条約が定める権利を，生きる権利，育つ権利，守られる権利，参加する権利の4種に整理している。「守られる権利」は子どもの受動的権利と称され，「子どもの最善の利益」を保障する国や社会の責務（第3条）から派生する権利といえる。1924年の国際連盟の「児童の権利に関するジュネーブ宣言」で初めて表現され，国際連合の「児童の権利に関する宣言」（1959年）に引き継がれて，権利条約においても最も重要な概念となっている。そして，その責務は第一義的には親（第5条，第18条）に委ねられ，親がそれを果たせない場合には，公が代行することとなっている。

　これに加え，子どもの権利条約は，こうした子ども家庭福祉の基本的な考え方を受け継ぎつつも，子どもも自分の人生を精一杯生きようとしている主体的な存

---

　*2　子どもの最善の利益（the Best Interest of the Child）とは，子ども家庭福祉の根拠となる基本的で最も重要な概念である。子どもの最善の利益の確保は，1924年の「児童の権利に関するジュネーブ宣言」（国際連盟）以来，現在の「児童の権利に関する条約」に至るまで，世界の子ども家庭福祉の基本理念となっている。

　*3　1959年11月20日，国際連合第14回総会において採択されたものであり，1924年に国際連盟が採択した「児童の権利に関する宣言」（通称「ジュネーブ宣言」）を引き継ぐ世界的宣言である。

　*4　1989年11月20日，国際連合が採択し，翌年9月から発効した子どもの権利に関する総合的条約である。前文と54か条からなり，18歳未満の子どもが有する権利について包括的・網羅的に規定している。現在では世界のほとんどの国が批准している。

在であるという，権利行使の主体としての子ども観（第 12 条以下の規定）を鮮明に打ち出している。これが「参加する権利」と呼ばれているものである。すなわち，子どもの意見表明，思想・良心の自由など，成人と同様の権利を保障し，成人の義務から派生する受動態の権利のみならず，子どもの能動的権利をも保障しようとしているのである。

さらに，国際連合が 2006（平成 18）年に採決した障害者の権利に関する条約*5 も，その第 7 条（障害のある児童）において子どもの権利条約の趣旨を引き継ぐとともに，意見を表明するために支援を提供される権利を有することを言明している。わが国は，この条約を 2014（平成 26）年 1 月に締結している。

これらにみるとおり，今後の子ども家庭福祉の理念は，子どもを受身的存在として保護するだけでなく，子どもの意見を聴き，そして，それを尊重しつつ，また，子どもの生存，発達および自立に関する固有の権利を，積極的に保障することにあるといえるのである。

2. 子育て支援

もともと子育て支援は，歴史的には主として血縁，地縁型のネットワークによって担われてきた。しかし，近年では，こうした従来の子育て支援ネットワークが弱体化し，それに代わるべき子育て支援事業，保育サービスなどの社会的子育てネットワークが求められるようになった。前述した子育ての現状が，その必要性に拍車をかけている。

子育て支援とは，簡潔にいえば，子どもが生まれ，育ち，生活する基盤である親および家庭，地域における子育ての機能に対し，家庭以外の私的，公的，社会的機能が支援的に関わることをいう。子育ての孤立化，閉塞化が叫ばれる現在，

＊5　国際連合が採択した障害者の権利に関する条約第 7 条（障害のある児童）は以下のとおりである（政府訳）。

　　1　締約国は，障害のある児童が他の児童との平等を基礎として全ての人権及び基本的自由を完全に享有することを確保するための全ての必要な措置をとる。

　　2　障害のある児童に関する全ての措置をとるに当たっては，児童の最善の利益が主として考慮されるものとする。

　　3　締約国は，障害のある児童が，自己に影響を及ぼす全ての事項について自由に自己の意見を表明する権利並びにこの権利を実現するための障害及び年齢に適した支援を提供される権利を有することを確保する。この場合において，障害のある児童の意見は，他の児童との平等を基礎として，その児童の年齢及び成熟度に従って相応に考慮されるものとする。

こうした活動は，今後，ますます重要になってくるといえる。

3. 社会福祉の動向と新たな子ども家庭福祉の理念

　これらの基本理念に加え，今後，子ども家庭福祉の理念に求められてくる視点について，近年の社会福祉改革の動向から整理すると，以下のことがいえる。

　社会福祉，子ども家庭福祉は改革の途上にある。それは，戦後に構築された国家責任を中心とする行政主導の社会福祉，子ども家庭福祉の改革を意味する。主たる改革には，①社会福祉基礎構造改革，介護保険法の制定，②権利擁護（いわゆる児童虐待防止法，高齢者虐待防止法，障害者虐待防止法の制定など），③いわゆる「障害者総合支援法」の制定，④「ホームレスの自立の支援等に関する特別措置法」や「発達障害者支援法」「生活困窮者自立支援法」など，制度の谷間にあった人びとに対する支援法の制定など，が挙げられる。第1章で述べたとおり，人びとの孤立化と競争の激化が生み出す格差や，社会的排除の問題に対し，ソーシャル・インクルージョン[*6]の視点からの対策も求められている。

　特に，社会福祉基礎構造改革をはじめとする各種の制度改革は，社会福祉の普遍化をもたらすこととなった。さらに，社会福祉基礎構造改革は，サービスの主導権を利用者に委ねることによって，福祉実践に内在する価値を顕在化し強化することとなった。それは，必然的に，社会福祉のミッション（使命）への注目を導き出すこととなる。これまで，措置制度のもとで潜在化していた施設長や援助者の福祉観，人間観などが浮かび上がってくることとなったのである。

　その結果，社会福祉基礎構造改革は，サービスの担い手である社会福祉法人や社会福祉施設の社会的使命の重要性を，引き起こすこととなる。つまり，サービスの先駆性，公益性，継続性・安定性の確保と，民間としての自律性，さらには，制度の谷間の福祉問題に果敢に取り組む姿勢や，福祉社会づくりに対する寄与が，求められてくることとなったのである。

　こうした一方で，社会福祉法人，社会福祉施設の経営にも厳しい目が向けられるようになってきている。つまり，福祉経営の確立である。法令遵守がいわれ，

＊6　わが国において政策目標としてのソーシャル・インクルージョンが注目されたのは，平成12年に報告された「社会的な援護を要する人々に対する社会福祉のあり方に関する検討会」報告書が嚆矢である。報告書は，「包み支え合う（ソーシャル・インクルージョン）ための社会福祉を模索する必要がある」と述べ，新しい社会福祉のあり方を提示している。

福祉 QC 活動や苦情解決，リスクマネジメント，個人情報保護，第三者評価の受審と結果の公表，地域公益活動の積極的展開などが，次々と求められてくることとなった。平成 29 年度からは，改正社会福祉法の施行に基づき，社会福祉法人の運営改革や地域貢献活動の義務化なども進められている。

　さらに，私たちの社会がめざす男女共同参画社会の実現や，仕事と生活との調和（ワーク・ライフ・バランス）の実現に向けての子ども家庭福祉の役割も，強調されるようになってきている。なお，子どもの貧困対策の推進に関する法律の理念である「子どもの将来がその生まれ育った環境によって左右されることがないよう」（第 1 条）にする視点も大切である。さらに，障害を理由とする不当な差別の禁止や社会的障壁をなくすための合理的配慮を要請する「障害を理由とする差別の解消の推進に関する法律」（障害者差別解消法）の理念も，共生社会の創出のために重要である。

4.　子ども・子育て支援法の理念

　平成 27 年度に，子ども・子育て支援制度[*7]が創設された。これは，高齢者福祉制度体系における介護保険制度，障害者福祉制度体系における障害者施設等給付制度と同様，子ども家庭福祉制度体系における子ども・子育て支援制度と位置づけられる。いわば，利用者の視点や権利性を重視した仕組みの導入である。

　子ども・子育て支援法の理念は，「子ども・子育て支援は，父母その他の保護者が子育てについての第一義的責任を有するという基本的認識の下に，家庭，学校，地域，職域その他の社会のあらゆる分野における全ての構成員が，各々の役割を果たすとともに，相互に協力して行われなければならない」（第 2 条第 1 項）をはじめとする，「社会連帯」に基づく子育て支援の視点である。児童福祉法に基づく子ども家庭福祉の理念が，いわば「公的責任」論を中心としている点との相違をみてとることができる。子ども家庭福祉においては，この両方の視点が必要とされることがここに示される。

[*7]　子ども・子育て支援制度は，これまで子ども・子育て支援新制度と呼称されていたが，子ども・子育て支援法施行後は，政府としてしばらく「新制度」の呼称を用いるとしても，子ども・子育て支援法に基づく基本指針により「子ども・子育て支援制度」と総称される。したがって，本書においては，「子ども・子育て支援制度」の用語を用いることとする。その方が，介護保険法に基づく介護保険制度やいわゆる障害者総合支援法に基づく障害者施設等給付制度との対比が明確化されると考えるからである。

5. これからの子ども家庭福祉に求められる方向
——児童福祉から子ども家庭福祉へ

　これらの動向を踏まえると，これからの子ども家庭福祉の新たな方向性は，以下の点にまとめることができる。

　(1)「保護的福祉」から「支援的福祉」へ

　家庭や地域における子育て機能の低下に対応し，これからの子ども家庭福祉は，保護を必要とする子どもを保護して保護者に代わって養育するという，狭義の児童福祉の考え方から，子どもが生まれ，育ち，生活する基本的な場である家庭を支援することにより，親と子どもの生活や自己実現をセットで保障するという，子ども家庭福祉の視点が必要とされる。

　(2)「血縁・地縁型子育てネットワーク」から「社会的子育てネットワーク」へ

　女性の過重な負担，親族や地域の互助を前提にして成立してきた血縁・地縁型子育てネットワークから，男女が共同して子育てを行うことを可能とし，子育ての社会化，つまり仕組みを導入することによって，新たな社会連帯に基づいた社会的子育てネットワークを創りあげるという視点が必要である。

　(3)「与えられる（与える）福祉」から「選ぶ（選ばれる）福祉」へ

　最低限度の画一的サービスから，さまざまなニーズに応えられるよう，多様な供給主体による多様なサービスを用意していくこと（たとえば，ケアプランの策定やケア・マネジメントなど）に加え，サービス提供にあたって説明と同意に基づく選択が可能となるような視点が必要である。

　(4)「点の施策」から「面の施策」へ

　個を対象に，単一のサービスを，単一の供給主体により，単一の手法で提供する，いわゆる「点の福祉」から，複数（家族や地域）を対象に，複数のサービスを，複数の供給主体により，複数の手法（経済的支援，訪問，通所など）で提供する，「面の福祉」の視点が求められる。

　(5)「成人の判断」から「子どもの意見も」へ

　子どもの最善の利益を保障するためには，これまでの大人，専門家の判断を重視した手法から，子どもの意見も積極的に取り入れたサービス決定手法に転換していくことが必要とされる。これは，子どもの意見尊重，決定に対する，子どもの参加の保障につながるものであり，一人ひとりの子どもの最善の利益が，でき

る限り子ども自身の手によって実現していくことをめざすものである。

(6)「家庭への介入抑制」から「子権のための介入」へ

子育てを，親族の情誼や地域社会の互助に委ねて，家庭に対する介入を控える考え方から，「親権や私権に公権が介入することによって生ずる問題よりも，子権を守ることのほうが大切」といった，子どもの生命や権利を守ることを重視する視点に転換していくことが求められる。

(7)「(保護的) 福祉 (welfare)」から「ウエルビーイング (well-being)」へ

これまでの救貧的なイメージをともなう保護的福祉を脱却して，より積極的に人権を保障し，自己実現を保障する，ウエルビーイング*8 の視点に立脚した子ども家庭福祉を実現していくことが必要とされる。

6.　子ども家庭福祉の理念構造

ここまでを踏まえ，子ども家庭福祉における理念の構造（子ども家庭福祉における子，親，公，社会の関係）を整理すると，図6-1 のようになる。

まず，子どもの権利条約第5条や児童福祉法第2条第2項に親・保護者の子どもの養育に関する第一義的責任が規定され，民法第820条には，親に対して子の利益のための養育義務を排他的に果たす権利が規定されている。そして，この養育義務が適切に果たせるよう親・保護者に対する国・地方公共団体の子育て家庭支援義務（児童福祉法第2条第3項，第3条の2），国民全体の努力義務（同第2条第1項，子ども・子育て支援法第2条）が規定されている。

そのうえで，親・保護者が子の利益のための養育義務を支援によっても適切に行使することができないと公（国・地方公共団体）が判断した場合には，公的介入を親子関係に対して行うこととなる。この場合の介入を正当化する原理が「子どもの最善の利益」（子どもの権利条約第3条，児童福祉法第1条）であり，公が用意した代替養育のもとに子どもが入ることとなる。こうした公の介入と排他的に養育義務を果たす権利を有する親・保護者の意向と相容れない場合には，司法が「子どもの最善の利益」を判断基準として審判を行うこととなる。これが，子ども家庭福祉の制度的構造であるといえる。

＊8　ウエルビーイング（well-being）とは，世界保健機関（WHO）憲章において「身体的，精神的，社会的に良好な状態にあること」を意味する概念である。子ども家庭福祉においては，個人の権利保障や自己実現をめざす目的概念として用いられている。

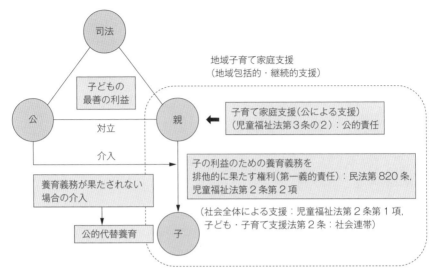

図6-1　子ども家庭福祉における理念の構造

　こうした「公」を中心とした伝統的な「子育て家庭支援」に対し，近年は社会全体で子育てを支援することが求められており，これは「地域子育て家庭支援」と称される。地域子育て家庭支援はこうした「公」による支援に加えて，児童福祉法第2条第1項に規定する国民，換言すれば社会全体による支援を要請する。そして，そのことは，高齢者福祉における地域包括ケアの理念とつながってくるのである。つまり，地域子育て家庭支援は，次のステップとして，公的支援に加え，地域包括的・継続的支援として展開されていかなければならないといえる。

7.　地域共生社会の実現とこれからの子ども家庭福祉の座標軸

　厚生労働省のポータルサイトによると，「地域共生社会」とは，「地域住民や地域の多様な人が参画し，人と人，人と資源が世代や分野を超えてつながることで，住民一人ひとりの暮らしと生きがい，地域を共に作っていく社会」のことをいう。この言葉が最初に用いられたのは，平成27年9月に厚生労働省・新たな福祉サービスのシステム等の在り方検討プロジェクトチームが出した『誰もが支え合う地域の構築に向けた福祉サービスの実現——新たな時代に対応した福祉の提供ビジョン』（通称：新福祉ビジョン）においてであった。新福祉ビジョン

は人口減少社会における新たな福祉の方向性を示したものであり，その方向として，「共生社会」「共生型の地域社会」を再生・創造していく必要性と，そのための検討課題が提起されたのである。

　これを受け，2016年6月2日閣議決定『ニッポン一億総活躍プラン』において「地域共生社会の実現」が盛り込まれ，社会福祉法を中心とし，介護保険法，児童福祉法などが次々に改正されて現在に至っている。子ども家庭福祉分野においても，地域共生社会実現のための工程表を描いていく必要がある。

　これからの子ども家庭福祉の理念に深く関わる座標軸は，以下の4つである。第一は，「子どもの最善の利益」であり，第二は，それを保障するための「公的責任」である。第三は，人と人とのゆるやかなつながり，協働をめざす「社会連帯」である。そして，最後に，「子どもの能動的権利の保障」，すなわち，子どもの権利に影響を与える事柄の決定への参加の保障が挙げられる。このいわゆる公助と共助の視点に，市場に基づくサービス供給体制の多元化をどのように組み込んでいき，かつ，社会的排除（ソーシャル・イクスクルージョン：social exclusion）をなくしていくことができるかが検討課題となる。つまり，公助，共助，自助の最適ミックスによって社会的包摂（ソーシャル・インクルージョン：social inclusion）を実現する社会のありようが，最も必要とされているのである。

　子ども家庭福祉において，子どもの最善の利益を図る公的責任は必須である。そのことは，近年の子ども虐待問題の深刻さをみれば明らかである。しかし，その一方で，公的責任のみが重視されることは，人と人とのつながり，社会連帯の希薄化をますます助長することとなり，公的責任の範囲は限りなく拡大していくこととなる。また，公的責任の下におかれている子どもの存在を，社会全体の問題として考える素地を奪ってしまうことにもつながる。

　これからの子ども家庭福祉の理念は，「子どもの権利保障」と「子育て支援」を根幹にすえながら，「子どもの最善の利益を図る公的責任」の視点と，「社会福祉における利用者主権，サービスの普遍性」確保の視点，「社会連帯による次世代育成支援」すなわち，つながりの再構築という視点，の3つを整合化させるという困難な課題に立ち向かっていかなければならないのである。それだけに，子ども家庭福祉の理念を問うことは，まさに，この国や社会のあり方そのものを問うこととなると，自覚しなければならない。

　なお，令和 5 年 4 月からこども基本法が施行された。こども基本法の理念は子どもの権利条約の理念を根幹に据えるとともに，2016 年改正児童福祉法の理念と大きく異なるところはないといえる。また，同じく令和 5 年度から創設されたこども家庭庁の基本方針では，「常にこどもの最善の利益を第一に考え，こどもに関する取組・政策を我が国社会の真ん中に据えて（「こどもまんなか社会」），こどもの視点で，こどもを取り巻くあらゆる環境を視野に入れ，こどもの権利を保障し，こどもを誰一人取り残さず，健やかな成長 を社会全体で後押し」（基本方針，2021．12）する視点を重視している。このように，子どもの視点，子育て当事者の視点が重要視されていることは大きな特徴であり，理念の力点の置き所が大きく転換することが期待されている。法や制度は，社会の変容とともに改善されていくのである。

【文　献】

網野武博（2002）：『児童福祉学──〈子ども主体〉への学際的アプローチ』中央法規出版
柏女霊峰（2008）：『子ども家庭福祉サービス供給体制──切れ目のない支援をめざして』中央法規出版
柏女霊峰（2011）：『子ども家庭福祉・保育の幕開け──緊急提言　平成期の改革はどうあるべきか』誠信書房
柏女霊峰（2015）：『子ども・子育て支援制度を読み解く──その全体像と今後の課題』誠信書房
柏女霊峰（2017）：『これからの子ども・子育て支援を考える──共生社会の創出をめざして』ミネルヴァ書房
柏女霊峰（2019 a）：『子ども家庭福祉学序説──実践論からのアプローチ』誠信書房
柏女霊峰（2019 b）：『平成期の子ども家庭福祉──政策立案の内側からの証言』生活書院
柏女霊峰編（2020）：『子ども家庭福祉における地域包括的・継続的支援の可能性──社会福祉のニーズと実践からの示唆』福村出版

第7章
子ども家庭福祉の法体系

　子ども家庭福祉は，種々の法律の有機的連携のもとで実施されている。第7章においては，子ども家庭福祉に関する基本的な法律と，子ども家庭福祉に関連の深い法律について整理する。特に，子ども家庭福祉六法については，その概要について詳しく解説する。

●第1節　子ども家庭福祉の法体系●

1. 子ども家庭福祉の法体系

　子ども家庭福祉法体系の基本は，「国の最高法規である」（憲法第98条）日本国憲法に求めることができる。日本国憲法が国民に保障する基本的人権として，以下の条文がある。

　　⑴　基本的人権の享有（第11条）
　　⑵　個人の尊重および幸福追求権（第13条）
　　⑶　法の下の平等（第14条）
　　⑷　奴隷的拘束や苦役を受けない権利（第18条）
　　⑸　家庭生活における個人の尊厳と両性の平等（第24条）
　　⑹　健康で文化的な最低限度の生活を営む権利（第25条）
　　⑺　能力に応じて教育を受ける権利（第26条）
　　⑻　勤労の権利と児童酷使の禁止（第27条）

　このほか，思想および良心の自由（第19条），信教の自由（第20条），表現の自由（第21条）等の規定もある。
　この日本国憲法に基づき，子ども家庭福祉行政は，児童福祉法をはじめ関連す

る各種の法律および政令，省令，通達等に基づいて推進されている。子どもに関連する法律は社会福祉，医療・保健，教育，労働，社会保険，司法，法務，矯正，行財政等，きわめて多岐にわたっている。

2. 子ども家庭福祉六法と主要法律

　子ども家庭福祉に直接関係するものには，以下の基本法律がある（カッコ内は制定年）。これらはわが国児童福祉の基礎を確立した。

　(1)　児童福祉法（昭和 22 年）
　(2)　児童扶養手当法（昭和 36 年）
　(3)　特別児童扶養手当等の支給に関する法律（昭和 39 年）
　(4)　母子及び父子並びに寡婦福祉法（昭和 39 年）
　(5)　母子保健法（昭和 40 年）
　(6)　児童手当法（昭和 46 年）

　平成期から令和期にかけては，これらの基礎的法律のうえに，新時代に対応するための多くの新法が成立した。たとえば，児童虐待の防止等に関する法律（平成 12 年），配偶者からの暴力の防止及び被害者の保護等に関する法律（平成 13 年），少子化社会対策基本法（平成 15 年），次世代育成支援対策推進法（平成 15 年），発達障害者支援法（平成 17 年），子ども・若者育成支援推進法（平成 21 年），子ども・子育て支援法（平成 24 年），子どもの貧困対策の推進に関する法律（平成 25 年），いじめ防止対策推進法（平成 25 年）医療的ケア児及びその家族に対する支援に関する法律，困難な問題を抱える女性への支援に関する法律，こども基本法等がある。

　このうち，こども基本法は，「日本国憲法及び児童の権利に関する条約の精神にのっとり，次代の社会を担う全てのこどもが，生涯にわたる人格形成の基礎を築き，自立した個人としてひとしく健やかに成長することができ，こどもの心身の状況，置かれている環境等にかかわらず，その権利の擁護が図られ，将来にわたって幸福な生活を送ることができる社会の実現を目指して，こども施策を総合的に推進する」法律である。こども大綱の策定などが規定されている。

3.　子ども家庭福祉に関連する主な法律

(1)　社会福祉に関する法律

社会福祉法，生活保護法，身体障害者福祉法，知的障害者福祉法，民生委員法，障害者基本法，社会福祉士及び介護福祉士法，精神保健福祉士法，障害者の日常生活及び社会生活を総合的に支援するための法律（障害者総合支援法）発達障害者支援法，児童虐待の防止等に関する法律，配偶者からの暴力の防止及び被害者の保護等に関する法律，障害者虐待の防止，障害者の養護者に対する支援等に関する法律，生活困窮者自立支援法，子ども・子育て支援法。

(2)　医務・公衆衛生に関する法律

精神保健及び精神障害者福祉に関する法律，学校保健安全法，学校給食法，感染症の予防及び感染症の患者に対する医療に関する法律，地域保健法，医療法，母体保護法，難病の患者に対する医療等に関する法律，成育過程にある者及びその保護者並びに妊産婦に対し必要な成育医療等を切れ目なく提供するための施策の総合的な推進に関する法律。

(3)　教育・保育に関する法律

教育基本法，学校教育法，社会教育法，特別支援学校への就学奨励に関する法律，就学前の子どもに関する教育，保育等の総合的な提供の推進に関する法律，地方教育行政の組織及び運営に関する法律，いじめ防止対策推進法，義務教育の段階における普通教育に相当する教育の機会の確保等に関する法律。

(4)　労働に関する法律

労働基準法，職業安定法，最低賃金法，青少年の雇用の促進等に関する法律，障害者の雇用の促進等に関する法律，育児休業，介護休業等育児又は家族介護を行う労働者の福祉に関する法律，短時間労働者の雇用管理の改善等に関する法律。

(5)　社会保険に関する法律

健康保険法，国民健康保険法，厚生年金保険法，国民年金法，労働者災害補償保険法，雇用保険法。

(6)　法務，矯正に関する法律

民法，家事事件手続法，戸籍法，刑法，売春防止法，風俗営業等の規制及び業務の適正化等に関する法律，刑事訴訟法，少年法，少年院法，少年鑑別所法，覚せい剤取締法，麻薬及び向精神薬取締法，児童買春，児童ポルノに係る行為等の

規制及び処罰並びに児童の保護等に関する法律，民間あっせん機関による養子縁組のあっせんに係る児童の保護等に関する法律。

(7) 行財政に関する法律

国家公務員法，地方公務員法，地方自治法，厚生労働省設置法，内閣府設置法，行政不服審査法，補助金等に係る予算の執行の適正化に関する法律，行政手続法，情報公開法。

(8) その他の法律

特定非営利活動促進法，男女共同参画社会基本法，個人情報の保護に関する法律，少子化社会対策基本法，次世代育成支援対策推進法，子ども・若者育成支援推進法，子どもの貧困対策の推進に関する法律，障害を理由とする差別の解消の推進に関する法律，医療的ケア児及びその家族に対する支援に関する法律，困難な問題を抱える女性への支援に関する法律。

●第２節　子ども家庭福祉六法の概要●

1. 児童福祉法（昭和22年法律第164号）

(1) 法制定の経緯と趣旨

児童福祉法は，次代の社会の担い手である児童一般の健全な育成および福祉の，積極的増進を基本精神とする，子どもの福祉についての根本的総合的法律である。すべての「児童が心身ともに健やかに生まれ，且つ，育成される」（旧・第1条）ことをめざし，その名称に初めて「福祉」，すなわち「より良く生きること」を冠した画期的な法律である。

太平洋戦争による敗戦と混乱のなかで国民の生活水準は低下し，子どものおかれた社会的環境も保健衛生の状態も深刻であった。当時，戦災孤児，街頭浮浪児と呼ばれる子どものなかには，家もなく徘徊，非行化する者も多く，子どもの保護は緊急の課題であり，政府は児童問題の根本的解決のための児童保護事業の法制化を図るため，児童保護法要綱案をまとめ，中央社会事業委員会に諮問した。

同委員会は「すすんで次代の我が国の命運をその双肩に担う児童の福祉を積極的に助長するためには，児童福祉法とも称すべき児童福祉の基本法を制定することが喫緊の要務」であるとして，児童福祉法要綱案を示した。これに基づき政府は，児童福祉法案を昭和22年8月，新憲法下の第一回国会に提出し，一部修正

されて同年 12 月 12 日に制定公布され，昭和 23 年 1 月 1 日から一部を除き施行，4 月 1 日から完全実施された。

　このように児童福祉法は，従来の要保護児童の保護を主要な目的とした考え方を改め，「児童は歴史の希望である」（松崎芳伸）との願いのもとに，対象をすべての子どもとし，その健全育成，福祉の増進を目的としている画期的な法律である。

　(2) 法の概要

　児童福祉法は，総則，福祉の保障，事業・養育里親及び養子縁組里親並びに施設，費用，国民健康保険団体連合会の児童福祉法関係業務，審査請求，雑則，罰則，の 8 章から構成されており，子ども家庭福祉の理念および原理は，すでにみたように法第 1 条から第 3 条の 2 に規定されている。

　児童の定義は，満 18 歳に満たない者とされ，また妊産婦は，「妊娠中又は出産後 1 年以内の女子」と定義される。保護者については，「親権を行う者，後見人その他の者で，児童を現に監護する者」と定義されている。

　子ども家庭福祉の機関として，児童福祉審議会，市町村，児童福祉司，児童委員，児童相談所，福祉事務所ならびに保健所について規定している。保育士は第 1 章第 7 節に規定されている。第 2 章は，各種の福祉の保障について規定し，児童福祉施設の設置，目的，運営等については，第 3 章に示されている。

　施設入所については，助産施設，母子生活支援施設への入所（助産の実施，母子保護の実施）は都道府県，市および福祉事務所を設置する町村が（福祉事務所長に委任が可能：第 32 条），保育所（保育の実施）については市町村が，それ以外の児童福祉施設（児童厚生施設，児童家庭支援センターを除く）については都道府県（児童相談所長に委任が可能：第 32 条）が，措置（障害児関係施設については契約入所もあり）を行うこととなっている。

　なお，法を具体的に実施するため，同法に基づき，児童福祉法施行令（政令），児童福祉法施行規則（厚生労働省令），児童福祉施設の設備及び運営に関する基準（厚生労働省令）等が定められており，さらにその他の各種通達により，児童福祉法の体系が構成されている。

▌2. 児童扶養手当法（昭和 36 年法律第 238 号）

　この法律は，昭和 36 年 11 月に制定され，翌年 1 月から施行された。本法は，「父又は母と生計を同じくしていない児童が育成される家庭の生活の安定と自立

の促進に寄与するため，当該児童について児童扶養手当を支給し，もって児童の福祉の増進を図ること」（第1条）を目的としており，同手当の支給要件，額，支給手続き，不服申立て，費用等について規定がなされている。具体的には，父母が婚姻を解消した児童（18歳の誕生日の属する年度末まで），父又は母が障害の状態にある児童等を監護または養育する母又は父等に対して支給される。ただし，母又は父が，老齢福祉年金以外の公的年金給付を受けることができる場合等には，年金額が手当額を下回るときはその差額分の手当が支給される。父子家庭に対しても児童扶養手当が支給されるようになったのは，平成22年8月からである。平成28年度から，第2子手当が最大1万円，第3子以降手当が最大6,000円とそれぞれ収入に応じて最大倍額まで増額する法改正が実施された。

3. 特別児童扶養手当等の支給に関する法律（昭和39年法律第134号）

　この法律は，昭和39年の「重度精神薄弱児扶養手当法」を母体とし，昭和49年に現行名称になるとともに，今日まで多くの改正が行われてきた。本法は，「精神又は身体に障害を有する児童について特別児童扶養手当を支給し，精神又は身体に重度の障害を有する児童に障害児福祉手当を支給するとともに，精神又は身体に著しく重度の障害を有する者に特別障害者手当を支給することにより，これらの者の福祉の増進を図ること」（第1条）を目的としており，各手当の対象，内容，支給要件，支給手続き，不服申立て，費用等について規定がなされている。

　特別児童扶養手当は，障害児（20歳未満であって，一定の障害の状態にある者）の父もしくは母がその障害児を監護するとき，その父もしくは母，またはその養育者に対して支給される。障害児福祉手当は，重度障害児（障害児のうちさらに重度の障害の状態にあるため，日常生活において常時の介護を必要とする者）に対し支給される。また，特別障害者手当は，特別障害者（20歳以上であって，著しく重度の障害の状態にあるため，日常生活において常時特別の介護を必要とする者）に対し支給される。ただし，いずれの手当も，対象者が施設に入所しているときなどは支給されない。

4. 母子及び父子並びに寡婦福祉法（昭和39年法律第129号）

　この法律は，昭和39年7月に母子福祉法として制定・施行され，昭和56年6月の改正により，母子家庭に加えて，母子家庭の母であった寡婦に対しても福祉

の措置がとられるよう規定されるに及んで母子及び寡婦福祉法となった（昭和57年4月施行）。その後，平成26年10月の改正法施行で父子家庭を明確にその対象とする改正が行われるに至って，名称を現行名とした。本法は，「……母子家庭等及び寡婦の福祉に関する原理を明らかにするとともに，母子家庭等及び寡婦に対し，その生活の安定と向上のために必要な措置を講じ，もって母子家庭等及び寡婦の福祉を図ること」（第1条）を目的としている。

　この法律による児童とは，20歳未満をいい，母子・父子自立支援員制度，母子福祉資金貸付金・父子福祉資金貸付金・寡婦福祉資金貸付金，母子家庭居宅介護等事業，母子福祉施設その他の措置について規定している。

5．母子保健法（昭和40年法律第141号）

　この法律は，「母性並びに乳児及び幼児の健康の保持及び増進を図るため，母子保健に関する原理を明らかにするとともに，母性並びに乳児及び幼児に対する保健指導，健康診査，医療その他の措置を講じ，もって国民保健の向上に寄与すること」（第1条）を目的とする。具体的には，妊娠の届出，母子健康手帳の交付，1歳6か月児・3歳児の健康診査，保健指導や訪問指導，未熟児養育医療等の母子保健の向上に関する措置，母子保健施設等について規定がなされている。

6．児童手当法（昭和46年法律第73号）

　この法律は，「児童を養育している者に児童手当を支給することにより，家庭における生活の安定に寄与するとともに，次代の社会をになう児童の健全な育成及び資質の向上に資すること」（第1条）を目的としており，日本の社会保障制度の一端を担うものとして創設されたものである。

　児童手当制度については，民主党政権の平成22年度における子ども手当の支給に関する法律等の施行により，子ども手当を下支えする手当として機能することとなった。しかし，平成24年度から子ども手当が廃止され，扶養控除の廃止にともなう負担増を補う支給額に増額したうえで児童手当に戻し，所得制限を設ける制度に復活している。

【文　献】

柏女霊峰（2007）：『現代児童福祉論』（第8版）誠信書房

第8章

子ども家庭福祉の実施体制

　子ども家庭福祉の諸活動は，公的な制度に基づいて実施されるものと，地域活動やボランティア活動，その他市場レベルの活動等により実施されるものとがある。前者は主に子ども家庭福祉の行政機関，社会福祉法人，NPO等によって公的サービスとして展開される。

　また，第1章で述べたとおり，広義の子ども家庭福祉制度体系のなかに，子ども・子育て支援法等に基づく子ども・子育て支援制度が位置づけられる。児童福祉法を中心とする実施体制は，主として職権保護等の公的責任の度合いが大きい部分を担い，子ども・子育て支援法を中心とする子ども・子育て支援制度は，高齢者福祉における介護保険制度や障害福祉制度における障害者施設等給付制度と同様，利用者主権や社会連帯の理念に基づく利用者の選択や権利性，尊厳を重視する制度体系となっている。ここでは，両体系をできる限り一本化して解説することとし，子ども・子育て支援制度体系の概要は，次章において詳述することとする。子ども家庭福祉行政の実施主体，主な実施機関，専門職と関係機関，児童福祉施設および施設入所決定，権利擁護，その他子ども家庭福祉の実施体制は以下のとおりである。

●第1節　子ども家庭福祉の行政機関と関連機関●

1. 行政機関

　子ども家庭福祉行政機構は図8-1に掲げるとおりであるが，ここでは主な機関について以下に記述する。

(1) 中央行政機関

　国における子ども家庭福祉行政機構は，令和5年度から大きく再編された。国において子ども家庭福祉行政を所管しているのは内閣府の外局[*1]であるこども

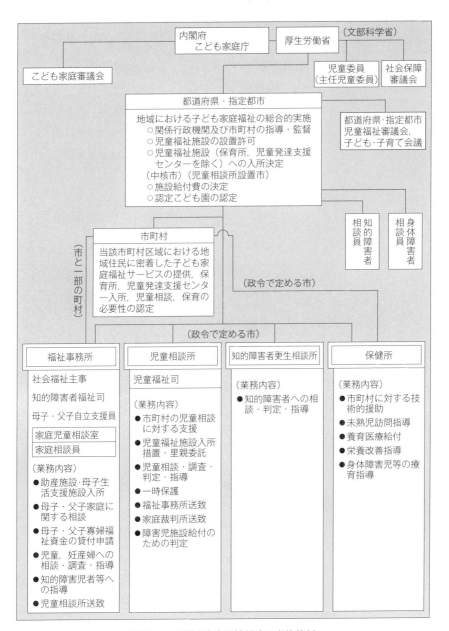

図 8-1　子ども家庭福祉行政の実施体制

（こども未来財団，2008，p. 6 を著者一部改変）

家庭庁[*2]であり，これまでの厚生労働省子ども家庭局は廃止された。こども家庭庁には，長官官房，成育局，支援局の3局があり，成育局には総務課，保育政策課，成育基盤企画課，成育環境課，母子保健課，安全対策課の6課，支援局には総務課，虐待防止対策課，家庭福祉課，障害児支援課の4課がある。こども家庭庁では，子ども家庭福祉に関する総合的企画，立案，予算配分，地方行政の指導等を行っており，文部科学省が所管する教育行政を除くほぼすべての子ども・子育て支援，子ども家庭福祉分野を所管している。これまで障害児童福祉を所管していた社会・援護局障害保健福祉部障害福祉課所管部分，子ども・子育て支援制度を所管していた内閣府子ども・子育て本部いずれも，令和5年3月末をもって廃止されている。なお，国の所管は再編されたが，地方公共団体の組織は，ほぼそのまま継続している。

(2) 都道府県

都道府県は，子ども家庭福祉に関する専門的な相談援助のほか，都道府県内の子ども家庭福祉に関する企画，児童相談所や福祉事務所，保健所等関係行政機関の設置・運営，児童福祉施設の設置認可，児童福祉施設（保育所，児童発達支援センターを除く）への入所決定，子ども・子育て支援制度に係る広域的・専門的事項等の業務を行っている。政令指定都市も都道府県とほぼ同様の業務を行っている。都道府県（指定都市）には，民生部または健康福祉部，生活福祉部等の部局のなかに児童家庭課，障害福祉課等があり，これらの行政を担当している。なお，中核市も，地方自治法第252条の22等に基づき，また，児童相談所設置市も子ども家庭福祉に関する一定の事務を実施している。

(3) 市町村

子ども家庭福祉における市町村の役割は，まず，児童福祉法（以下，児福法）第10条に基づき，児童および妊産婦の福祉に関し必要な実情の把握や情報提供，家庭その他からの相談に応じ，必要な調査および指導ならびに支援を行うこと

---

* 1　外局（がいきょく）とは，日本政府の内閣府または省に置かれる，特殊な事務，独立性の強い事務を行うための組織で，内部部局（本府または本省）と並立する地位を有する組織である。合議制の委員会と庁の2つに大別され，こども家庭庁は庁である。
* 2　こども家庭庁は，政府が所管する子ども，子育て行政分野のうち，従来は内閣府や厚生労働省が担っていた事務の一元化を目的に設立された行政機関であり，2023年4月1日に発足した。その理念は「こどもまんなか社会」の実現であり，閣議決定された基本方針では6つの理念が掲げられている。

がある。この場合，必要に応じ，児童相談所に援助依頼を行うこともできる。また，通告児童に対しては，児福法第25条の7に基づき，必要に応じ児童相談所に対する送致，社会福祉主事等に指導させる（市および福祉事務所設置町村の場合）等の措置をとらなければならないこととされている。その他，市町村は，児童相談所から送致を受けた児童の支援を行うことも必要とされる。このため，国から平成29年3月に，市町村子ども家庭支援指針（旧「市町村児童家庭相談援助指針」）が発出されている。

　なお，市町村等の自治体は，要保護児童等[*3]に対応するにあたって要保護児童対策地域協議会を設置し，その援助ネットワークによる援助が有効とされている。この協議会は，平成17年度から法定化されたものであり，虐待を受けた子どもをはじめとする要保護児童の早期発見や保護を図るため，地域の関係機関や民間団体等が情報や考え方を共有し，適切な連携のもとで援助していくためのネットワークである。ネットワークの中心となる調整機関も定められ，また，参加機関には守秘義務も課せられている。現在では，要支援児童ならびにその保護者，特定妊婦の支援も行うこととなっている。なお，平成29年度から市町村に，市区町村子ども家庭総合支援拠点[*4]ならびに母子健康包括支援センター（子育て世代包括支援センター）が整備されている。

　令和6年度から，市区町村子ども家庭総合支援拠点と母子健康包括支援センターの機能を一体化するこども家庭センターが創設されることとなっている。また，同時期から新たな家庭支援事業の創設，充実が図られ，市区町村において計画的整備を行い，特に，支援が必要な者に対しては市区町村が利用勧奨・措置を実施する仕組みも創設されることとなっている。

　さらに，市町村は，子ども・子育て支援制度の中核的役割を担っている。特に，市町村子ども・子育て支援事業計画を策定し，保育の必要性の認定や特定教育・保育施設や地域子ども・子育て支援事業等の整備やその提供するサービスの調整，斡旋等の業務も行うなど，住民に最も身近な基礎的自治体として大きな役割を果たしている。なお，市町村は保育所，児童発達支援センターに対する入所

---

*3　平成21年度からの改正児童福祉法の施行により，要保護児童対策地域協議会の支援の対象として，要支援児童およびその保護者や支援を必要とする妊婦（特定妊婦）も加えられた。
*4　市区町村子ども家庭総合支援拠点は，平成28年改正児童福祉法により，児童福祉法第10条の2に，「市町村は児童及び妊産婦の福祉に関し，必要な支援を行うための拠点の整備に努めなければならない」と規定されたことを受けて創設された事業である。

決定を行い，幼保連携型認定こども園への入所調整も行う。市は助産施設，母子生活支援施設に対する入所決定も行っている。

2. 審議機関

こども家庭庁にはこども家庭審議会（こども家庭庁設置法），都道府県・指定都市には児童福祉審議会または地方社会福祉審議会児童福祉専門分科会（児童福祉法）が設置されている（市町村は任意設置）。こども家庭審議会，児童福祉審議会は，児童，妊産婦等の福祉，母子福祉，母子保健等に関する事項を調査，審議し，それぞれが属する行政機関の諮問に答える（答申）とともに，関係行政機関に意見を述べる（意見具申）ことができる。また，子どもや子育て家庭等の福祉向上を図るため，出版物，テレビ番組，児童劇等の児童福祉文化財を推薦し，または勧告を行うことができる。

また，都道府県・市町村には，子ども・子育て支援法に基づく子ども・子育て会議が設置され（都道府県，市町村は設置の努力義務），子ども・子育て支援制度実施に必要な事項を調査審議している。審議会は，子ども家庭福祉行政を行政担当者だけでなく，広く一般社会，各方面の専門家やステークホルダーの意見を聞いて進めるという重要な役割を負っている。

3. 児童相談所

(1) 法的根拠等

児童相談所は児福法第12条により，「児童に関する各般の問題につき，市町村からの援助依頼や送致を受けた事例のほか，家庭その他からの相談に応じ，児童が有する問題または児童の真のニーズ，児童の置かれた環境の状況等を的確に捉え，個々の児童や家庭にもっとも効果的な援助を行い，もって児童の福祉を図るとともにその権利を保障すること（相談援助活動）」（児童相談所運営指針）を主たる目的として設置される，子ども家庭福祉行政の中枢的な行政機関である。

児童相談所は，児福法第12条および第59条の4により，各都道府県・指定都市が設置する義務を負っており，政令で定める市（児童相談所設置市）や特別区は児童相談所を設置することができる。令和5年4月現在，全国に232カ所設置されている。児童相談所の運営については，児福法，同施行令，同施行規則のほか，厚生労働省雇用均等・児童家庭局長通知「児童相談所運営指針」等によって

いる。

(2) 組織と職員

児童相談所の組織は，原則として，総務，相談・判定・指導・措置（規模によりさらに細分化されることが多い），一時保護の三部門制をとる。職員としては，所長をはじめ児童福祉司，相談員，児童心理司，医師，児童指導員，保育士等が配置されており，これらの職員のチームアプローチと合議制による判定と，それに基づく指導，措置等の援助が，児童相談所の専門性を支える根幹となっている。平成29年度から，弁護士も配置（配置に準ずる措置も含む）されている。

(3) 業　　務

児童相談所の業務は大別すると，相談，判定，指導，措置，一時保護の5つであり，このほかそれらに付随する業務を行っている。

①相談の受付――児童相談所は，市町村から送致された相談，家庭その他からの専門的知識・技術を要する相談に応じるほか，住民や関係機関からの通告，福祉事務所や家庭裁判所から児童の送致を受け，援助活動を展開している。具体的な問題としては，しつけ，性格行動上の問題，不登校等の子どもの育成上の問題をはじめとして，養護，虐待，非行に関するもの，さらに，知的障害，肢体不自由，自閉症スペクトラム・発達障害等の障害に関するもの等があり，幅広くなっている。近年では，子ども虐待の通告・相談の割合や業務量の増加が著しくなっている。

②調査・診断・判定――児童相談所は，受け付けた相談について，主に児童福祉司，相談員等によって行われる調査に基づく社会診断，児童心理司等による心理診断，医師による医学診断，一時保護部門の児童指導員，保育士等による行動診断等をもとにして，原則として，これらの者の協議により判定（総合診断）を行い，個々の子どもや家庭に対する援助の指針を作成する。調査においては立入調査（罰則あり）等もできることとされており，平成20年度からは，保護者に対する出頭要求や，裁判所の許可状に基づく（家庭内）臨検，捜索等も行っている。

③援助――児童相談所が行う具体的援助は，助言，カウンセリング・心理療法，各種ソーシャルワーク，児童福祉司指導措置等の在宅援助（全体の約9割）と，児童福祉施設入所措置・里親委託，障害児入所施設給付の決定等の施設入所支援（全体の約1割），その他に大別される。児童相談所が施設入所措置を決定

するにあたり，子ども虐待等で子ども本人や保護者，親権者の意向と児童相談所の判断とが一致しない場合には，都道府県・指定都市児童福祉審議会の意見を聴くこととされている。なお，平成18年10月から，障害児施設サービス利用にあたっては，契約と個人給付による障害児施設給付制度が導入され，職権保護（措置制度）による利用との二本立て利用システムとなっている。

その他の援助としては，非行や虐待の場合で，親権者または後見人の意に反して施設入所させる必要がある場合には，家庭裁判所に送致したり，親権喪失の宣告，後見人の選任および解任を家庭裁判所に請求したりすることができる。なお，民法，児童福祉法の改正により，平成24年度からは，親権の一時停止制度*5の創設や未成年後見制度*6の改正が行われている。

④一時保護——児童相談所は棄児，被虐待児童等の緊急保護，援助決定のための行動観察・アセスメント，短期入所指導を目的として，子どもの一時保護を行う必要がある場合には，児童相談所付設の一時保護所（令和5年4月現在152カ所）において一時保護し，または他の適当な者に委託して一時保護を行うことができる。一時保護の期間は，原則として，2カ月を超えてはならないこととされている。また，保護者の意に反して一時保護をする場合は，その時点ならびに2カ月ごとに児童福祉審議会の意見を聴取しなければならない（平成23年民法等一部改正）。また，親権者等の意に反して2カ月を超えて保護を行う場合には，家庭裁判所の承認を得なければならない（平成29年改正児童福祉法）。

現在は，一時保護児童の多くが，いわゆる被虐待等の養護問題を抱える子どもとなっており，しかも，都市部においては満杯状態が常態化するなど，その整備が課題とされている。運営は，児童相談所運営指針や一時保護ガイドライン（局長通知）によっている。

なお，令和4年改正児童福祉法により，令和6年度から一時保護所の設備・運営基準の策定とその質の向上に向けた取り組みが進められることとなっている。さらに，一時保護をする際に，親権者等が同意した場合等を除き，事前または保護開始から7日以内に，裁判官に一時保護状を請求する等の手続きが設けられる

---

*5　2年を超えない範囲（更新が可能）で，親権者の親権を一時停止する審判を行う制度であり，都道府県知事（実際には児童相談所長）の審判請求により，家庭裁判所が決定する。

*6　これまで個人後見であった未成年後見に法人後見制度を導入するものである。法人として後見人になることができ，また，後見人が複数の場合の権限行使のあり方についても規定が行われた。

こととなっている（施行は令和7年度）。

　⑤各種事業など──児童相談所は以上の業務の一環として，養子縁組の斡旋，特別児童扶養手当・療育手帳にかかる判定事業等の援助を実施している。また，巡回相談や電話相談等も実施している。

(4) 現状と課題

　児童相談所は，児童福祉法制定後75年以上，児童福祉行政の中枢的機能を果たしてきた。現在は，子ども虐待に対する業務が大半を占め，介入性，権利擁護機能の強化が中心的テーマとなっている。

　しかしながら，平成17年度から児童相談の第一次的受付が市町村となり，要保護児童対策地域協議会の設置促進等を通して市町村中心の体制整備が進められ，さらに，児童発達支援センター入所決定権限の市町村移譲，障害児施設給付制度も導入されるなかにあって，児童相談所の役割の再検討は，今後の大きな課題となりつつある。

　なお，平成27年度には，同28年度から31年度までの4年間に，児童相談所の専門職の増員，資質の向上等を図る児童相談所強化プランが策定され，その後の「児童虐待防止対策体制総合強化プラン」を経て，令和5年度から8年度までを期間とする「新たな児童虐待防止対策体制総合強化プラン」も策定されている。法的介入性の強化など子ども虐待対応の児童相談所一極集中における職員負担も大きく，市町村との役割分担など機能の再検討が必要とされている。

4. 福祉事務所

　福祉事務所は，「社会福祉法」によって，「福祉に関する事務所」として都道府県，市および特別区に設置が義務づけられており（町村は任意設置），福祉六法を担当する総合的な社会福祉行政機関である。

　子ども家庭福祉関係においては，児福法第10条（市町村の業務）等に基づき，児童および妊産婦の福祉に関し，実情の把握，相談，調査，指導を行うことが主要な業務となっている。その機能は児童相談所と重複しているが，福祉事務所では，児童相談所のような専門的判定を必要としない比較的軽易なケースを担当する。指導は，児福法第10条および第25条の8に基づき，社会福祉主事や知的障害者福祉司が，個別的または集団的に指導を行う体制をとっている。

　また，助産施設，母子生活支援施設，保育所への入所の申し込みがあり，適当

と認められる者がいるときは，福祉事務所長は，これを都道府県知事・市町村長に報告または通知しなければならない。都道府県・市町村は，この権限をそれぞれの管理する福祉事務所の長に委任できるので，委任を受けている場合は，福祉事務所長自ら入所の応諾を行うこととなる（ただし，保育の実施義務は市町村が有しているので，市町村の福祉事務所のみ委任を受けて保育の実施の決定ができる）。さらに，福祉事務所は，母子・父子・寡婦福祉貸付資金の申請受理，里親の訪問指導や児童相談所から依頼された調査等の業務を行っている。

　なお，福祉事務所の家庭児童福祉に関する機能を強化するため，昭和39年度から，原則として福祉事務所内に家庭児童相談室が設置されている。家庭児童相談室には，家庭児童福祉の業務に従事する社会福祉主事と家庭相談員が配置されており，専門的知識・技術を必要とする業務を担当している。家庭児童相談室は地域住民に比較的身近な位置にある福祉事務所にあって，児童相談所その他の関係機関と協力しつつ，地域に密着した相談機関として機能していくことが求められている。特に平成17年度から，市町村が児童相談の第一次的対応を行うこととなったことを受け，その役割が強化されている。

5. 保健所，市町村保健センター

　保健所は，その管轄する地域の住民の公衆衛生の向上および増進を図る行政機関であり，地域保健法第6条に規定する，地域保健思想の普及・向上，栄養改善，母子保健，精神保健，長期療養児童の保健等の事業を広域的に行っている。保健所は，都道府県と政令指定都市，中核市その他政令で定める市および特別区に設置されている。

　子ども家庭福祉関係では，児福法第12条の6に基づき，児童の保健に関する知識の普及，健康相談・健康診査・保健指導，身体に障害のある児童，長期に療養を必要とする児童に対する療育指導，児童福祉施設に対する栄養の改善，その他衛生に関する助言等の業務を行っている。なお，市町村に設置される市町村保健センターは，健診等の住民に密着したサービスを行い，保健所はより専門性，広域性等を必要とする事務を行うこととなっている。

6. 児童委員

　児童委員は，児童福祉法に基づき，市町村の区域に厚生労働大臣の委嘱により

置かれる民間奉仕者であり，民生委員法に基づき民生委員も兼ねている。区域を担当する児童委員の定数は，令和5年現在で約23.4万人である。児童委員の主な職務（児福法第17条等）は，担当区域の児童・家庭等の実情把握，児童福祉法に基づく要保護児童の通告（地域住民からの通報の仲介を含む），相談援護，関係機関との連携，地域における児童健全育成活動等を実施することである。また，児童福祉司や社会福祉主事の職務に協力し，子どもや家庭の福祉増進に寄与することも重要な業務である。

　なお，主任児童委員は，区域を担当せず，子ども家庭福祉に関する事項を専門的に担当し，連絡・調整，区域を担当する児童委員との協働による相談支援等を担当する，スタッフ的な民生委員児童委員である。区域を担当する児童委員とともに個別の事例も担当する。定数は，令和5年度現在約2.1万人である。

7.　民間児童福祉関係団体

　このほか，子ども家庭福祉の実施機関ではないが，全国の施設の連絡調整や独自の補助を行うなど，それぞれの団体の性格・目的に応じて多彩な活動を展開している民間児童福祉関係団体も多く存在している。たとえば，全国社会福祉協議会，福祉医療機構，日本保育協会，全国私立保育連盟，全国里親会，児童健全育成推進財団，全国母子寡婦福祉団体協議会，全国手をつなぐ育成会連合会，日本肢体不自由児協会，母子保健推進会議，全国学童保育連絡協議会等がある。

●第2節　子ども家庭福祉専門職員と関係機関連携●

1.　子ども家庭福祉専門職員
(1)　児童福祉施設や子育て支援事業の専門職員

　子ども家庭福祉サービスは，多くの専門職員によって担われている。児童相談所には，福祉に関する相談に応じ専門的技術に基づいて必要な援助を行う児童福祉司や，心理学的診断やカウンセリング・心理療法等の援助を行う児童心理司等がいる。

　また，児童福祉施設には，子どもの生活指導・保育や相談援助を行う児童指導員や保育士，家庭支援専門相談員，心理療法担当職員，里親支援専門相談員，看護師，栄養士，調理員，その他各領域の専門職員，事務職員，児童厚生員（児童

館等）らがいる。児童福祉施設の設備及び運営に関する基準により，各施設が必ず配置すべき専門職員も定められている（**表8-1**）。このほか，子どもに家庭環境を提供する里親（養育里親，専門里親等）や小規模住居型児童養育事業者も重要である。さらには，地域型保育事業では家庭的保育者が専門性を発揮しており，地域子ども・子育て支援事業においては，利用者支援専門員（利用者支援事業），放課後児童支援員（放課後児童健全育成事業）等の専門職員が従事している。

　それぞれの施設の専門職員の任用資格は多岐にわたっているが，子ども家庭福祉専門職員の場合は，保育士資格や社会福祉士，公認心理師資格を有する者，大学において社会福祉学，心理学，教育学，社会学等を専修する学科を卒業した者が中心となっている。

（2）子育て支援員研修制度の創設

　子育て支援員とは，都道府県，市町村により実施される基本研修および専門研修を修了し，「子育て支援員研修修了証書」の交付を受けたことにより，子育て支援員として保育や子育て支援分野の各事業等に従事する上で必要な知識や技術等を修得したと認められる者のことをいう。平成27年度から創設されている。実施主体は都道府県，市町村のほか指定を受けた団体等であり，基本研修（8科目8時間）ほか専門研修（地域保育，地域子育て支援，放課後児童，社会的養護の4コースがあり，研修科目，時間数はそれぞれ異なる）を受講後，修了証書が交付される。地域人材を幅広く活用することをめざす制度である。

2. 関係機関とその連携

　子どもは，家庭や地域において種々の社会関係のなかで生活しているため，子ども家庭福祉分野のみならず，医療・保健，教育，司法・矯正，警察，労働等，児童の生活に関わるあらゆる分野が協働して援助にあたることが必要である。ここでは，子ども家庭福祉の行政機関，児童福祉施設等と特に関係の深い主な機関，およびその活動について概説し，子ども家庭福祉ネットワークの意義について考察する。

（1）家庭裁判所

　家庭裁判所には，裁判部に家事審判部門と少年審判部門とがある。家事審判部門は，家事事件手続法に基づき，家庭内の種々のもめごとを解決するために援助

表 8-1　主な児童福祉施設の主要な専門職員（令和 6 年度から）

施設の種類	専 門 職 員
1 助産施設	助産師
2 乳児院	医師，看護師，栄養士，保育士，児童指導員，家庭支援専門相談員（ファミリーソーシャルワーカー），心理療法担当職員
3 母子生活支援施設	母子支援員，心理療法担当職員，少年指導員，保育士，医師（嘱託）
4 保 育 所	保育士，医師（嘱託）
5 幼保連携型認定こども園	保育教諭，養護教諭，栄養教諭，薬剤師（嘱託），医師（嘱託）
6 児童養護施設	児童指導員，保育士，職業指導員，栄養士，医師（嘱託），心理療法担当職員，家庭支援専門相談員（ファミリーソーシャルワーカー）
7 福祉型障害児入所施設	嘱託医（障害別の診療科），医師（自閉症の場合），児童指導員，保育士，看護師（障害による），栄養士，調理員，職業指導員（職業指導を行う場合），心理指導担当職員（心理指導を行う場合），児童発達支援管理責任者
8 医療型障害児入所施設	医療法に規定する病院として必要とされる従業者，児童指導員，保育士，理学療法士または作業療法士，職業指導員（職業指導を行う場合），心理指導担当職員（重症心身障害児の場合），児童発達支援管理責任者
9 児童発達支援センター	嘱託医，児童指導員及び保育士，栄養士，調理員，言語聴覚士，看護師，理学療法士または作業療法士，児童発達支援管理責任者
10 児童心理治療施設	医師，心理療法担当職員，看護師，児童指導員，保育士，家庭支援専門相談員（ファミリーソーシャルワーカー）
11 児童自立支援施設	児童自立支援施設長，児童自立支援専門員，児童生活支援員，職業指導員，精神科医師（嘱託），家庭支援専門相談員（ファミリーソーシャルワーカー），心理療法担当職員
12 児童家庭支援センター	相談・支援を担当する職員，心理療法担当職員
13 児童館	児童の遊びを指導する者
14 児童遊園	児童の遊びを指導する者
15 里親支援センター	里親リクルーター，里親トレーナー，里親等支援員

＊心理療法担当職員は一定条件付き。

（厚生労働省「児童福祉施設の設備及び運営に関する基準」，2014（最終改正）等を元に著者作成）

する業務を担当している。子どもに関わる家事審判としては，特別養子縁組，親権の一時停止や喪失宣告，後見人等の選任・解任，子の監護者の指定，親権者の指定・変更がある。子どもが影響を受ける事件においては，子どもの意思を把握するように努め，これを尊重しなければならないこととされている。少年審判部門は，原則として14歳以上の非行少年に関わる保護事件の審判を担当している。触法少年，ぐ犯少年に関しては，児童相談所との間で相互に送致等を行うなど密接な関係にある。

(2) 少年鑑別所

少年鑑別所は，家庭裁判所の審判に付すべき少年を観護の措置として入所させ，少年の資質について鑑別し，家庭裁判所の調査，審判，保護処分決定の資料を提供する，少年鑑別所法に基づく法務省所管の機関である。家庭や学校等から，子どもの不適応行動等に関する相談にも応じている。

(3) 警　察

警察は，個人の生命，身体および財産の保護，犯罪の予防等に関する業務を行い，子ども家庭福祉とは密接な関係を有する機関である。主な連携事項としては，触法少年，ぐ犯少年の通告，迷子・棄児・被虐待児等の通告・調査（立入調査，臨検・捜索への協力を含む），少年補導，非行防止活動，配偶者暴力の防止と保護等に関することがある。警察においても，少年相談室やヤングテレホン等の相談活動が展開されている。

(4) 少年サポートセンター

少年サポートセンターは，警察や地方公共団体が条例・規則によって設置している機関であり，街頭補導，少年相談，有害環境の浄化，関係諸機関・諸団体の連絡・調整等非行防止に関する幅広い地域活動を展開している。

(5) 学校・教育委員会

幼稚園，学校との関係では，要保護児童・被虐待児の通告や援助の際の相互連携，障害児や施設入所児童等の援助，施設・設備の共用化，放課後児童健全育成事業等の実施，幼保連携型認定こども園の運営にあたって，両者との緊密な連携と意見の一致が不可欠である。教育委員会との関係では，教育委員会の設ける教育相談機関や教育支援センター（適応指導教室），スクールカウンセラーやスクールソーシャルワーカーとの連携，施設入所児童の転校等にまつわる連携，障害児の個別の支援計画その他に，深い連携が欠かせない。

(6) 医療機関

子どもの医学的診断・治療，被虐待児童・障害児の福祉機関への通告・紹介等，相互の緊密な連携は欠かせない。特に心身が未分化な年少児童や，精神的な疾病の好発期である思春期児童の福祉的援助，被虐待児童の診断，小児慢性特定疾病等難病児童の支援等にあたっては，医師や公認心理師，精神保健福祉士等との連携は欠かせない。

(7) その他

このほか，ハローワークとは施設入所児童等の就職に関し，地域障害者職業センターとは障害児の就労に関し，精神保健福祉センターとは思春期精神保健福祉に関する相談等に関し，連携が必要である。また，同じ福祉領域の機関である知的障害者更生相談所，身体障害者更生相談所，婦人相談所，配偶者暴力相談支援センター等の相談機関，社会福祉協議会，子ども・若者総合相談センター等との連携も欠かせない。

3. 子ども家庭福祉ネットワークの意義

社会福祉ニーズをもつ主体は，社会のなかでさまざまな有機的つながりをもって生きている生活者であり，その生活者自体も，種々の心身両面のニーズを複合的にもっている「人」という有機的存在である。子どももその一員であり，しかも，種々の身体的・心理的・社会的特性を有している。子どもと子ども家庭福祉サービスが出会うきっかけは，顕在化された個々のニーズであるとしても，そのニーズの裏には，別の，あるいは多くの潜在化されたニーズが潜んでいることが多い。

したがって，子どもの福祉援助にあたっては，社会福祉の援助技術のほか，医学，心理学，教育学，その他多様な領域の知見・技術・専門職の関与が不可欠であり，また，子どもおよびそれを囲む生活構造全体を視野に入れて援助を考えていく必要があるため，単一の専門職，機関・施設で自己完結的に解決できる問題は多くはない。さらに，子どもの生活構造全体を視野に入れると，制度・政策的にも，教育，保健・医療，司法，労働等，多くの領域が有機的に機能していかなければ，当該児童のニーズに総合的に応えていくことは困難である。

ここに，子ども家庭福祉におけるチームワーク・システム（機関・施設内部の業務遂行体制），ネットワーク・システム（外部機関・施設との連絡協調体制）

の必要性が生じてくる。子ども家庭の福祉を総合的に図るためには，この両システムが統合されていることが必要である。ネットワークが機能しても，同一機関内の専門職同士のチームワークが機能しなければ，それは単なる個人レベルのつながりとなり，かえって混乱を生みだすこととなる。また，たとえば，機関統合により福祉と保健の統合を図っても，専門職同士のチームワークが機能しなければ，ネットワークの問題がチームワークの問題に転化しただけのこととなる。

●第3節　児童福祉施設●

1. 児童福祉施設の種類

　児童福祉施設は，子どもおよびその保護者等に適切な環境を提供し，養育・保護・訓練および保育，育成，アフターケア等を中心にして，子どもの福祉，自立支援を図る施設である。児童福祉法第7条には現在，助産施設，乳児院，母子生活支援施設，保育所，幼保連携型認定こども園，児童厚生施設，児童養護施設，障害児入所施設，児童発達支援センター，児童心理治療施設，児童自立支援施設および児童家庭支援センターの12種の児童福祉施設が規定されているが，法律や政省令によりさらに細分化されており，全部で15種となっている。施設の種類および設置目的，対象児（者）については**表8-2**のとおりである。なお，令和6年度から，里親支援センターが新たな児童福祉施設として創設され，医療型，福祉型児童発達支援センターは児童発達支援センターに一元化される。

　このほか，里親，指定発達支援医療機関等も，児童福祉施設ではないが子どもの委託措置を受けており，子どもの養育・訓練等に大きな役割を果たしている。

　児童福祉施設は，行政機関による入所措置，障害児施設給付費支給決定や特定教育・保育給付決定を必要とする施設と，子どもや保護者の自由意思により利用できる施設とに分けられ，措置施設は，さらに入所型と通所型，医療法に規定する病院・診療所として必要な設備・職員を必置とする医療型施設（医療型障害児入所施設，医療型児童発達支援センター）[*7]と，規定上その必要を要しない福祉型施設（児童養護施設，乳児院，福祉型障害児入所施設，福祉型児童発達支援センター等）とに大別することができる。

＊7　令和6年度から，児童発達支援センターは，医療型と福祉型とが一体化され，児童発達支援センターのみとなるが，障害児入所施設は，医療型と福祉型に分類されたままとなる。

表 8-2　児童福祉施設の種類

施設の種類 （児童福祉施設）	種別	入（通）所 ・利用別	設置主体	施設の目的および対象者
1　助産施設 《児福法第 36 条》	第 2 種	入所	都道府県 市町村　　　届出 社会福祉法人 ⎫認可 その他の者　⎭	保健上必要があるにもかかわらず経済的理由により入院助産を受けることができない妊産婦を入所させて助産を受けさせる。
2　乳児院 《児福法第 37 条》	第 1 種	入所	同　　　　　上	乳児（保健上，安定した生活環境の確保その他の理由により特に必要がある場合には幼児を含む）を入院させて，これを養育し，あわせて退院した者について相談その他の援助を行う。
3　母子生活支援施設 《児福法第 38 条》	第 1 種	入所	同　　　　　上	配偶者のない女子又はこれに準ずる事情にある女子及びその者の監護すべき児童を入所させて，これらの者を保護するとともに，これらの者の自立の促進のためにその生活を支援する。
4　保育所 《児福法第 39 条》	第 2 種	通所	同　　　　　上	保育を必要とする乳児・幼児を，日々保護者の下から通わせて保育を行う。
5　幼保連携型認定こども園 《児福法第 39 条の 2》	第 2 種	通所	国・都道府県 市町村　　　届出 社会福祉法人 ⎫認可 学校法人　　⎭	満 3 歳以上の幼児に対する教育及び保育を必要とする乳児・幼児に対する保育を一体的に行い，これらの乳児又は幼児の健やかな成長が図られるよう適当な環境を与えて，その心身の発達を助長する。
6　児童養護施設 《児福法第 41 条》	第 1 種	入所	都道府県 市町村　　　届出 社会福祉法人 ⎫認可 その他の者　⎭	保護者のない児童（乳児を除く。ただし安定した生活環境の確保その他の理由により特に必要のある場合には乳児を含む），虐待されている児童その他環境上養護を要する児童を入所させて，これを養護し，あわせて退所した者に対する相談その他の自立のための援助を行う。
7　福祉型障害児入所施設 《児福法第 42 条の 1 の 1》	第 1 種	入所	国・都道府県 市町村　　　届出 社会福祉法人 ⎫認可 その他の者　⎭	障害児を入所させて，保護，日常生活の指導及び独立自活に必要な知識技能を付与する。

表8-2 つづき

施設の種類 (児童福祉施設)	種別	入(通)所 ・利用別	設置主体	施設の目的および対象者
8 医療型障害児入 所施設 《児福法第42条 の1の2》	第1種	入 所	都道府県 市町村　　　　届出 社会福祉法人〕 その他の者　〕認可	障害児を入所させて，保護， 日常生活の指導及び独立自活 に必要な知識技能の付与及び 治療を行う。
9 福祉型児童発達 支援センター 《児福法第43条 の1の1》	第2種	通 所	同　　　　　　　上	障害児を日々保護者の下から 通わせて，日常生活における 基本的動作の指導，独立自活 に必要な知識技能の付与また は集団生活への適応のための 訓練を行う。
10 医療型児童発達 支援センター 《児福法第43条 の1の2》	第2種	通 所	同　　　　　　　上	障害児を日々保護者の下から 通わせて，日常生活における 基本的動作の指導，独立自活 に必要な知識技能の付与また は集団生活への適応のための 訓練及び治療を行う。
11 児童心理治療施設 《児福法第43条 の5》	第1種	入 所 通 所	同　　　　　　　上	家庭環境，学校における交友 関係その他の環境上の理由に より社会生活への適応が困難 となった児童を，短期間，入 所させ，又は保護者の下から 通わせて，社会生活に適応す るために必要な心理に関する 治療及び生活指導を主として 行い，あわせて退所した者に ついて相談その他の援助を行 う。
12 児童自立支援施設 《児福法第44条》	第1種	入 所 通 所	国・都道府県 市町村　　　　届出 社会福祉法人〕 その他の者　〕認可	不良行為をなし，又はなすお それのある児童及び家庭環境 その他の環境上の理由により 生活指導等を要する児童を入 所させ，又は保護者の下から 通わせて，個々の児童の状況 に応じて必要な指導を行い， その自立を支援し，あわせて 退所した者について相談その 他の援助を行う。
13 児　童　館 《児福法第40条》	第2種	利 用	都道府県 市町村　　　　届出 社会福祉法人〕 その他の者　〕認可	児童に健全な遊びを与えて， その健康を増進し，又は情操 を豊かにする。

表8-2　つづき

施設の種類 （児童福祉施設）	種別	入（通）所 ・利用別	設置主体	施設の目的および対象者
14　児童遊園 《児福法第40条》	第2種	利用	都道府県 市町村　　　　届出 社会福祉法人｝ その他の者　　認可	児童に健全な遊びを与え，児童を個別的又は集団的に指導して，児童の健康を増進し情操を豊かにする。
15　児童家庭支援センター 《児福法第44条の2》	第2種	利用	同　　　　　　上	児童の福祉に関する各般の問題につき児童，家庭等からの相談に応じ必要な助言を行うとともに，指導，連絡調整等の援助を総合的に行う。

児福法とは「児童福祉法」の略。
9と10は令和6年度から児童発達支援センターに一元化される。
令和6年度から，里親支援センターが新たな児童福祉施設として法定化される。

（厚生統計協会「国民の福祉の動向」2005，pp. 294-295 等を元に著者作成）

2.　児童福祉施設の設置と運営

（1）設　置

　国が設置しなければならない児童福祉施設は，児童自立支援施設と障害児入所施設である。また，都道府県が設置しなければならない施設は，児童自立支援施設である。その他の施設についても，都道府県・指定都市・中核市の条例等により設置している。

　指定都市，中核市以外の市町村は，あらかじめ必要な事項を都道府県知事等に届け出て，児童福祉施設を設置することができる。なお，国，都道府県，市町村以外の者が児童福祉施設を設置する場合は，都道府県知事等の認可を得なければならない。

（2）児童福祉施設の運営

　児童福祉施設の運営は，入所している子どもの健やかな成長，権利を保障し，適切な保護・指導等が行えるものでなければならない。このため児童福祉施設の設備及び運営に関する基準（厚生労働省令）[*8]が定められ，また，児童福祉施設に要する費用の公費負担の規定が定められている。

　①児童福祉施設の設備及び運営に関する基準――基準には，職員の一般的要件，子どもの援助の原則，施設長の義務，施設長の権限，秘密保持，苦情への対応，

資質向上の努力，各施設の職員および設備の基準等が規定されており，都道府県はこの基準に基づき，児童福祉施設の最低基準を定めている。

さらに，最低基準が遵守されるよう，都道府県知事等による監査が実施されている。最低基準に達しない場合には，施設の設置者に対して改善勧告，改善命令，事業の停止命令，許可・認可の取り消し，閉鎖命令等の処置がとられる。なお，障害児関係施設や保育所，幼保連携型認定こども園，子ども・子育て支援制度参入幼稚園については，最低基準に加え，別途，それぞれ児童福祉法に基づく「指定障害児入所施設等の人員，設備及び運営に関する基準」，子ども・子育て支援法に基づく「特定教育・保育施設及び特定地域型保育事業の運営に関する基準」が定められている。

②施設長の権限および義務——措置の委託を受けた施設長は，正当な理由がない限りこれを拒むことができない。入所中の子どもで，親権を行う者や後見人のない者については，施設長が親権を行使する。また，親権者や後見人がいる場合においても，監護，教育に関し，その子どもの福祉のため必要な措置をとることができることとされている。また，体罰は禁止されている。なお，平成21年度から，措置型施設に入所している児童に対する，いわゆる施設内虐待（被措置児童等虐待）[9]にかかる通告や，児童本人からの相談の受付，ならびにそれらの場合の都道府県等の対応に関する仕組みが設けられ，実施のためのガイドライン（令和4年度に抜本改正）も定められている。

さらに，施設長は，入所している学齢対象の子どもを保護者に準じて就学させなければならない。児童福祉施設は，入所中の子どものケアのみならず，その家庭環境の調整を行い，退所した者に対するアフターケアを行うとともに，あわせて地域の子育て家庭に対する支援を行うことも求められている。

なお，平成24年度からの民法改正により未成年後見制度が大きく改正され，これまで個人後見であった未成年後見に法人後見制度が導入された。法人として後見人になることができ，また，後見人が複数の場合の権限行使のあり方についても規定が行われている。

*8　平成24年4月から施行された地域の自主性及び自立性を高めるための改革の推進を図るための関係法律の整備に関する法律により，児童福祉法を根拠とする省令である児童福祉施設最低基準は地方自治体の条例に委任され，国が省令で定める児童福祉施設の設備及び運営に関する基準は，その内容によって，地方自治体が「従うべき基準」「参酌すべき基準」「標準」に分類された。都道府県がそれらに基づいて児童福祉施設最低基準を定めている。

③児童福祉施設の費用——児童福祉施設の費用には大別して，設備に要する費用（設備費）と児童の保護に要する費用（運営費）とがあるが，これについては保護者，国，都道府県，市町村が一定の割合で負担する仕組みとなっている。

3. 児童福祉施設入所の仕組み

児童福祉施設入所の仕組みには，大きく措置制度，選択利用制度（母子保護の実施，助産の実施），施設給付制度の3つがある。

(1) 措置制度

都道府県・政令指定都市・児童相談所設置市が行う，児童福祉施設入所決定と費用負担の仕組みの概略については，**図8-2**に示すとおりである。

まず，保護者等から児童相談所に子どもの施設入所に関する相談があると，児童相談所が調査，判定のうえ，行政処分としての入所措置を決定する。入所措置決定権限は，都道府県知事・指定都市市長，児童相談所設置市市長が有しているが，通常，児福法第32条によりこの権限は児童相談所長に委任されている。この決定にともない，児童相談所は，子どもが入所する施設に対して判定結果や援助指針を提示する。これにより，子どもは施設に入所し，施設は養護等のサービスの提供を行うことになる。

また，それに要する費用については，まず措置をとった都道府県・指定都市が全額施設に支払い，次に都道府県・指定都市は，保護者からその負担能力に応じ

＊9　この法律で，被措置児童等虐待とは，小規模住居型児童養育事業に従事する者，里親もしくはその同居人，乳児院，児童養護施設，障害児入所施設，児童心理治療施設もしくは児童自立支援施設の長，その職員その他の従業者，指定発達支援医療機関の管理者その他の従業者，第12条の4に規定する児童を一時保護する施設を設けている児童相談所の所長，当該施設の職員その他の従業者，または第33条第1項もしくは第2項の委託を受けて児童に一時保護を加える業務に従事する者（以下「施設職員等」と総称する）が，委託された児童，入所する児童または一時保護を加え，もしくは加えることを委託された児童（以下「被措置児童等」という）について，行う次に掲げる行為をいう。
　　一　被措置児童等の身体に外傷が生じ，または生じるおそれのある暴行を加えること。
　　二　被措置児童等にわいせつな行為をすること，または被措置児童等をしてわいせつな行為をさせること。
　　三　被措置児童等の心身の正常な発達を妨げるような著しい減食，または長時間の放置，同居人もしくは生活をともにする他の児童による，前2号または次号に掲げる行為の放置，その他の施設職員等としての養育または業務を著しく怠ること。
　　四　被措置児童等に対する著しい暴言，または著しく拒絶的な対応その他の，被措置児童等に著しい心理的外傷を与える言動を行うこと。

（児童福祉法第33条の10）

86

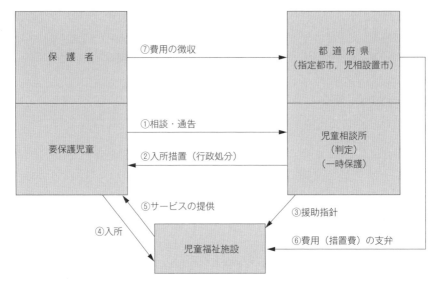

図 8-2　児童福祉施設入所の仕組み（措置方式）

て費用の徴収を行うこととなる。そして，残った額の2分の1を国庫が，国が定める精算基準に基づいて都道府県・指定都市に補助する仕組みとなっている。

　なお，障害児入所施設（都道府県），児童発達支援センター（市町村）については，サービス利用者と施設とが直接に契約する施設給付制度（後述）と措置制度との，二本立てとなっている。

(2)　保育所等入所の仕組み（保育の実施，母子保護の実施，助産の実施）

　保育所入所については平成10年度から，母子生活支援施設，助産施設については平成13年度から，**図 8-3**に示す入所方法がとられている[10]。

　保育所入所の場合，まず，市町村は，保育の必要性の認定を受けた保護者から保育所に対する入所の申し込みがあったときは，それらの乳幼児を保育所において保育しなければならないこととされている。その際，保護者は希望する保育所を選んで申し込むこととなるが，保護者が希望する保育所を決める際の判断材料

---

*10　保育所については平成10年度から保育の実施方式がとられていたが，子ども・子育て支援制度創設にともない，幼保連携型認定こども園については施設型給付に基づき，利用者と事業者とが公的契約をとり結ぶ方式に変更された。ただし，保育所の利用方式は，当分の間，施設給付費を市町村に委託費として支給する形で保育の実施方式が続いている。

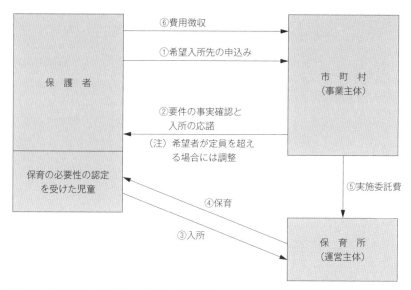

図 8-3　保育所入所の仕組み（保育の実施方式：母子保健，助産の実施もこれに準ずる）

として，市町村および各保育所から，保育所の施設，設備の状況および運営の状況，保育の内容等に関する事項が情報として提供される。

　次に，市町村は申し込みのあった乳幼児の状況を確認し，適当と思われる場合は，保護者が希望する保育所において保育の実施を決定する。希望者が保育所の定員を一定以上超える場合には，市町村において定めた客観的な選考方法や選考基準に基づき，入所者の選考による調整が行われることとなる。選考に洩れた利用者は，第二希望以下の保育所に市町村が入所の調整を行う。この選考は行政不服申立ての対象とされる。この市町村の決定により，保護者は子どもを希望する保育所に入所させ，保育所は乳幼児に保育サービスを提供することとなる。

　それに要する費用については，保育の実施を決定した市町村が，当該利用者に対する個人給付分を委託費として全額保育所に支払い，市町村が，その保護者から費用の徴収（通常「保育料」と呼ばれる）を行うこととなる。費用の徴収額は，徴収が家計に与える影響や，入所する乳幼児の年齢等に基づいて決定される。そして，残った額の2分の1を国庫が国の精算基準に基づいて負担し，そのまた2分の1を都道府県が負担する仕組みとなっている。ただし，公設公営保育所の場合は，平成16年度から国，都道府県の負担が一般財源化されており，全

額市町村の負担となっている。

　なお，子どもが保育に欠ける状況にあっても保護者が入所の申し込みを行わない場合には，市町村は保護者に対して，入所の申し込みを行うよう勧奨する義務が課せられており，職権保護である措置による入所も行われる。

　母子生活支援施設や助産施設入所の場合も，実施主体が異なるほかは，保育所とほぼ同様の仕組みとなっている。つまり，母子生活支援施設は福祉事務所，助産施設は市町村と各施設が委託関係となり，利用者は実施主体に申し込みの申請を行う。申請を受けた実施主体は利用要件の確認を行ったうえで，利用者を希望する施設に入所させ，委託費を支払う。利用者は，収入に応じて負担額を実施主体に支払うこととなる。なお，費用負担額については，令和元年10月から，いわゆる教育・保育の無償化等が実施されている。

(3) 障害児施設給付制度

　障害者自立支援法とともに改正児童福祉法が平成18年10月から施行され，障害児関係福祉施設サービス利用のあり方が，施設給付制度と措置制度との二本立て制度に変更された。障害児施設給付制度による障害児入所支援の手続きは，図8-4のとおりである。なお，児童発達支援センターの入所決定は，原則として，

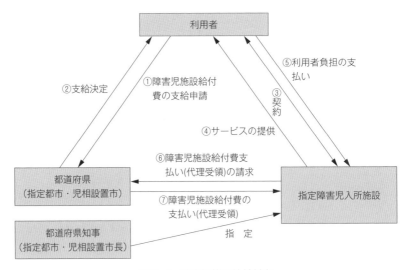

図8-4　障害児施設給付制度

(厚生労働省説明資料を元に著者作成)

障害児相談支援事業者によるケアプランに基づき市町村が決定する仕組みとなっている。

　しかしながら，虐待等契約になじまないと考えられる場合など，子どもの権利擁護のため，措置による入所が適切であると児童相談所が判断した場合には，措置入所も行われる。したがって，障害児入所施設の利用は，契約入所と職権保護（措置）による入所とが並存することとなる。

4.　児童福祉施設入所児童の権利擁護

　続いて，児童福祉施設利用児童の権利擁護を図るシステムの整備について触れておく。

(1) 児童福祉施設入所児童の権利擁護と施設，行政機関の法的対応

　社会福祉基礎構造改革は，利用者の権利擁護を大きく打ち出した。ここでは，それらのシステムに現行児童福祉法体系が有しているシステムを加えた，児童福祉施設入所児童の権利擁護システムについて整理することとする。これは，図 8-5 のようにまとめられる。

　まず，児童福祉施設の経営者は，入所児童の意向を十分に尊重した施設運営を行い（社会福祉法第 5 条：以下，社福法），また，施設サービスの質の向上を図り，事業の透明性を確保しなければならない（社福法第 24 条）。さらに，施設生活に関する情報の提供に努め（社福法第 75 条），サービスの質の自己評価を行い（社福法第 78 条），入所児童からの苦情の適切な解決に努めなければならない（社福法第 82 条）。施設内で苦情解決ができない場合には，外部機関である運営適正化委員会の場で調整・解決が図られることとなる（社福法第 83 条）。社会的養護関係 5 施設種別の場合は，3 年に 1 回，第三者評価の受審と結果の公表が義務づけられている。

　また，入所児童が必要に応じ児童相談所等に相談することも可能である（児福法第 11 条，12 条）。児童相談所における調査等の後，子どもの訴えの原因が施設の運営に基づくものであれば，児童相談所はこれを施設に対する指導権限を有する行政庁に報告し，改善等の対応を求めることも可能である。

　児童福祉施設は，厚生労働省令である「児童福祉施設の設備及び運営に関する基準」「幼保連携型認定こども園の学級の編制，職員，設備及び運営に関する基準」「児童福祉法に基づく指定障害児入所施設等の人員，設備及び運営に関する

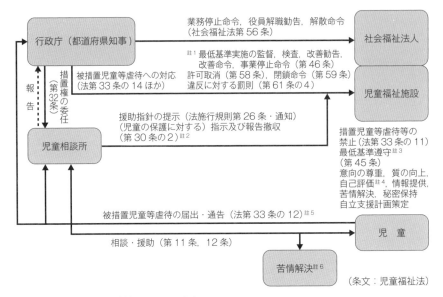

図8-5　施設入所児童の権利擁護と施設，行政機関の対応

註1：児童相談所長に委任することはできない。
註2：都道府県知事の権限であるが，法第32条により措置権が委任されていれば，当該権限も地方
　　　自治法第153条により児童相談所長に委任されていると考えるのが妥当。
註3：最低基準は設備及び運営に関するもの。
　　　目的（第2条），職員の要件（施設長を含む）（第7条），平等に取り扱う原則（第9条），虐
　　　待等の禁止（第9条の2），懲戒権の濫用禁止（第9条の3），秘密保持等（第14条の2），
　　　苦情への対応（第14条の3）等が関係
註4：社会的養護関係5施設種別は，3年に1度以上，第三者評価の受審と結果公表が義務化。
註5：被措置児童等虐待対応の仕組みは平成21年4月から施行。
註6：施設入所児童からの苦情申立て：運営適正化委員会等による解決（社会福祉法）

基準」に基づいて都道府県が策定する基準，子ども・子育て支援法に基づく「特
定教育・保育施設及び特定地域型保育事業並びに特定子ども・子育て支援施設等
の運営に関する基準」に基づいて市町村が策定する基準の遵守も求められる。
　行政庁の検査が実施され，遵守されていない場合には，改善勧告・命令，指定
の取消等が実施される。児童福祉施設の設備及び運営に関する基準には，入所児
童に平等なサービス提供を行うことや，虐待や体罰の禁止，秘密保持，利用者か
らの苦情への対応等の一般的事項のほか，各施設におけるサービス提供の目的，
方法等が規定されている。

　また，児童相談所から援助指針の提示があり，これに基づき，児童福祉施設の設備及び運営に関する基準に規定するとおり，個々の入所児童の自立支援計画が策定される。個々の子どもに対する援助に不都合がみられる場合には，児童相談所から報告を求められ，必要な指示が与えられる（児福法第30条の2）。

　前記の事項が遵守されない場合には行政庁から指導が行われ，最終的には社会福祉法人の解散，施設の認可取消，閉鎖命令まで行われることになる。このほか，個人情報保護や被措置児童等虐待の防止等の法令遵守も重要である。なお，特定教育・保育施設及び特定地域型保育事業の運営に関する基準により，特定教育・保育施設においても，いわゆる施設内虐待防止のための措置をとらなければならないこととされた* 11。

(2) 子ども・子育て支援制度における利用児童の権利擁護

　子ども・子育て支援制度による利用が行われる児童福祉施設は，保育所，幼保連携型認定こども園である。両施設における利用児童の権利擁護も，基本的には児童福祉法に基づく入所を行う児童のそれと同様であるが，前述の「特定教育・保育施設及び特定地域型保育事業並びに特定子ども・子育て支援施設等の運営に関する基準」に規定する事項がそれに該当する。すなわち，内容及び手続きの説明および同意，利用申し込みに対する正当な理由のない提供拒否の禁止，保育を受ける必要性が高い子どもの優先利用，虐待の禁止，苦情解決等がある。なお，前述のとおり，体罰禁止規定も置かれている。

5. 第三者評価と自己評価

　社会福祉法第78条に基づき，児童福祉施設には，自らが提供するサービスの自己評価を行う努力義務や，第三者評価受審の努力義務が規定されている。第三者評価は，サービス内容の質の向上や利用者の選択に資する情報の提供，納税者に対する説明責任等のために設けられた制度である。児童福祉施設の受審率は低く，受審に対するインセンティヴ（意欲刺激）が働く仕組みの創設も検討される

＊11　令和5年5月，こども家庭庁は，保育所・認定こども園等における不適切事案が明らかになったことを受け，虐待等の防止及び発生時の対応等に関するガイドラインを通知して保育現場に対応を求めるとともに，児童福祉法の改正による制度的対応（特定教育・保育施設や放課後児童クラブ等にいわゆる施設内虐待の発見・通告体制を整備すること）を今後進めることとしている。

必要がある。

　なお，社会的養護関係施設（児童養護施設，乳児院，児童心理治療施設，児童自立支援施設，母子生活支援施設）については，子どもが施設を選ぶ仕組みではない措置制度等であり，また，施設長による親権代行等の規定もあるほか，被虐待児童が増加して施設運営の質の向上が必要であることを受け，平成24年度から，3年に一度以上の第三者評価の受審，およびその結果の公表が義務づけられている。また，該当年以外の年においては，第三者評価基準に従って自己評価を行わなければならないこととされている。

●第4節　子ども家庭福祉の財源●

1. 子ども家庭福祉の財源

(1) 財源の性格と使途

　子ども家庭福祉の財源は，公費およびこれに準ずる公的資金と民間資金に大別される。公費は，主として法令に基づき公の職務とされている分野の子ども家庭福祉事業，および国や地方自治体が子どもや子育て家庭等の福祉増進のために行う事業等に支給される。また，施策の性格，内容に応じ，国，地方自治体の財政負担区分が定められている。国費の支出については，大きくは，地方交付税交付金（児童相談所等の運営に要する費用等）と国庫補助金等に分けられる。

　「補助金等」とは，補助金等に係る予算の執行の適正化に関する法律第2条により，補助金，負担金，利子補給金，その他に分類される。補助金とは「相手方が行う事務又は事業に対して，これを助成するために，あるいは奨励するために財政的な援助として交付する給付金」であり，負担金とは「相手方が行う事務又は事業につき，交付側も一定の義務あるいは責任があるので，その義務あるいは責任の程度に応じて相手方に対して交付する給付金」をいう。子ども家庭福祉事業にかかる国庫補助金等の種類は多岐，広範囲にわたり，国の負担割合も，全額，2分の1，3分の1等と，各施策の性格，内容等により区分けされている。

　国庫補助金等については，それぞれの事業目的があり，その目的としている事業の達成のために効果的に使用されなければならない。この国庫金の取り扱いについては，財政法，会計法，予算決算および会計令等の諸法規があり，補助金等については，さらに補助金等に係る予算の執行の適正化に関する法律があり，こ

れら財政関係の諸法規に従って適正に執行されなければならない。

　また，国の予算については，財政法第 13 条第 2 項により，「国が特定の事業を行う場合，特定の資金を保有してその運用を行う場合その他特定の歳入をもって特定の歳出に充て，一般の歳入歳出と区分して経理する必要がある場合」には，法律をもって一般会計とは別の特別会計を設けることができることとされている。子ども・子育て支援制度においては，「年金特別会計」により，被用者に対する児童手当や地域子ども・子育て支援事業に用いられている。ちなみに，子ども・子育て拠出金率は平成 27 年度の 1000 分の 1.5 からアップされ，令和 5 年度は 1000 分の 3.6 となっている。将来的には，1000 分の 4.5 まで増やせる法改正が行われている。

(2) 近年の動向

　平成 27 年度から創設された子ども・子育て支援制度においては，年金特別会計子ども・子育て支援勘定が創設され，これまでの児童育成事業は廃止された。

　子ども家庭福祉対策にかかる国庫補助金等の種類は多く，事業も広範囲にわたっている。国と地方公共団体との負担割合については，事業の性格等によりそれぞれ異なっている。なお，平成 27 年度から，子ども・子育て支援制度関係予算は，内閣府が執行していたが，令和 5 年度からこども家庭庁が執行している。令和元年 10 月から消費税が 10% にアップされることに伴い，その財源を用いて，全世代型社会保障の実現のため，保育・子育て支援，福祉人材確保，子ども虐待防止・社会的養護などの施策充実が図られている。

2. 旧厚生労働省一般会計

　令和 5 年度から子ども家庭福祉，こども・子育て支援関係予算はこども家庭庁が一括して所管することとなったが，現在は移行期でもあり，旧厚生労働省，旧内閣府子ども・子育て本部ごとに，その概要を記述することとする。

(1) 国庫補助金等

　厚生労働省の一般会計では，都道府県等が行う児童入所施設や婦人保護施設の運営等に要する費用の一部負担，児童虐待・DV 対策等総合支援事業，母子家庭等対策総合支援事業，母子保健医療対策等総合支援事業，児童扶養手当給付費負担金，母子寡婦福祉貸付金，保育対策総合支援事業費補助金，子ども・子育て支援体制整備総合推進事業費補助金，子ども・子育て支援対策推進事業委託費，保

育所等整備交付金等がある。

(2) 児童入所施設措置費等

児童入所施設措置費は児童入所施設等の運営に要する経費である。この費用は児童福祉法によって，要保護児童等が児童入所施設への入所措置がとられた場合，または里親に委託された場合，その子どもの入所後または委託後の保護または養育について最低基準を維持するために要する費用であり，児童入所施設が毎月措置の実施者から，いわゆる委託費として支弁を受ける経費である。

①措置費の支弁，徴収および国庫負担——まず，都道府県や市町村（市町村が措置費を支弁することは，現在ではほとんどないと考えられる）が，児童入所施設等への入所措置または里親等への委託措置をとった場合は，その都道府県または市町村は措置費の支弁義務者として，その児童入所施設等または里親等に対し措置費を支弁しなければならない。続いて，都道府県または市町村が措置費を支弁した場合においては，その長が，その支弁した費用をそれぞれ本人またはその扶養義務者からその負担能力に応じて，全部または一部を徴収することができる。さらに，国庫は，各会計年度を単位として，都道府県または市町村が，支弁した費用の総額と，その実支出額から措置費のためになされた寄付金を除いた額とを比較して，いずれか少ないほうの額から，厚生労働大臣が定める基準によって算定した徴収金の額を除いた額を基本額として，原則としてその2分の1を負担することとなる。

②措置費の保護単価による支弁と徴収基準による費用徴収——保護単価は，要保護児童等を，児童入所施設へ入所措置または里親等に委託した場合に，国庫負担の対象となる措置児童1人（世帯）あたりの措置費の月額等の単価であるが，これに毎月の定員や措置児童数等を乗じて施設に支払われることとなる。児童福祉施設の措置費は，これを大別すると事務費と事業費に分かれる。さらに事務費は，職員処遇費（人件費）と施設自体の管理費（物件費）に分かれる。事業費は直接児童のために使用される経費であり，施設種類ごとに多少異なっている。

続いて，保護者からの費用徴収であるが，現行の国で定める徴収基準は，個々の世帯の所得税，市長村民税等の課税階層の区分に応じて一定の徴収額が定められている。たとえば，児童福祉施設等における徴収基準は，主として市町村民税と所得税の課税の有無に応じ，A階層（生活保護法よる被保護世帯），B階層（市長村民税非課税世帯），C階層（所得税非課税世帯），D階層（所得税課税世

帯）の4階層に区分されており，さらにC階層については，市町村民税の所得割課税額の有無に応じて2区分，またD階層については，所得税課税額の多寡に応じて階層区分を設け基準額が定められている。

　この費用徴収の方式は，市場におけるいわゆる応益負担方式と異なり，利用者の負担能力に応じて費用が決まることから，一般に応能負担方式と呼ばれる。

（3）障害児施設給付費

　平成18年10月から，障害児入所施設利用にかかる費用（契約入所の場合）については，行政から施設に給付される仕組みではなく，行政がサービス利用者（保護者）に施設支援として給付し，利用者がその費用の一部を負担する方式となっている。これが施設給付制度と呼ばれる方式であり，個人給付方式となっている。また，保護者の負担は応能負担が原則とされている。なお，児童発達支援センター通所については，平成24年度から市町村が決定しており，費用負担は，国2分の1，都道府県4分の1，市町村4分の1となっている。

3.　旧内閣府一般会計

（1）子どものための教育・保育給付費負担金

　平成27年度から創設された子ども・子育て支援制度における，施設型給付や地域型保育給付に要する負担金である。施設型給付は，保育所，幼稚園，認定こども園を通じた共通の給付である。これまでの保育所運営費等が組み替えられ，所管も内閣府となった。施設型給付，地域型保育給付の負担割合は，国2分の1，都道府県4分の1，市町村4分の1である。ただし，施設型給付のうちの公設公営施設については，これまで同様に，地方税による一般財源または地方交付税によって全額手当てされる。また，私立保育所については市町村が保育所に委託費を支払い，利用者負担の徴収も，市町村が行う。

（2）その他

　保育緊急確保事業費，子どものための教育・保育給付費補助金（幼稚園における預かり保育運営費等に関する補助金）等がある。

4.　年金特別会計子ども・子育て支援勘定（内閣府と厚生労働省共管）

（1）児童手当等交付金

　児童手当の支給に要する財源である。

(2) 子ども・子育て支援交付金，子ども・子育て支援整備交付金

　子ども・子育て支援交付金は，市町村子ども・子育て支援事業計画に従って実施される地域子ども・子育て支援事業を実施する市町村に対し，事業を実施するために必要な費用に充てるための交付金を交付するものである。事業主拠出金が充当される対象事業範囲は，延長保育事業，病児保育事業，放課後児童健全育成事業，仕事・子育て両立支援事業（企業主導型保育事業，ベビーシッター等利用支援事業）に限定される。

　子ども・子育て支援整備交付金は，市町村子ども・子育て支援事業計画及び放課後子ども総合プランに基づき，放課後児童クラブを整備するために要する経費の一部を補助するものである。

●第5節　子ども家庭福祉サービス体系●

　子ども家庭福祉サービスは，これまで述べてきた実施体制のもと，母子保健，保育，子育て支援，子ども育成，養護・非行・心理的問題を有する児童等の自立支援を図る要保護児童福祉，障害児童福祉，母子家庭・父子家庭等のひとり親家庭福祉等のサービスが展開されている（図8-6）。

　たとえば，母子保健サービスにおいては，各種の健康診査や保健指導，慢性疾患を有する子どもの治療等が行われている。保育サービスにおいては，特定教育・保育施設の整備運営のほか，地域型保育事業ならびに，いくつかの地域子ども・子育て支援事業等が展開されている。令和元年10月からは，いわゆる幼児教育・保育の無償化も実施されている。子どもの育成サービスに関しては，児童館等の設置運営や放課後児童健全育成事業（放課後児童クラブ），児童手当の支給等のサービスが，要保護児童福祉サービスに関しては，各種の相談援助サービスや子ども虐待防止，児童福祉施設入所・里親委託等が行われている。平成27年度からは，里親，ファミリーホーム委託といった家庭養護利用児童を社会的養護全体の3分の1にする政策も開始され，令和2年度からは，家庭養護をさらに加速させる制度改正も行われている。

　障害児童福祉サービスについては，ホームヘルパーの派遣やショートステイ，障害児通所支援等の在宅サービスのほか，障害児入所支援，特別児童扶養手当等各種手当の支給等が行われている。医療的ケア児支援も強化されている。さら

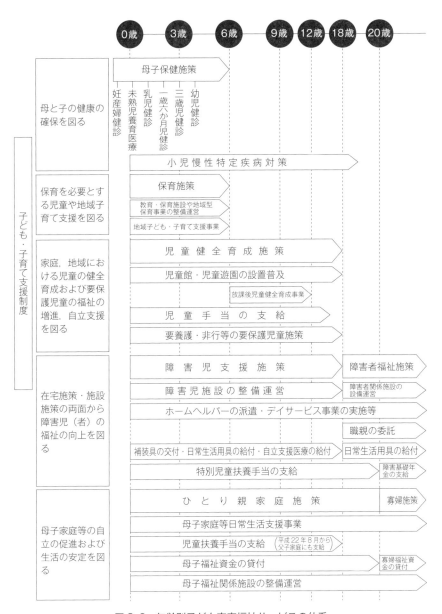

図 8-6　年齢別子ども家庭福祉サービスの体系

（こども未来財団編，2012，p.2 を著者一部改変）

に，ひとり親家庭福祉サービスに関しては，ヘルパーの派遣等の在宅サービスのほか母子生活支援施設への入所，母子・父子・寡婦福祉資金の貸付，児童扶養手当の支給，就業支援等が実施されている。なお，子どもの貧困対策の推進に関する法律に基づき，子どもの貧困対策も推進されている。実施される施策の幅は広く，今後は，施策相互の連携や利用者支援の充実，地域包括的・継続的支援体制の構築*12 が必要とされている。

【文　献】

児童育成協会編（2019）：『目で見る児童福祉 2019』中央法規出版
柏女霊峰（2007）：『現代児童福祉論』（第 8 版）誠信書房
柏女霊峰（2015）：『子ども・子育て支援制度を読み解く──その全体像と今後の課題』誠信書房
柏女霊峰（2017）：『これからの子ども・子育て支援を考える──共生社会の創出をめざして』ミネルヴァ書房
柏女霊峰（2019 a）：『子ども家庭福祉学序説──実践論からのアプローチ』誠信書房
柏女霊峰（2019 b）：『平成期の子ども家庭福祉──政策立案の内側からの証言』生活書院
柏女霊峰編（2020）：『子ども家庭福祉における地域包括的・継続的支援の可能性──社会福祉のニーズと実践からの示唆』福村出版
こども未来財団編（2008）：『目で見る児童福祉』新日本法規出版
こども未来財団編（2012）：『目で見る児童福祉 2012』新日本法規出版

＊12　柏女（2020：35-36）は，子ども家庭福祉分野における地域包括的・継続的支援体制について，「市町村域ないしは市内のいくつかの区域を基盤として，子どもの成長段階や問題によって制度間の切れ目の多い子ども家庭福祉問題に，多機関・多職種連携により包括的で継続的な支援を行い，問題の解決をめざすシステムづくり並びにそのシステムに基づく支援の体系をいう」と定義している。

第9章

子ども家庭福祉の計画的進展と子ども・子育て支援制度の創設

　子ども家庭福祉は，新たな政策展開を求められている。本章においては，近年の子ども家庭福祉の計画的進展の経緯とその到達点を整理し，その課題を踏まえつつ，平成27年度から創設されている「子ども・子育て支援制度」の概要について整理することとしたい。

●第1節　戦後体制の行き詰まりと新たな施策の展開●

1. 子どもを生み育てにくい社会

（1）子ども・子育ての動向

　厚生労働省の統計によれば，令和4年の出生数は約77.1万人，合計特殊出生率は1.26であった。これで出生数は平成28年以来100万人を割り込み，第二次ベビーブームのピークである昭和48年の209万人の3分の1強にまで減少したことになる。

　また，平成7年4月に160万人だった保育所等利用児童数[*1]は，出生数の減少にもかかわらず近年急激に増加し，令和5年4月には255.6万人となり，統計史上最高を更新した昨年を四半世紀ぶりにさらに2.0万人下回った。放課後児童クラブ登録児童数も令和5年5月現在145.7万人となり，前年比6.5万人増で統計史上最高を更新している。

　さらに，令和4年度の子ども虐待件数は21万9,170件（速報値）で，全国集

[*1]　子ども・子育て支援制度の創設にともない，これまでの保育所利用児童数に関する国の統計が修正され，「保育所等」という場合は，保育所のほか幼保連携型認定こども園（2号・3号認定子ども）の入所児童数を含めて，合計を示すこととする。

計が開始された 1990 年度の 1,101 件の約 199 倍となった。施設で暮らす子ども
の数も増えており，社会的養護の下にある子どもたちは，令和 4 年度末現在，約
4.2 万人（厚生労働省調査）となっている。いわゆる子どもの貧困やいじめ防止
対策*2 も，大きな政策課題として浮かび上がっている。

　子どもの相対的貧困率は 1990 年代半ば頃からおおむね上昇傾向にあったが，
令和 3 年には 2 回続けて下がって 11.5％となっている。特に，大人が 1 人の世帯
の相対的貧困率が 44.5％と改善傾向はみられるものの，大人が 2 人以上いる世帯
に比べて非常に高い水準となっている。

　政府は子ども虐待死亡事例の検証を進めているが第 19 次報告の令和 3 年度で
は 74 人（親子心中以外は 50 人），近年では，親子心中を除けば年間平均が 52 人
である。それらの検証からは，望まない妊娠・出産，飛び込み分娩（妊娠した
が一度も産婦人科を受診せず，臨月近くに来院し出産すること），貧困，頻繁な
転居，孤立などの社会的排除やジェンダー問題といった現代社会の矛盾が凝縮し
て示されている。なお，（被措置児童等虐待）施設内虐待件数は，令和 3 年度は
131 件（被害児童 225 人）であり，平成 26 年度の 62 件（86 人）から増加してい
る。

(2) 子育て支援の登場

　子育て支援が叫ばれるようになったのは，そんなに古いことではない。わが国
において，もともと子育ては，親族や地域社会の互助を前提として行われてい
た。子育てに行き詰まりを感じている親に対しては，近所の人が話を聞き，場
合によって必要な注意も与えていた。ちょっとした助け合いも自然に行われて
いた。また，ガキ大将が子どもに社会のしきたりを教えこむことも普通であっ
た。戦後にできた「児童福祉法」はこの互助を前提とし，親族や地域の互助にお
いては対応できない子どもや家庭があった場合に，その子どもを要保護児童と認
定し，行政機関が職権でその子どもを保育所（市町村）や児童養護施設（都道府
県）等の施設に入所させて福祉を図るという構造をとっていた。

　しかし，20 世紀の特に後半，わが国の地域社会は，高度経済成長とともに親
族や地域社会の互助は崩壊に向かい，その結果，前述した前提そのものが崩れ，

---

*2　平成 25 年 6 月，「いじめ防止対策推進法」が公布され，学校におけるいじめの定義，いじめ
　防止基本方針の策定，基本施策，重大事態への対処（事実関係を明確にするための調査とそ
　れをもとにした措置等）等が規定された。

子育ては急速に閉塞的な状況を示すようになったのである。こうして出現したのが，子育て支援（地域子育て家庭支援）という概念である。

2. 施策の展開とその影響

　これらに対応し，政府は，新たな子ども家庭福祉施策の展開に取り組んできた。施策の方向には，子どもの育ち，子育てを支援するための施策と，家庭内で子育てが適切に行われていない場合に，家庭に対して早期に介入する施策の，二通りがある。それらの方向について，施策幅の拡大，施策の普遍化，権利擁護の進展の3つの視点から施策の展開が進められてきた。

(1) 子育て支援施策の計画的展開

　政府は，平成6年にいわゆる「エンゼルプラン」を策定し，その後，新エンゼルプラン，健やか親子21，男女共同参画基本計画，子ども・子育て応援プラン，新待機児童ゼロ作戦といった，子育てを社会で応援する国家計画が次々と策定されていった。そして，この流れは，平成22年1月の少子化社会対策基本法に基づくいわゆる子ども・子育てビジョンに結実していくこととなる。

　そして後述するとおり，平成25年度からは，子ども・子育て支援法に基づく新たな市町村子ども・子育て支援事業計画，ならびに都道府県子ども・子育て支援事業支援計画の策定が進められ，27年度から子ども・子育て支援制度が創設されている。なお，平成27年3月には，子ども・子育てビジョンを引き継ぐ新たな計画である「少子化社会対策大綱」も閣議決定され，令和2年5月の第4次大綱に引き継がれている。

　一方，社会が子育てや家庭内の出来事に積極的に介入する仕組みの整備も進められている。具体的には，増加し続ける子ども虐待や配偶者暴力に対応するため，平成12年には「児童虐待の防止等に関する法律」が，同13年には「配偶者からの暴力の防止及び被害者の保護等に関する法律」がそれぞれ制定され，相次いで施行されている。この2本の法律は，その後ほぼ3年ごとに，親子間，配偶者間に対する「介入性の強化」を図る改正が行われている。あわせて児童福祉法も改正されている。

(2) 施策動向の基本視点

　以上の動向を整理すると，子育てを私的な出来事ととらえ，支援や介入を控える考え方から，子育てを社会的な出来事ととらえ，必要な社会的支援と介入を行

う方向への転換をみてとることができる。子育ての私的責任を強調してきた結果
が，少子化や子ども虐待の社会問題化をもたらした反省から，子育ての社会的意
義を強調し，必要な支援や介入を進める方向に大きくシフトしていることを理解
することができる。しかし，その行程は，まだまだ道半ばといってよい。

(3) 子育て支援施策の影響

　従来から進められてきた子育て支援施策は，いわば福祉としての施設入所サー
ビスである，“保育に欠ける”子どもの保育を中心に拡充されてきたといえる。
その結果，保育所に入所して大きな恩恵を得ることのできる層と，それができず
に孤立して子育てに困難を抱える専業主婦層との二極化が，顕在化することと
なった。このため，近年の経済状況ともあいまって，いわば，働かざるを得ない
人びとのためのサービスとして生まれた福祉としての保育所に，利用希望が集中
するようになっていったのである。

　これが，いわゆる保育所の待機児童問題の一因になっているといってよい。以
前，高齢者介護問題において，在宅サービスが十分でないために特別養護老人
ホームの待機問題が生じたのと似た構造が，子育て問題でも起こっているといえ
るのである。

●第2節　次世代育成支援施策から子ども・子育て支援制度へ●

1. 次世代育成支援施策の登場

　こうした問題認識から，平成15年度より，次世代育成支援という新しい考え
方による子ども・子育て支援施策の推進が図られてきた。次世代育成支援対策と
は，「次代の社会を担う子どもを育成し，又は育成しようとする家庭に対する支
援その他の次代の社会を担う子どもが健やかに生まれ，かつ，育成される環境の
整備のための国若しくは地方公共団体が講ずる施策又は事業主が行う雇用環境の
整備その他の取組」（次世代支援対策推進法第2条）と定義される。平易な言い
方をすれば，有史以来，連綿と続けられてきた“いのちの循環”を再生する試み
といえる。

　新たな子育て支援・次世代育成支援のための基本法には，いずれも平成15年
に成立した，少子化社会対策基本法，次世代育成支援対策推進法がある。これら
の法律に基づいて児童福祉法も相次いで改正され，子育て支援事業も法定化され

た。

　さらに，「次世代育成支援対策推進法」は，すべての都道府県，市町村に，平成17年度から5年を1期として，地域における子育て支援サービスの整備目標を盛り込んだ，次世代育成支援地域行動計画の策定を義務づけた。また，国および地方公共団体等（特定事業主），ならびに従業員301人以上の事業主（一般事業主）も，育児休業や子どもの看護休暇等に関する，事業主行動計画を策定することとした。本法は平成26年度末で終了予定であったが，継続の必要性から，さらに10年間延長されている。

2.　次世代育成支援施策から子ども・子育て支援制度へ

　これらの施策をさらに充実させるため，男性を含めた働き方の見直しを行う検討が開始された。検討テーマは，「仕事と生活の調和」（WLB：ワーク・ライフ・バランス）と呼ばれ，平成22年6月からは，改正育児・介護休業法の施行により，父母とも育児休業を取得する場合の休業可能期間を2カ月延長する「パパ・ママ育休プラス」の制度をはじめとする改善が実施に移されている。

　さらに，雇用保険法の改正にともない，平成26年度から，育児休業開始時から最初の6カ月間は，育児休業の給付率を50％から67％にする改正も実施されている。また，待機児童問題に対応し，必要な場合に2歳半までの延長も認められている。さらに，令和4年10月からはいわゆる産後パパ育休（出生時育児休業）」制度も創設され，男性の育児休業取得率の向上や働き方改革なども進められている。

　これらの政策と同時並行して，もう一つの育児と就労の両立支援策である保育サービスの充実強化を図るため，平成27年度から，介護保険制度を模した仕組みである子ども・子育て支援制度が保育・子育て支援分野にも導入されている。

　令和5年度からこども家庭庁が創設され，子ども・子育て支援分野の施策充実のため，この分野の新たな恒久財源確保のための検討が進められており，子ども家庭福祉施策は新たな時代に入ろうとしているのである。

●第3節　子ども・子育て支援制度の創設●

1.　新たな子ども・子育て支援の仕組み

　平成 24 年 8 月，子ども・子育て支援法，就学前の子どもに関する教育，保育等の総合的な提供の推進に関する法律の一部を改正する法律，子ども・子育て支援法及び就学前の子どもに関する教育，保育等の総合的な提供の推進に関する法律の一部を改正する法律の施行に伴う関係法律の整備等に関する法律のいわゆる子ども・子育て関連 3 法が公布され，平成 27 年度から，子ども・子育て支援制度が始まった。本制度が最初に提言されたのは平成 15 年[*3]であり，12 年越しの政策がようやく創設されたのである。

　本制度を端的にいえば，その目的のひとつであった全世代型社会保障の実現，すなわち，「介護が必要になったら介護給付，育児が必要になったら子ども・子育て支援給付」であり，介護保険制度を模した仕組みの導入であるといってよい。これに，待機児童対策，幼保一体化，幼児期の教育の振興という 3 つの視点が加わることとなる。

2.　新制度検討の背景と目的

　新制度導入の背景としては，以下の 4 点がある。すなわち，①待機児童対策，②地域の子どもを親の事情で分断しない，③幼児期の教育の振興，④全世代型社会保障の実現，である。

　まず，第 3 次ベビーブームとその後の就学前児童の大幅減少を見越したこれまでのいわゆる保育所への詰め込み政策では，待機児童解消が困難であることが新制度検討の大きな要因となっている。第二に，地域の子どもを親の事情で保育所と幼稚園に分断せず，ともに育てていこうという幼保一体化の視点がある。たとえば，共働きをやめるなど親の生活が変化しても，子どもが同じ施設で保育できるというメリットもある。第三に，世界的趨勢となっている幼児期の教育の振興に倣い，幼児期に対する社会的投資を行うことが社会の安定につながるという視

[*3]　平成 15 年 8 月，厚生労働省に設置された次世代育成支援施策の在り方に関する研究会が出した報告書である「社会連帯による次世代育成支援に向けて」が，最初に子ども・子育て支援制度の創設を提言している。著者も，委員として参画した。

点がある。そして，最後に，高齢者に偏っている社会保障給付を子ども，若者世代の支援にも充当し，高齢者中心型社会保障から全世代型社会保障に転換していくことが必要という認識がある。

　こうした視点から，これまで年金，医療，介護に用いられていた財源を子ども・若者にも充当するという観点から，社会保障・税一体改革による社会保障制度再構築と税制改革を一体実施する政策の一環として，新制度導入に至ったということができる。

3.　基本構造

　新しい子ども・子育て支援の仕組みは，子ども・子育て支援分野に充当する財源を増やし，子育てに関するさまざまな社会資源をできる限り一元化された仕組みにまとめ，保育，子育て支援サービスを中心に給付を行う仕組みを創設するものである。給付の基本構造としては，「子ども・子育て支援給付」を創設して市町村を基礎自治体とした一元的システムとすることとし，国の基本指針[*4]に基づいて自治体が策定する市町村子ども・子育て支援事業計画や都道府県子ども・子育て支援事業支援計画により，各種の給付・事業を実施する。

　内閣府には法定審議会である子ども・子育て会議が設けられ，令和5年度からこども家庭庁のこども家庭審議会子ども・子育て支援等分科会に統合されている。都道府県，市町村にはそれぞれ地方子ども・子育て会議ともいうべき合議機関を設置（努力義務）し，その意見を聴きつつ計画を策定することとしている。そのうえで，その計画に基づいて，各種の給付を行う仕組みを定めるものとしている。

4.　給付の全体像

　図9-1は，現在の子ども・子育て支援制度の概要を示したものである。給付の全体像としては，子ども・子育て支援給付として子どものための現金給付（児童手当）と子どものための教育・保育給付があり，子どものための教育・保育給付は，施設型給付と地域型保育給付とに分けられる。施設型給付の対象となる教

[*4]　正式名称は，「教育・保育及び地域子ども・子育て支援事業の提供体制の整備及び子ども・子育て支援給付及び地域子ども・子育て支援事業の円滑な実施を確保するための基本的な指針」である。

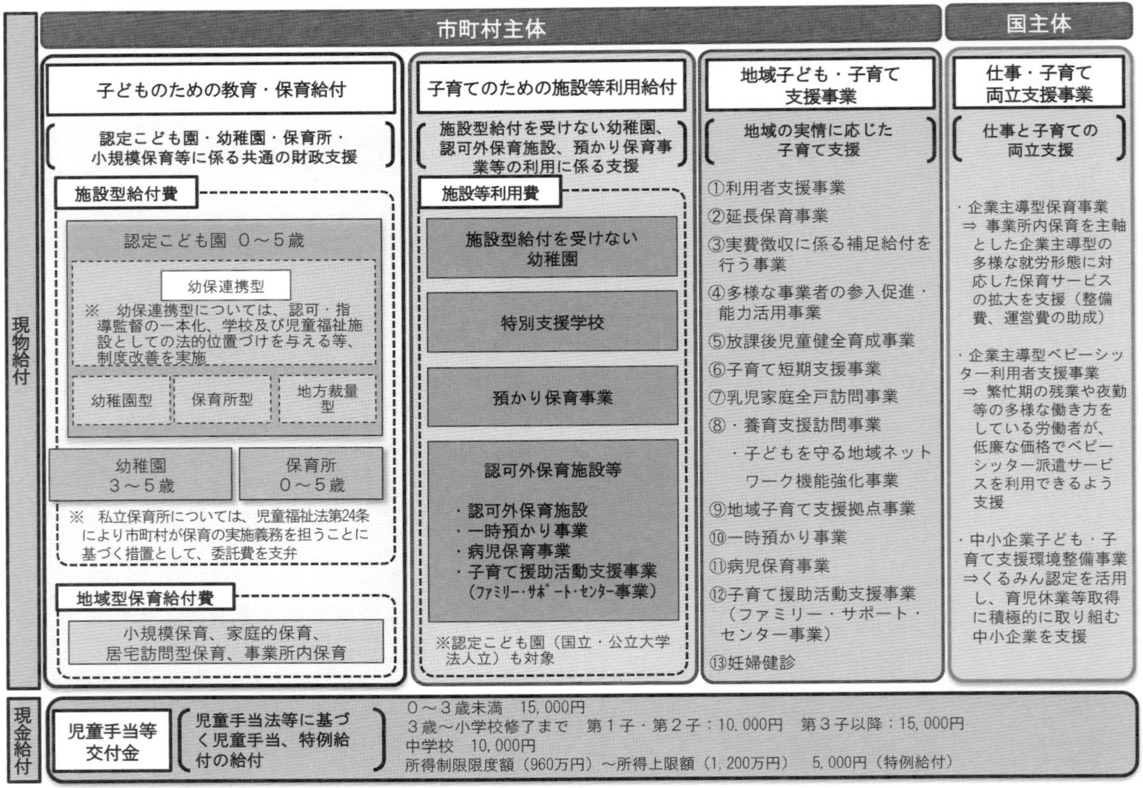

国主体

仕事・子育て両立支援事業

仕事と子育ての両立支援

・企業主導型保育事業
⇒ 事業所内保育を主軸とした企業主導型の多様な就労形態に対応した保育サービスの拡大を支援（整備費、運営費の助成）

・企業主導型ベビーシッター
⇒ 繁忙期の残業や夜勤等の多様な働き方をしている労働者が、低廉な価格でベビーシッター派遣サービスを利用できるよう支援

・中小企業子ども・子育て支援環境整備事業
⇒ 育児休業等取得に積極的に取り組む中小企業等を支援

市町村主体

地域子ども・子育て支援事業

地域の実情に応じた子育て支援

①利用者支援事業
②延長保育事業
③実費徴収に係る補足給付を行う事業
④多様な事業者の参入促進・能力活用事業
⑤放課後児童健全育成事業
⑥子育て短期支援事業
⑦乳児家庭全戸訪問事業
⑧・養育支援訪問事業 ・子どもを守る地域ネットワーク機能強化事業
⑨地域子育て支援拠点事業
⑩一時預かり事業
⑪病児保育事業
⑫子育て援助活動支援事業（ファミリー・サポート・センター事業）
⑬妊婦健診

子どものための施設等利用給付

施設型給付を受けない幼稚園、認可外保育施設、預かり保育事業等の利用に係る支援

施設等利用費

- 施設型給付を受けない幼稚園
- 特別支援学校
- 預かり保育事業
- 認可外保育施設等・一時預かり事業・病児保育事業・子育て援助活動支援事業（ファミリー・サポート・センター事業）も対象

※認定こども園（国立・公立大学法人立）も対象

子どものための教育・保育給付

認定こども園・幼稚園・保育所・小規模保育等に係る共通の財政支援

施設型給付費

- 認定こども園 0〜5歳
  - 幼保連携型
  - 幼稚園型　保育所型
  - 地方裁量型
- 幼稚園 3〜5歳
- 保育所 0〜5歳

※幼保連携型については、認可・指導監督の一本化、学校及び児童福祉施設としての法的位置づけを与える等、制度改善を実施

地域型保育給付費

- 小規模保育、家庭的保育、居宅訪問型保育、事業所内保育

※私立保育所については、児童福祉法第24条により市町村が保育の実施義務を担うことに基づき、施設型給付ではなく、市町村が保育所に委託費を支弁

児童手当等

児童手当法等に基づく児童手当、特例給付の給付

児童手当等交付金

0〜3歳未満　15,000円
3歳〜小学校修了まで 第1子・第2子：10,000円　第3子以降：15,000円
中学生　10,000円
所得制限限度額（960万円）〜所得上限額（1,200万円）　5,000円（特例給付）

現物給付

現金給付

図 9-1　子ども・子育て支援制度の概要　（こども家庭庁ホームページ「子ども・子育て支援制度」, 2023）

育・保育施設としては，幼保連携型認定こども園，保育所，幼稚園，幼保連携型以外の認定こども園があり，地域型保育給付の対象となる事業としては，小規模保育事業，家庭的保育事業，居宅訪問型保育事業，事業所内保育事業がある。

　教育・保育施設や地域型保育事業については，認可基準を満たしていれば原則として認可する制度とするとともに，市町村が確認（確認としては，建物・設備の概要，利用定員，運営基準，業務管理体制等）により施設型給付や地域型保育給付による財政支援の対象とする制度として量的拡大を図ることとなる。地域型保育給付の対象事業は，これまでの事前届出制から市町村の認可制に移行する。なお，国の省令基準をもとに都道府県（幼保連携型認定こども園）や市町村（教育・保育施設，地域型保育給付対象4事業）において，設備及び運営等に関する基準や運営基準が定められる。

　また，地域子ども・子育て支援事業（子ども・子育て支援法第59条）として，利用者支援事業，延長保育事業，実費徴収に係る補足給付を行う事業，多様な主体の参入促進・能力活用事業，放課後児童健全育成事業，子育て短期支援事業，乳児家庭全戸訪問事業，養育支援訪問事業・子どもを守る地域ネットワーク機能強化事業，地域子育て支援拠点事業，一時預かり事業，病児保育事業，子育て援助活動支援事業（ファミリー・サポート・センター事業），妊婦健康診査，の13事業が用意される（令和6年度から種類が増加する予定）。平成28年度から事業主拠出金を原資とする仕事・子育て両立支援事業として，企業主導型保育事業や企業主導型ベビーシッター利用者支援事業も創設された。さらに，令和元年10月から特定教育・保育施設の保育料の無償化（子ども・子育て支援法施行令改正）に加え，認可外保育施設利用児童の保育料の無償化を図るため，子ども・子育て支援法改正により「子育てのための施設等利用給付」も創設されている。

5.　幼保連携型認定こども園

　幼保連携型認定こども園は学校教育・保育及び家庭における養育支援を一体的に提供する施設とし，いわゆる認定こども園法による教育基本法第6条第1項に基づく学校，児童福祉法に基づく児童福祉施設及び社会福祉法に基づく第2種社会福祉事業として位置づけられる。設置主体は，原則として，国，地方公共団体，学校法人，社会福祉法人とされる。

　幼保連携型認定こども園には，学校教育と保育を担う職員として新たに保育教

諭等が置かれる。保育教諭は職名であり，幼稚園教諭免許状と保育士資格を併有することが原則である。なお，新たな制度の施行から5年間（現在も延長中）は，片方の資格，免許のみでも保育教諭になることができる。

設置認可，指導監督等は都道府県単位とし，政令指定都市，中核市には権限移譲される。認可基準は，内閣府省令である「幼保連携型認定こども園の学級の編制，職員，設備及び運営に関する基準」である。

供給過剰による需給調整が必要な場合以外は，原則として認可する。都道府県は，認可にあたって市町村に協議する。なお，施設型給付の確認主体は市町村である。一定の条件のもとで臨時休業も認められ，名称使用の制限が設定される。ただ，保育所，幼稚園からの幼保連携型認定こども園への移行は義務づけられていない。運営については，内閣府，厚生労働省，文部科学省の1府2省による告示である「幼保連携型認定こども園教育・保育要領」に基づくこととされる。

6. 保育の利用方式——公的契約

保育の利用方式については，例外のない保育の保障の観点から，市町村が客観的基準に基づき，教育・保育の必要性を認定する仕組みとする。施設型給付及び地域型保育給付の受給資格に係る認定の事由については，保護者本人の事由により判断することを基本とするなど，現行の「保育に欠ける」要件より広くしている。具体的には，求職活動，就学のほか虐待・DVのおそれを含む10項目が規定されている。

また，教育・保育の必要性の認定区分は，1号認定（教育標準時間認定：満3歳以上で学校教育のみ利用），2号認定（満3歳以上の保育認定），3号認定（満3歳未満の保育認定）であり，2号，3号の保育認定については，保育短時間認定（パートタイム就労を想定。最低就労時間月48-64時間の間で市町村が決めた時間〈10年間の経過措置あり〉）と保育標準時間認定（フルタイム就労を想定。最低就労時間月120時間程度）の2類型がある。認定されれば，支給認定証が保護者に発行される。保育短時間認定の場合は1月当たり平均200時間まで（1日当たり8時間まで），保育標準時間認定の場合は1月当たり平均275時間まで（1日当たり11時間まで）の利用が可能となる。利用にあたっては，子どもの最善の利益を考慮した時間とすることが求められる。

利用調整に関し，希望が多い場合には選考が行われる。選考のための基準も，

現行基準を参考に検討される。優先利用は、ひとり親家庭、生活保護家庭、虐待・DV のおそれ、障害児童、育児休業明け、きょうだいで同一の保育所等の利用希望、地域型保育事業の卒園児童等がある。

　また、市町村は、待機児童が発生している場合など必要と認められる場合には、利用者の利用の調整、施設への利用の要請を実施することとされている。被虐待児童や障害児童等特別な配慮を必要とする子どもの場合も、市町村が利用可能な教育・保育施設のあっせんを行う。やむを得ない事由により利用できない子どもには、市町村による保育の措置も行われる。

　契約については、幼保連携型認定こども園、その他の種類の認定こども園、新たな仕組みである施設型給付を受ける幼稚園ならびに地域型保育給付については、市町村の関与のもと保護者が自ら施設・事業を選択し、施設・事業と契約する公的契約となる。施設型給付及び地域型保育給付については、保護者に対する個人給付を原則とするが、実際には施設・事業者に対して支払われる（法定代理受領方式[*5]）。

　なお、私立保育所は保育の実施義務が継続するため、市町村が委託する制度が存続する。すなわち、保育認定を受けた保護者が市町村に利用希望を付したうえで申込みし、市町村が要件を確認したうえで入所の決定を行う。費用については施設型給付ではなく、市町村が施設に対して保育所入所児童に関する個人給付分を委託費として支弁し、保育料も市町村が徴収する。この場合の契約は、市町村と利用者との間で行われる。幼保連携型認定こども園等の特定教育・保育施設の利用方式は、図9-2 のとおりである。

7. 利用料負担

　保育の利用に要する費用は、子どものための教育・保育給付費負担金等として、保育の実施義務を負う市町村が教育・保育施設に支弁することとなる。保育所の場合、市町村は保護者から保育費用の徴収を行い、民営保育所の場合、国庫は、市町村が支弁した総額から厚生労働大臣が定める基準によって算定した徴収金の額を除いた額を基本額として、その2分の1を負担し、残額のそのまた2分

---

　*5　法定代理受領とは、介護保険制度による給付のように、本来なら利用者に対する給付を、そのサービスが利用者に確実に使われるようにするため、利用者が利用した事業者に対して給付を行う方法のことである。

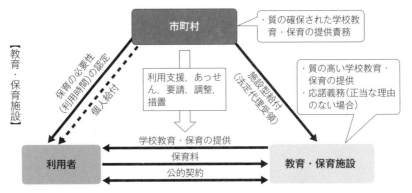

※ 児童福祉法第24条において，保育所における保育は市町村が実施することとされていることから，私立保育所における保育の費用については，施設型給付ではなく，現行制度と同様に，市町村が施設に対して，保育に要する費用を委託費として支払う。
この場合の契約は，市町村と利用者の間の契約となり，利用児童の選考や保育料の徴収は市町村が行うこととなる。

※ 上記の整理は，地域型保育給付にも共通するものである。

図9-2　幼保連携型認定こども園等特定教育・保育施設の利用方式

(内閣府「子ども・子育て支援新制度について」，2015，p. 8)

の1を都道府県が負担することとなっている。

この場合の運営費の算定については，保育所の経営や経理の実態，執行上の事務処理能力等を勘案し，地域，定員規模，子どもの年齢区分等に応じて，全国的に統一的な保育単価（月額）を設けて支弁基準としている。市町村は，毎月この保育単価に各月初日の児童数を乗じて得た額を，保育所に対して支弁することとされている。また，この場合の保護者からの徴収金の額，すなわち保育料については，家計への影響も考慮しつつ子どもの年齢等に応じて定める額とすることが，基本的な考え方となっている。

なお，令和元年10月から，認定こども園，幼稚園，保育所などについては，子ども・子育て支援法施行令を改正するとともに新たに子育てのための施設等利用給付を創設することにより利用者負担を無償化する措置を講じることとし，就学前（3歳から小学校入学まで）の障害児の発達支援等についても，児童福祉法施行令を改正し，利用者負担を無償化する措置を講じる制度（負担の上限額が定められている）が創設されている。支給要件は，市町村の認定を受けたもので，3歳から5歳まで（小学校就学前まで）の子ども・0歳から2歳までの住民税非

課税世帯の子どもであって，保育の必要性がある子どもである。なお，費用負担並びに本給付に要する費用は，原則，国が2分の1，都道府県が4分の1，市町村が4分の1を負担する。

　さらに，公設公営保育所の運営費については全額市町村負担とされ，その分については地方交付税交付金によって手当てされていることになっている。幼保連携型認定こども園の場合は，利用が公的契約となるため保育料の徴収は園が行うこととなるが，運営費や利用額の算定方法等については，保育所の場合と変わらない。

8.　従事者の資質向上

　子ども・子育て支援制度においては，幅広い従事者の確保と資質向上も大きなテーマとされている。そのため，第8章で述べた子育て支援員研修・登録の創設と同時に，研修の充実も図られている。特に，保育所や地域型保育事業等各種保育人材や放課後児童支援員等の資質向上，資格認定のための研修事業が幅広く展開されている。

9.　財政負担，所管

　財政負担に関しては，施設型給付・地域型保育給付の負担割合は，国2分の1，都道府県4分の1，市町村4分の1となる。ただし，施設型給付のうち公設公営施設については，現行同様に，地方税による一般財源または地方交付税によって市町村が全額手当てする。また，事業主拠出金を充当する対象範囲は，子ども・子育て支援制度の枠内においては，延長保育事業，病児保育事業，放課後児童健全育成事業の3事業（子ども・子育て支援法第69条第1項）と企業主導型保育事業等に限定される。

　子ども・子育て支援法やいわゆる認定こども園法の所管は内閣府，厚生労働省，文部科学省となり，内閣府に子ども・子育て本部が設置され担当大臣が置かれている。なお，令和5年度からは，こども家庭庁の創設により所管は一元化されている。

●第４節　新たな子ども家庭福祉の再構築に向けて●

1. 新たな仕組みの構築に向けて

（1）子ども家庭福祉供給体制の特徴

現行の子ども家庭福祉供給体制の特徴は，大きく６点ある。まず，第一が，都道府県と市町村に分断されていることである。第二は，今なお施設中心であること，そして第三は，職権保護中心であること，第四は，施策が保健・福祉・医療部局と教育委員会，公安委員会，労働委員会等とに分断されていることである。そして，第五に，税中心の体系であること，最後に，事業主に対する補助や負担が中心であることである。

これに対して，成人に対する供給体制は，特に高齢者で考えると，第一に，市町村中心であり，第二に，在宅福祉と施設福祉とが同じ割合で広がっていること，第三に，利用者と事業者が直接向き合う契約になっていること，第四に，教育委員会といった分断システムがないこと，第五に社会保険と税のバランスが確保された体系となっていること，そして最後に，個人給付が中心であると整理することができる。障害者に対するサービス供給体制も，社会保険と税という財源の相違はあるものの，後者に近い仕組みとなっている。

つまり現状は，人間の一生を保障する仕組みが，子どもと成人とで分断されているといえるのである。子ども・子育て支援制度の創設により，その分断は，解決に向けて新しい一歩を踏み出したといえる。

（2）再構築の方向

この仕組みを再構築していくための基本的な考え方と視点は，以下の４点である。第一は，つながりの再構築であり，子ども家庭福祉についていえば，地域に多くの社会的親を新たなかたちで再生していくことである。第二は，制度間の不整合の是正である。第三に，財源の子ども家庭福祉への安定的配分である。そして最後に，子どもの仕組みと大人の仕組みの違いをできる限り解消し，人間の一生を包括的に保障していくシステムを構築することである。

2. つながりの再構築——共助の視点と社会的親の整備

これからの子ども家庭福祉の方向性を考える基本的視点は，なんといっても

「子どもの最善の利益」（the Best Interest of the Child）の保障である。では，子どもの最善の利益とは何か。それは，たとえば，やむを得ぬ事情で子どもを家庭から切り離すことはあっても，できる限り地域から切り離すことは避けることである。一例を挙げれば，子どもが実の親から切り離されたとしても，それ以外の成人たち，すなわち地域に存する社会的親*6（信頼できる教師や保育者，近隣の人びと等）によって見守られ，仲間とともに成長していく権利が保障されなければならないということである。それは，公的責任を図る国家責任を強調するのみでは決して達成されない。また，広域行政庁である都道府県の役割強化だけでは達成できない課題であり，地域に最も密着した基礎的自治体である市町村が，地域に根ざした体制を創りあげていくことが必要とされる。また，社会的養護を必要とする子どもの生活を，公助の視点のみならず，共助の視点から保障しようとする視点がなければならず，そのための体制づくりが求められるのである。

　ちなみに，平成21年度から，小規模住居型児童養育事業（ファミリーホーム）の制度化が図られた。こうした小規模形態の社会的養護は，子どもの生活の質の向上に資するのみならず，地域に身近な市町村を単位として整備することを可能とし，結果として，地域住民に社会的養護に関する深い理解をもたらすことができ，社会的養護を地域に開かれたものとすることができる。そして，そのことは，子どもの周りに多くの社会的親を用意することにつながる。子ども家庭福祉のあり方検討は，このように，子どもの視点と共助の視点からなされなければならない。

3. 制度間の不整合の是正
——市町村を中心として都道府県，国が重層的に支援
（1）子ども家庭福祉にみる制度間不整合
　現行の子ども家庭福祉サービス供給体制の課題として，子どもの生活を一貫して保障する体制になっていないということが挙げられる。そのなかで最も大きな課題は，サービスによって財源や実施主体が不統一となっており，そのことが，子ども家庭福祉サービスの総合的発展を阻害しているという点である。さらに，

---

　*6　網野は，社会的親を「実の親以外の人で恒常的，部分的，間歇的，一時的に子育てに関わる人をいう」と定義し，あわせて心理的親についても定義している（網野，2002，p.169）。

それが援助における連携体制にまで影響しているという点である。たとえば，以下の点が例として挙げられる。

①財源の不統一——たとえば，育児休業中の所得保障と乳児保育，子育て支援サービス（市町村）と社会的養護サービス（都道府県），民営保育所（負担金）と公営保育所（一般財源），保育所（税）と放課後児童クラブ（事業主拠出金）等。

②サービス決定機関の不統一——たとえば，障害幼児が幼保連携型認定こども園，幼稚園，保育所，児童発達支援事業・センター，特別支援学校幼稚部を利用する場合の，決定権者と利用方法の不統一。

(2) 制度間不整合の是正をめざす

たとえば，子育て支援サービスと社会的養護サービスを考えてみる。子育て支援サービスの整備は，「児童福祉法」によれば市町村の責任である。また，財源も，平成26年度までは，その多くは次世代育成支援対策ソフト交付金であり，その場合は，原則として都道府県は負担しなかった。平成27年度から創設された子ども・子育て支援制度においては，都道府県も3分の1負担することとなったが，このことは，不整合解消の一歩を踏み出すものと評価できる。

一方，市町村が整備する子育て支援サービスでは持ちこたえられず，都道府県の児童相談所が一時保護すれば，今度は，都道府県が全額負担して，市町村は原則として費用負担を行わない。子どもが施設入所中は，それが当該市町村の子どもであったとしても，市町村は費用負担を行わない。そして，子どもが家庭復帰すれば，また市町村が負担することとなる。このような財源や実施主体の分断は，社会的養護下に入る可能性のある子どもの福祉に，以下の課題を生み出すこととなる。

財源に関していえば，子育て支援の整備と社会的養護の整備は，いわゆる一種のトレードオフの関係にある。つまり，利用者である子どもや親は，原則として両方のサービスを同時に利用することができず，また，それぞれのサービス整備にかかる費用負担の主体は異なっている。この結果，都道府県，市町村のいずれも互いの責任範囲となっているサービスの拡充を求め，整備に対するインセンティヴ（意欲刺激）が働かない結果となってしまう。

また，子どもが施設入所中は，市町村をはじめとする地域の関係機関は，当該児童に対する関心が薄くなってしまいがちである。一部の子どもは夏季や年末年

始に帰省しているが，市町村はそのことを知らない。さらに，家庭復帰する段階になって初めてそのことを知ることとなり，そのための体制整備も遅れるという結果をもたらしている。

　このような事態を解消し，子どもの成長を総合的に支援していくためには，市町村を中心とし，都道府県や国が重層的に支援していく子ども家庭福祉サービス供給体制を整備していく方向が必要とされる。すなわち，子育て支援サービスにも都道府県が責任をもち，また，社会的養護にも市町村が責任をもつ体制の整備である。子ども・子育て支援制度において，子育て支援サービスについては都道府県負担が実現することとなったが，社会的養護は，市町村負担がないままである。

　また，育児休業中の所得保障は雇用保険から行われ，その財源は，主として事業主の拠出金と，従業員の社会保険料負担（一部国庫負担あり）からなっている。ところが，乳児保育は税（一部事業主拠出金負担あり）で運営されているため，育児休業取得率が上がれば事業主拠出が増え，乳児保育利用者が増えれば税支出が増えることとなる。この制度間のトレードオフ関係が，ワーク・ライフ・バランスの進展を阻む要因のひとつとなっていることは想像に難くない。財界，政府が，それぞれ一方の財布をあてにしている限り，バランスある展開はできていかない。この点は，子ども・子育て支援制度において改善はなされているが解消はなされておらず，今後に向けた大きな課題である。

4.　子ども家庭福祉財源の安定的確保

　国立社会保障・人口問題研究所によると，令和3年度，社会保障費用に占める高齢者関係支出が42.3％であるのに対して，子ども・子育て支援関係と見込まれる家族関係支出が全体に占める割合は9.4％であった。この数値は近年上昇しているものの欧州諸国に比較して低い水準である。社会保障給付は年金，医療，介護等の各制度により構成されており，これらの制度が世代間扶養の機能を有していることを考慮すると，世代間の公平や若者の理解促進という観点からも，今後は家族関係給付割合を拡充することが必要とされている。このことによって，高齢者中心型社会保障から全世代型社会保障への転換がなされなければならない。

　また，子育て支援，子ども家庭福祉サービスの財源構成は，各サービスの内容によって，国庫負担金・補助金等，地方交付税，年金特別会計（事業主負担），

社会保険，診療報酬，民間資金，私的負担など多様であり，それぞれの整合性も図られていないため，サービス全体を見通して拡充していくことが困難となっている。今後は，これらの財源を統合ないしは整理することにより，効率的な活用を図る必要があると考えられる。

　現在，政府においては出生数の予想外の低下に伴う危機感から「異次元の少子化対策」が提唱され，施策の拡充とともに新たな恒久財源の確保策が検討されている。令和5年末に閣議決定された「こども未来戦略」では，こども・子育て給付金として公的医療保険に上乗せ（月500円程度を想定）して徴収する制度を創設することとしており，現在細部の調整等が進められている。約1兆円の恒久財源を見込み，こども未来戦略実現のために必要とされる約3.6兆円の一部に充てられる予定である。

5. 人間の一生を通じた包括的な保障──四つ葉のクローバー

　子ども家庭福祉供給体制の特徴は，前述したとおり，成人，特に高齢者の施策と比較すると，①都道府県中心，②職権保護中心，③施設中心，④事業主給付中心，⑤税中心，⑥保健福祉と教育の分断，の6点が挙げられる。さらに欧米のシステムと比較すると，⑦限定的司法関与[7]を挙げることができる。

　人間の一生を包括的に支援するという観点からは，子ども家庭福祉サービス供給体制も，①市町村中心（都道府県との適切な役割分担），②契約[8]と職権保護のバランス，③施設と在宅サービスのバランス，④個人給付と事業主補助のバランス，⑤税を中心としつつ社会保険を加味，⑥保健福祉と教育の統合・連携，⑦積極的司法関与，の方向を念頭に，再構築に向けて検討を開始することが必要と思われる。これらは，表9-1のように示される。

　平成2年の1.57ショックを契機として開始された，いわゆる少子化対策は，年金・医療・介護充実のための手段として出発した経緯をもつ。そして，現在も

---

[7]　欧米先進国においては，被虐待児童を家庭から切り離すときや施設入所時に，親権の一時停止等司法が関与した対応がとられるのに対して，わが国の場合は司法の関与が限定的であることを指す。そういう意味では，平成24年度から創設された親権の一時停止制度や令和6年度からの一時保護時の司法関与等は，欧米のシステムに近づくものと言えるが，司法の関与はまだまだ限定的である。

[8]　もちろん，保護者と事業主との契約によっては対応困難な子ども虐待等の事例も多くあり，司法決定や職権保護システムも併存させるのは当然のことである。

表9-1　子ども家庭福祉サービス供給体制の将来方向

現　行		将　来
(1) 都道府県中心	⇨	市町村中心（都道府県との適切な役割分担）
(2) 職権保護中心	⇨	契約と職権保護のバランス
(3) 施設中心	⇨	施設と在宅のサービスのバランス
(4) 事業主補助中心	⇨	個人給付と事業主補助のバランス
(5) 税中心	⇨	税を中心としつつ社会保険を加味
(6) 保健福祉と教育の分断	⇨	保健福祉と教育の統合・連携
(7) 限定的司法関与	⇨	積極的司法関与

（柏女，2008，p. 147）

　なお，次世代育成支援対策はその流れを引きずっている。

　これからの次世代育成支援対策を含む子ども家庭福祉は，「年金・医療・介護」と「少子化対策」に二分化されるのではなく，「年金・医療・育児・介護」の四つ葉のクローバーによって再構築されなければならない。それこそが，人間の一生を通じた福祉・安寧を保障[*9]することになるのである。

6.　異次元の少子化対策

　コロナ禍の影響もあり，令和4年の出生数は77.1万人と初めて80万人を割り込み，令和5年もさらに低下が予測されている。危機感を強めた政府は「異次元の少子化対策」と題する対策を打ち出し，令和5年12月に，子ども家庭支援分野の施策充実のため児童手当の充実やこども誰でも通園制度の創設などを含む「こども未来戦略」（概要は図9-3）を閣議決定し，この分野の新たな恒久財源となるこども・子育て支援金（第8章参照）確保のための検討も進めている。こうして，令和6年度から，子ども家庭施策は新たな時代に入ろうとしている。

＊9　筆者はこの視点を「人間福祉」と呼び，社会福祉制度再構築の基本視点として重要視している。また，四つ葉のクローバーの考え方については，柏女（2008）等を参照。

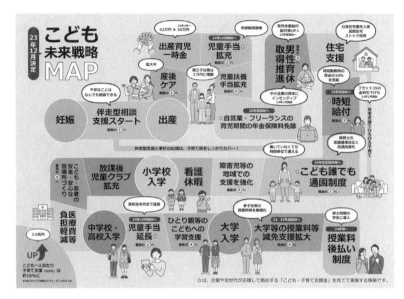

図9-3　子ども未来戦略 MAP

（こども家庭庁ホームページ「こども未来戦略（リーフレット等）」，2023）

【文　献】

網野武博（2002）：『児童福祉学』中央法規出版

柏女霊峰（2007）：『現代児童福祉論』（第8版）誠信書房

柏女霊峰（2008）：『子ども家庭福祉サービス供給体制——切れ目のない支援をめざして』中央法規出版

柏女霊峰（2011）：『子ども家庭福祉・保育の幕開け——緊急提言　平成期の改革はどうあるべきか』誠信書房

柏女霊峰（2015）：『子ども・子育て支援制度を読み解く——その全体像と今後の課題』誠信書房

柏女霊峰（2017）：『これからの子ども・子育て支援を考える——共生社会の創出をめざして』ミネルヴァ書房

柏女霊峰（2019a）：『子ども家庭福祉学序説——実践論からのアプローチ』誠信書房

柏女霊峰（2019b）：『平成期の子ども家庭福祉——政策立案の内側からの証言』生活書院

柏女霊峰編（2020）：『子ども家庭福祉における地域包括的・継続的支援の可能性——社会福祉のニーズと実践からの示唆』福村出版

第10章

子育ち・子育ての経済的支援サービスと子どもの貧困対策

　子育てコストについては，現在，その多くを子育て家庭が負担しているが，真に必要な費用については，次代を担う子どもの育成ということを考慮すれば，社会共通の必要コストとしての側面も有していると考えられ，子育て家庭に対する経済的支援を行っていくことが必要である。本章においては，子ども・子育てに対する経済的支援の概要について概説し，今後の課題について考察する。また，近年，注目が集まっている子どもの貧困対策についても概説する。

1. 子育てに対する経済的支援

　子ども・子育てに関わる個々の家庭に対する代表的な経済的な支援については，図 10-1 のように整理できる。

　なお，経済的支援にはこのほかにも，生活保護および母子・父子福祉貸付金，生活福祉資金，奨学金等の給付，貸付制度等がある。これらの経済的支援の手法については，公的補助，給付，社会保険，年金，貸与，無償化，税控除，事業主手当等多様であるが，その財源は，大きく分けると，税，社会保険，事業主拠出財源に大別できる。以下に，これらのうち代表的なものについて取り上げる。

2. 児童手当

　児童手当は児童手当法に基づいて支給される手当であり，昭和 46 年に公布された児童手当法に基づく制度である。平成 27 年度から，表 10-1 のとおりの支給要件，支給額となっている。簡潔に言えば，中学校卒業までの児童を養育している人に対する手当であり，基本的な条件では，児童 1 人あたり月額で 10,000 円（3 歳未満は 15,000 円）が支給される。所得限度額以上の収入がある者は特例

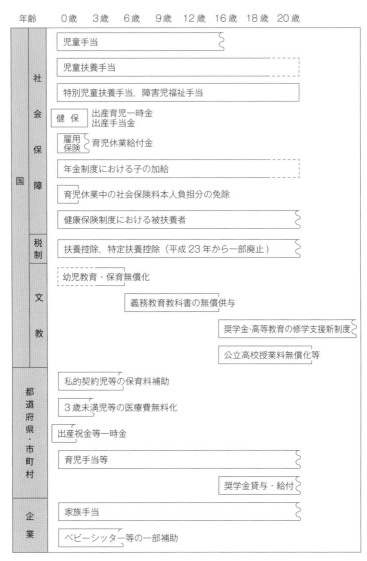

図 10-1　子どもの育ち・子育てに関する主要な経済的支援の概要

(網野・新保, 1992, p. 143 を著者一部改変)

給付として月額 5,000 円が支給されるが, 令和 4 年 10 月から, 年収 1,200 万円以上の世帯の支給が廃止されている。出生時と転入時に住所地の市区町村で申請手

表 10-1　児童手当制度の概要（令和3年度）

制度の目的	家庭等の生活の安定に寄与する　・　次代の社会を担う児童の健やかな成長に資する		
対象児童	国内に住所を有する中学校修了まで（15歳に到達後の最初の年度末まで）の児童（住基登録者：外国人含む）※対象児童1660万人（30年度年報（31年2月末））	受給資格者	・監護・生計同一（生計維持）要件を満たす父母等※所得制限限度額（年収ベース）960万円（夫婦と児童2人の場合）・児童が施設に入所している場合は施設の設置者等
手当月額（一人当たり）	0～3歳未満　　　　　　　　一律 15,000 円 3歳～小学校修了まで　　　第1子・第2子：10,000 円　　　第3子以降：15,000 円 中学生　　　　　　　　　　一律 10,000 円 所得制限限度額以上　　　　一律 5,000 円（特例給付）（年収 1,200 万円以上は廃止）		
支払月	毎年2月，6月，10月（前月までの4か月分を支払）		
実施主体	市区町村（法定受託事務）　※公務員は所属庁で実施		
費用負担	国，地方（都道府県・市区町村），事業主拠出金で構成 　　※事業主拠出金は，標準報酬月額及び標準賞与額を基準として， 　　　拠出金率（3.6/1000）を乗じて得た額を徴収し，児童手当等に充当		
給付総額	令和4年度予算：1兆 9,988 億円　［国負担分：1兆 951 億円，地方負担分：5,476 億円 　　　　　　　　　　　　　　　　　事業主負担分：1,637 億円，公務員分：1,925 億円］		

（こども家庭庁ホームページを著者一部修正）

続きが必要である。

　なお，令和5年12月の「こども未来戦略」により令和6年10月から，3歳から高校卒業まで月1万円が支給され，第3子の場合は，第1子が22歳となる年度末まで月3万円が支給されることとなる。

3.　児童扶養手当，特別児童扶養手当，障害児福祉手当

　表 10-2 は，児童扶養手当および特別児童扶養手当，障害児福祉手当の概要を整理したものである。児童扶養手当は児童扶養手当法，特別児童扶養手当，障害児福祉手当は特別児童扶養手当等の支給に関する法律により規定されている。

　児童扶養手当は，一部支給の場合，所得に応じて支給額が段階的に支給されるようになっている。また，手当の国の負担割合は，平成18年度から三位一体改革により，4分の3から3分の1となっている。なお，児童扶養手当は，平成22年8月から，父子家庭に対しても支給されている。母又は父が，老齢福祉年金以外の公的年金給付を受けることができる場合などには，平成27年度から年金額

表 10-2　児童扶養手当・特別児童扶養手当等の概要（令和 5 年度）

	児童扶養手当	特別児童扶養手当	障害児福祉手当
目　　的	離婚によるひとり親世帯等，父又は母と生計を同じくしていない児童が育成される家庭の生活の安定と自立の促進に寄与するため，当該児童について手当を支給し，児童の福祉の増進を図る。	精神又は身体に障害を有する児童について手当を支給することにより，これらの児童の福祉の増進を図る。	重度障害児に対して，その障害のため必要となる精神的，物質的な特別の負担の軽減の一部として手当を支給することにより重度障害児の福祉の向上を図る。
支給対象者	18 歳以後の最初の 3 月 31 日までの間にある児童（障害児の場合は 20 歳未満）を監護，養育している母子（父子）世帯等の母又は父	20 歳未満で精神又は身体に中程度以上の障害を有する児童を家庭で監護，養育している父母又はその他の者	精神又は身体に重度の障害を有するため日常生活において常時の介護を必要とする状態にある在宅の 20 歳未満の者
令和 4 年度手当額（月　額）（所得制限あり）	児童 1 人の場合 全部支給　　　　一部支給 43,070 円　　10,160〜43,060 円 児童 2 人の場合 　　　　最大 10,170 円加算 3 人目以降 1 人につき 　　　　最大 6,100 円加算	1 級　　　　2 級 53,700 円　35,760 円	15,220 円

（厚生労働省資料を元に著者作成）

が手当額を下回るときはその差額分の手当が支給されている。さらに，平成 28 年度から，第 2 子での加算が最大倍額の 1 万円となり，第 3 子以降が最大 6,000 円強の加算となるなど，改善が行われている。令和 6 年度予算の成立により，満額受給できる所得制限の限度額が子ども 1 人の場合の年収 160 万円から 190 万円に引き上げられることとなる。また，第 3 子以降への加算額も月最大 6,250 円から第 2 子と同じ 10,420 円に増額される。施行は令和 6 年 11 月からの予定である。

　特別児童扶養手当は子どもを監護・養育している者に対して支給され，障害児福祉手当は障害児本人に支給されるものであるため，併給は可能である。ただし，両手当とも，子どもが施設入所中の場合には支給されない。

4.　高等学校等就学支援金の支給

　公立高等学校に係る授業料の不徴収及び高等学校等就学支援金の支給に関する

法律の施行（平成22年度）ならびに改正（平成26年度）により，現行制度においては，高等学校等における授業料に充てるための高等学校等就学支援金を支給することとされている。ただし，高所得世帯には所得制限を設けて支給しないこととされている。就学支援金の限度額は公立全日制の場合は月額9,900円であるが，低所得世帯の生徒には加算がある。また，令和2年4月から，年収約590万円未満世帯を対象として，現行の就学支援金の支給上限額が全国の私立高校の平均授業料を勘案した水準（私立高校〈全日制〉の場合，39万6,000円）まで引き上げられた。

　なお，本制度の創設により，所得税における特定扶養親族控除（16〜18歳）の上乗せ分（25万円）は，平成23年から廃止されている。

5.　幼児教育・保育の無償化

　令和元年10月から，全世代型社会保障実現のため，消費税アップ分の追加財源を子ども・子育て支援制度に充当し，認定こども園，幼稚園，保育所などについて3歳から5歳児の利用者負担を無償化する措置が講じられている。なお，無償化とはいえ，それぞれの無償には上限額[*1]が定められている。また，3歳から就学前の障害児通所支援，障害児入所支援についても利用者負担が無償化されている。支給要件は，市町村の認定を受けたもので，3歳から5歳まで（小学校就学前まで）の子ども，0歳から2歳までの住民税非課税世帯の子どもであって，保育の必要性がある子どもである。

6.　高等教育の修学支援新制度

　消費税引き上げによる財源を充当することにより，令和2年度入学生から「高等教育の修学支援新制度」が開始されている。これは，大学・短期大学・高等専門学校・専門学校に進学する住民税非課税世帯およびそれに準ずる世帯の学生（社会的養護のもとにいる子どもたちが含まれる）に対し，①授業料等減免制度の創設　②給付型奨学金の支給の拡充を図るものである。

[*1]　幼稚園については，月額上限2.57万円，認可外保育施設等の場合は3〜5歳の子どもは月額上限3.7万円，0〜2歳の住民税非課税世帯の場合は月額上限4.2万円である。なお，食材料費等は，国の制度上，実費徴収とされている。

7. 社会保険制度による経済的支援

(1) 健康保険制度

①出産手当金——被保険者が分娩した場合において，被保険者が分娩の日以前42日，分娩の日以後56日以内において，労務に服せず，報酬の支給がないときは，その期間1日について被保険者の標準報酬日額の3分の2に相当する額を支給する制度である。

②出産育児一時金——平成6年の「健康保険法」等改正により創設されたものであり，従来の分娩費および育児手当金を統合したものである。金額は，令和5年4月からこれまでの42万円から50万円に引き上げられている。

(2) 雇用保険制度

育児休業中の経済的支援として，育児休業給付金を休業前賃金の50%支給する制度である。平成26年度から，育児休業開始時から最初の6カ月間は，育児休業の給付率を67%にする改正が行われている。今後，給付金の給付率を上げることが検討されている。

(3) 年金制度による経済的支援

被保険者が死亡した場合，子どもに対し遺族基礎（厚生）年金が支給される。また，老齢厚生年金，障害基礎年金，遺族基礎年金において，子ども（18歳未満または20歳未満の障害者）がいる場合に，その人数に応じて加給が行われる。さらに，育児休業中の社会保険料本人負担分の免除が行われ，育児休業中の住民税納税猶予の制度も実施されている。なお，令和8年度から，子どもが11歳になるまでの間，保険料の納付を免除する法改正も検討されている。

8. 税制上の扶養控除等

子どもの養育に関する税制上の扶養控除としては，15歳未満の年少扶養親族ならびに16〜18歳の特定扶養親族に対する扶養控除があったが，児童手当の特例給付や高校の実質無償化にともない，平成23年から，それらは廃止（16〜18歳の特定扶養親族控除については上乗せ部分〈25万円〉のみであり，38万円の扶養控除は継続される）されている。ただし，児童手当の高校生支給にあわせて，所得税の控除額が38万円から25万円に減額される予定である。住民税控除も平成24年から廃止されている。なお19〜23歳の特定扶養親族控除は，年額

63 万円が継続される。このほか，障害児者，寡婦等に対する所得税，住民税の軽減等の措置も講じられている。

9.　その他の経済的支援

　このほか，義務教育中の教科書の無償供与，奨学金等の制度があり，また，都道府県・市町村レベルにおいても，図 10-1 に示した経済的支援が行われている。さらに，企業においても，被用者の家族を対象として事業主が支給する家族給が一般的に行われており，家族手当と呼ばれることも多い。

10.　子どもの貧困対策

　子どもの相対的貧困率[*2]は 1990 年代半ば頃からおおむね上昇傾向にあったが近年低下し，国民生活基礎調査によると，平成 30 年には 13.5%，令和 3 年には 11.5% となって改善傾向にある。また，ひとり親世帯の相対的貧困率は 44.5% と前々回，前回（48.1%）に続き改善したが，大人が 2 人以上いる世帯に比べていまだ非常に高い水準となっている。子どもの貧困は，子どもたちに，不十分な衣食住による心身の不調をうみだす可能性があることが指摘されている。また，親子共同の体験の不足，居場所のなさ，その年代に必要な経験や持ち物の制限をもたらし，その結果，学業不振や自己肯定感が低くなりがちなどの影響が指摘されている。さらに，保護者にも，子育て支援情報にアクセスしづらいなどのハンディキャップをうみだす可能性がある。

　これらに対応するため，平成 26 年 1 月には子どもの貧困対策の推進に関する法律が施行された。この法律においては，子どもの将来がその生まれ育った環境によって左右されることがないよう，子どもの貧困対策の基本理念や貧困対策の基本を定めることとされた。この法律に基づき，同年 9 月には，「子供の貧困対策に関する大綱」が制定された。

　大綱では，子供の貧困に関する指標とその改善，教育の支援，生活の支援，保護者に対する就労の支援，経済的支援等が規定され，都道府県における大綱策定（努力義務）の指標とされている。なお，令和元年度，子どもの貧困対策の推進に関する法律の改正が施行され，市町村による貧困対策計画策定の努力義務が規

　[*2]　子どもの貧困率については，第 3 章脚注 8 参照。

定された。これを受け，政府は，同年11月末に新たな大綱を閣議決定した。

　また，平成27年4月には生活困窮者自立支援法が施行されている。この法律は，生活困窮者に対し，自立相談支援事業の実施，住居確保給付金の支給その他の支援を行うための所要の措置を講ずるものである。生活困窮家庭の子どもへの「学習支援事業」その他生活困窮者の自立の促進に必要な事業が含まれている。

　なお，令和元年10月から幼児教育・保育の無償化が実施され，令和2年度入学生から高等教育の修学支援新制度も創設されている。今後は，潜在しがちなニーズをとらえ，サービスにつなげるスクールソーシャルワーカー配置の充実などが必要とされる。

11. ヤングケアラー対策

　近年，家族のケアを担う子ども達としてのいわゆるヤングケアラーの支援が注目されている。政府は，ヤングケアラーについて「家族の介護その他の日常生活上の世話を過度に行っていると認められる子ども・若者」と定義し，「子ども・若者育成支援推進法」に次期通常国会で法定化する方針としている。

　全国調査によると，「世話をしている家族がいる」小学6年生は6.5%，中学2年生は5.7%，全日制高校2年生は4.1%いるとされている。こうした子ども達の多くは，自身がケアを担っているとの自覚が乏しいままにケアを続けている。現在，実情の把握とともに支援が模索されているが，実情把握，伴走，休息，そして分野によらないサービス，支援の組み合わせのほかスクールソーシャルワーカーなどのつなぎの役割が求められている。

12. 今後の課題

　経済的支援の課題は大きく二つある。一つは子育ての社会的評価としての経済的支援の拡充である。近年，子育てに対し，次代を形成するための社会共通のコストとして社会的に評価していく仕組みが少しずつ進展している。しかし，まだまだ不十分であり，子育ち・子育て，いのちを育む営みを，社会的に評価する政策のさらなる進展が求められている。特に，児童手当の混乱にみられるとおり経済的支援についての議論は未消化であり，十分な論議が必要とされる。新たな子ども・子育ての仕組みが全世代型社会保障の実現をうたいつつも，その成果はいまだ十分とはいえない。全世代型社会保障への転換をめざし，子ども，若者への

経済的支援の更なる充実が求められている。

　二つには，経済的支援の性格の明確化である。わが国の各種経済的支援は，個の自立より集団としての家族の維持を重視する制度体系を中心としている。また，公的融資・貸与制度においても，子ども本人が受け手とならず，親が受け手もしくは連帯保障人として，親の承認が必要な点を挙げることができる。こうした仕組みは，子どもや女性に対する保護・配慮である一方，結果的に子どもや女性の個としての自立を阻む仕組みともなっている。子どもの貧困問題においても，こうした視点は無視できない。

　今後は，世帯中心から個人中心に切り替えていく必要があるだろう。また，子ども手当の創設により扶養控除が廃止されたように，経済的支援の手法の特性とその効果等に関する十分な議論と評価が必要とされる。前述した子どもの貧困対策は子ども本人のニーズに着目したものであり，こうした視点からの施策も必要とされている。

　このほか，有子家庭と無子家庭の負担の公平化，共働き家庭と非共働き家庭の負担とサービスの公平化も検討すべき課題である。子育てに対する経済的支援は文字どおりの経済的支援であると同時に，特定の政策を実現するためのインセンティヴ（意欲刺激）として利用されることになりがちであり，そういう意味では，どういう社会を私たちが望むかという議論と表裏一体であることを忘れるわけにはいかない。こども家庭庁の創設とともに子ども・子育て支援に関する財政的支援の強化が検討されているが，議論の行方を注視しなければならない。

【文　献】

網野武博・新保幸男（1992）：「家庭機能にかかわる経済的支援の展望」『日本総合愛育研究所紀要』第 28 集

柏女霊峰（2007）：『現代児童福祉論』（第 8 版）誠信書房

柏女霊峰（2015）：『子ども・子育て支援制度を読み解く──その全体像と今後の課題』誠信書房

柏女霊峰（2017）：『これからの子ども・子育て支援を考える──共生社会の創出をめざして』ミネルヴァ書房

柏女霊峰（2019 a）：『子ども家庭福祉学序説──実践論からのアプローチ』誠信書房

柏女霊峰（2019 b）：『平成期の子ども家庭福祉──政策立案の内側からの証言』生活書院

第11章

母子保健サービス

　母子保健は母子保健法を中心とし，その他児童福祉法等により実施されている。母子保健は妊娠，出産，育児という一連の母性および父性，さらには乳幼児を中心とする子どもを対象とし，思春期から妊娠，出産を通して母性，父性が育まれ，児童福祉法の理念のとおり，子どもが心身ともに健やかに生まれ育つことをその基本的理念としている。本章では，母子保健の水準，実施体制，サービスの概要について整理し，今後の課題について考察することとする。

1. 母子保健の水準

　わが国の母子保健水準は著しい改善をみており，特に乳児死亡率の低さは世界のトップレベルに達している。また，妊産婦死亡率も改善を示している。乳児死亡率，妊産婦死亡率改善の背景として，栄養等生活の質全体の改善のほか，施設内分娩の普及，育児知識の普及，保健福祉制度の充実，新生児集中治療管理室（NICU），周産期集中治療管理室（PICU）等の母子保健・母子医療の進展があったことは否めない事実である。

2. 母子保健の実施体制

　わが国の母子保健施策は，国，都道府県・政令指定都市，保健所設置市，市区町村でそれぞれ分担して実施されている。母子保健行政を中心に所管する国の行政部局は，令和5年4月から内閣府こども家庭庁成育局母子保健課となっている。このほか，厚生労働省，医政局が保健医療に関する基本的な政策の企画立案にあたり，健康局では健康増進や地域保健対策等を担当している。

　都道府県・指定都市および地域保健法施行令に定める政令市（特別区，中核市を含む）では母子保健主管課があり，保健所を設置して広域的専門的な母子保健行政を担当している。市町村においては，健康診査，訪問指導等の住民に密着し

た母子保健施策が実施されており，市町村保健センター，母子健康包括支援セン
ター（子育て世代包括支援センター）*1 等がその提供機関となっている。

　一方，未熟児訪問指導，養育医療といった専門的サービスについては，保健所
の業務として残されている。また，疾病により長期にわたり療養を必要とする子
どもの診査，相談，療育指導も保健所の業務である。近年では，母子保健におけ
る市町村の役割が強化されている。また，産婦人科医，小医科医の不足が大きな
社会問題となっている。なお，平成 28 年改正母子保健法により，母子保健施策
の実施が，乳幼児に対する虐待の予防及び早期発見に資するものであることに留
意すべきことが，新たに規定されている。

3. 母子保健施策の概要

（1）知識の普及

　市町村において母子保健相談指導事業として，婚前学級，新婚学級，両親学
級，育児学級等が実施されている。また，思春期に特有の医学的問題，性に関す
る不安や悩み等について個別相談や集団指導を行う事業が行われ，そのほか，思
春期保健相談等事業等も実施されている。

（2）妊娠の届出および母子健康手帳の交付

　妊娠した者は，速やかに市町村に対して妊娠の届出をすることが必要である。
妊娠の届出をした妊婦に対して，妊娠，出産および育児に関する一貫した健康記
録簿として活用するため，母子健康手帳が市町村から交付されている。予防接種
を受けた場合には，母子健康手帳に必要な事項を記入することにより，予防接種
済証に代えることができる。

（3）妊産婦および乳幼児健康診査

　①妊婦乳児健康診査——妊婦は医療機関において，原則として 14 回，無料で一
般健康診査を受けることができる（市町村財源のため，市町村により異なる場合
もある）。必要な場合には，精密健康診査も公費によって受診できる。乳児も数
回程度，医療機関において無料で一般健康診査を受診することができる。また，

---

　*1　平成 28 年改正母子保健法により，これまでの母子健康センターの機能に，母子保健に関す
　　る支援に必要な実情の把握及び関係機関との連絡調整等を行うことを追加して創設された機
　　関である。子育て世代包括支援センターが通称であり，利用者支援事業の母子保健型の機能
　　を担うこととして全国展開が図られている。令和 6 年度から，市区町村子ども家庭総合支援
　　拠点と機能を一体化したこども家庭センターとして創設される。

その結果，疾病，発達に異常のある乳児については，公費で精密健康診査を受診することができる。

②１歳６か月児健康診査——幼児期の歩行や言語の発達の面で重要な１歳６か月の時点で，障害等の早期発見のために，市町村によって実施されている。あわせて生活習慣や虫歯予防等の指導も行われている。精密健康診査も実施され，必要に応じ事後指導も行われている。

③３歳児健康診査——３歳児健康診査は，幼児期のうちで特にこの時期が心身の発達にとって重要であるとの認識から，昭和36年度から保健所により実施された。現在では，１歳６か月児健康診査と同様，市町村が実施主体となっており，精密健康診査および事後指導が実施されている。

④先天性代謝異常等検査——五つの先天性代謝異常および先天性甲状腺機能低下（クレチン）症を，新生児期にタンデムマス法によるマス・スクリーニングを行うことで早期に発見し，適切な治療を行うことにより障害の発現を防止する事業である。その後，新生児聴覚検査も都道府県によっては実施されており，推進が図られている。

（4）妊産婦および乳幼児の保健指導

妊産婦，新生児，未熟児に対しては，必要に応じ，市町村が実施主体となり，医師，助産師，保健師等による，訪問等による保健指導のほか産婦健康診査事業が実施されている。

（5）市町村の母子保健活動

このほか，市町村によっては，母子保健地域活動事業，母子の栄養管理事業，乳幼児の育成指導事業，出産前小児保健指導事業，健全母性育成事業，休日健診・相談等事業，育児支援強化事業（健診時），児童虐待防止市町村ネットワーク事業，ふれあい食体験事業，乳児家庭全戸訪問事業等が実施されている。なお，母子保健相談支援事業，産前・産後サポート事業，産後ケア事業などを包括的に実施する妊娠・出産包括支援事業も開始されている。

（6）医療・療養援護

医療・療養援護サービスとしては，妊娠中毒症等の療養援護，未熟児養育医療，自立支援医療の給付，結核児童療育事業，長期療養児の療育指導事業，周産期医療対策等が実施されている。また，生涯を通じた女性の健康支援事業として，女性健康支援センター事業，不妊専門相談センターの設置，不妊に悩む方へ

の特定治療支援事業も進められている。なお，平成20年度からは，さまざまな子どもの心の問題に対応するため，子どもの心の診療ネットワーク事業，中核的な医療機関に虐待専門コーディネーターを配置する児童虐待防止医療ネットワーク事業等も実施されている。

(7) 出産・子育て応援交付金

令和4年度第2次補正予算により，妊娠期から出産・子育てまで一貫して身近な場所で相談に応じ，さまざまなニーズに即した必要な支援につなぐ伴走型相談支援を充実し，経済的支援（計10万円）と一体化して実施する事業を支援する交付金事業が創設されており，令和5年末の閣議決定「子ども未来戦略」により，恒久化されることとなった。

(8) その他

そのほか，子どもの事故予防強化事業，保健医療に深く関連する子ども・子育て支援事業として，病児保育事業，養育支援訪問事業，利用者支援事業母子保健型等も実施されている。なお，予防接種については，予防接種法に基づき，対象疾患が定められている。さらに，このほか成育疾患克服等総合研究事業や健やか次世代育成総合研究事業も実施されている。これらの施策のうち主なものをまとめたのが図11-1である。

なお，小児慢性特定疾病に罹患している児童などについて，その健全育成の観点から，患児家庭の医療費の負担軽減を図るため，その医療費の自己負担分の一部が助成されている。

4. 母子保健施策の課題とその対応

(1) 成育基本法

令和元年度に「成育過程にある者及びその保護者並びに妊産婦に対し必要な成育医療等を切れ目なく提供するための施策の総合的な推進に関する法律」（成育基本法）が施行されている。これを受け，国は令和5年3月に「成育医療等の提供に関する施策の総合的な推進に関する基本的な方針」（成育医療等基本方針）を全面改定している。これに伴いこれまでの健やか親子21（第2次）は，令和5年度から，基本方針に基づく国民運動に位置づけられている。

(2) リプロダクティブ・ヘルス

リプロダクティブ・ヘルスとは，WHOによれば，単に次の世代を産み育てる

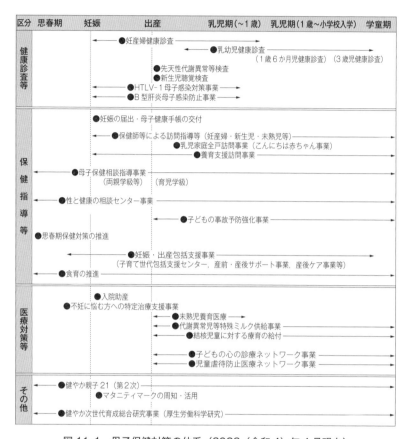

図 11-1　母子保健対策の体系（2022（令和 4）年 4 月現在）

（厚生労働省「令和 4 年版厚生労働白書（資料編）」, 2022, p. 192）

過程（reproductive process）について疾病や障害がないばかりでなく，その過程が肉体的，精神的，社会的に完全に健康に行われるような状態をいう。近年，母子保健分野において，このリプロダクティブ・ヘルスの保障という観点，すなわち，女性が妊娠，出産を安全に行えること，さらには，産む性をもつ女性の生涯について健康の視点からとらえ直し，女性の自己決定を重視していくという視点が求められてきている。

（3）こうのとりのゆりかご，子ども虐待死亡事例検証が問いかけるもの

　国が毎年取りまとめている子ども虐待による死亡事例等の検証結果報告書によ

ると，特に出生まもなくの死亡事例の保護者にみられる特徴として，妊娠届が未提出，母子健康手帳が未発行，自宅分娩，妊婦健診・乳幼児健診が未受診等，妊娠期から周産期に至る多くの課題が指摘されている。それは，一言でいえば望まない妊娠であり，思いがけない妊娠，出産が子ども虐待による死亡事例に結びついていることを示している。そして，それは，平成 19 年 5 月から運用が開始された「こうのとりのゆりかご」*² に預け入れられた子どもたちや保護者の状況にも近似している。

　これらを受け，妊娠期からの切れ目のない支援は，今後の子育て支援のキーワードとなっている。虐待・ネグレクトは複合的な要因により生起するものであり，保健，福祉単独ではなく，一体的な対応を図っていくことが必要とされる。

　令和 6 年度から，家庭生活に支障が生じた特定妊婦等とその子どもを対象に，住居を提供し，日常生活の支援を行う妊産婦等生活援助事業も創設される。また，今後，市区町村子ども家庭総合支援拠点と母子健康包括支援センターとの連携・協働が重要であり，令和 6 年度から創設されるこども家庭センターの真価も問われている。

【文　献】

柏女霊峰（2017）：『これからの子ども・子育て支援を考える――共生社会の創出をめざして』ミネルヴァ書房

柏女霊峰（2019 a）：『子ども家庭福祉学序説――実践論からのアプローチ』誠信書房

柏女霊峰（2019 b）：『平成期の子ども家庭福祉――政策立案の内側からの証言』生活書院

こうのとりのゆりかご検証会議編著（2010）：『こうのとりのゆりかご検証会議・最終報告「こうのとりのゆりかご」が問いかけるもの――いのちのあり方と子どもの権利』明石書店

---

*2　熊本市内の慈恵病院にこうのとりのゆりかごが創設されて令和 5 年 5 月で丸 16 年がたち，この間，累計で 170 人の乳幼児が預け入れられた。熊本市の「こうのとりのゆりかご」第 4 期検証報告書（2017.9）によると，2017 年 3 月末日現在の身元判明の事例における養育状況は，児童福祉施設 24.0%，特別養子縁組 31.7%，里親 16.3%，家庭引取り 22.1%，その他 5.8%であった。

　なお，現在，慈恵病院は匿名で出産する内密出産を進めており，事態を重くみた政府は，令和 4 年 9 月に法務省と厚生労働省の連名通知「妊婦がその身元情報を医療機関の一部の者のみに明らかにして出産したときの取扱いについて」を発出している。

第12章 地域子育て家庭支援サービス

　この章では，地域における子育て家庭支援サービスの考え方と，サービスの現状について整理する。これまで述べてきたように，現代の家庭や地域社会は大きく変貌を遂げつつあり，これまで親族や地域社会のお互いの互助によって担われてきた子育て支援も制度化されてきている。特に，子ども・子育て支援制度において充実が図られている地域子ども・子育て支援事業のなかの，狭義の子育て支援事業についても解説する。

　なお，地域子育て家庭支援サービスの充実がめざす社会のありようについても考えなければならない。

●第1節　地域における子育て家庭支援の意義●

1. 地域における子育て支援の意義

　もともと子育て家庭支援は，歴史的には主として血縁・地縁型のネットワークによって担われてきた。しかし，近年の都市化，核家族化等の影響により，こうした血縁・地縁型の子育て支援のネットワークが弱体化し，それに代わるべき子育て家庭支援システムが十分に機能していないこともあって，子どもの養育が両親，とりわけ母親の過重な負担としてかかってくることとなった。また，女性就労の一般化や，児童期から自然に身につけられていた親準備性の未形成等の現象も相乗的に働き，育児と就労の両立困難といった社会的問題や，子育て不安，子ども虐待に代表される子育ての孤立化も，社会問題として顕在化することとなった。

　このような状況に対応するため，社会的子育てネットワークそのほかの，社会的子育て支援システムの整備が求められてくることとなった。地域における子育て家庭支援活動は，こうした需要に応えるための活動として，近年，大きな意義

をもっているといえる。

2. 地域における子育て支援活動の類型

　地域における子育て家庭支援活動とは，子育て支援施策のうち，地域における活動，さらには，民間，NPO レベルにおける自主的活動等の総合化された活動を指し，地域において，子どもの育ち，子育て家庭のウエルビーイングを保障する諸活動をいう。柏女は，それらを，以下のように定義している。

　　子育て家庭が生活を営む地域を基盤とし，子どもの健やかな成長発達に焦点をあて，家庭を構成する成員，特に親子の主体性を尊重しながら，家庭・個人を含めた全ての社会資源と協力しつつ関係機関や地域住民等が協働して子どもの育ちと子育てを支え，また，よりよい親子関係の構築をめざす営みであり，さらに，地域の子育て環境をも醸成する支援の体系・内容・方法の総称をいう。
　　　　　　　　　　　　　　　　　　　　　　　　　　　　（柏女，2017，p. 114）

　この定義においては，①子どもの成長発達を図ることが第一目的であること，②あくまで親子の主体性を尊重する支援であること，③親子間のより良い関係の取り結びを促進することが主眼であること，④地域のさまざまな社会資源が協働して取り組む営みであること，⑤親子の支援のみならず子育てにやさしい地域社会づくりをも視野に入れた取り組みであること，の5点を重視している。

　なお，「地域子育て家庭支援」は，通常よく使用される「地域子育て支援」[*1]とほぼ同義と考えられる。

　広義の地域子育て家庭支援活動は，大きく，個別援助活動，子ども育成活動，子育て支援活動の3類型に分類できる。また，一方で，ソーシャル・サポート・ネットワーク（第18章脚注2参照）を活用した相談援助活動と，育児グループ支援等の子育て支援活動に，便宜的に類型化することもできる。地域における子育て支援活動に固有の方法論としては，ソーシャルワーク（社会福祉援助技術）のなかの主要な技術体系としてのコミュニティワーク（地域援助技術）[*2]がある

---

　*1　なお，保育分野においては，地域子育て家庭支援は保育所等に子どもを通わせていない地域の子育て家庭に対する支援を指しており，保育所に子どもを通所させている保護者の支援を保護者支援として，両者を区別する場合があることに留意しなければならない。

が，地域援助活動においては，それ以外の社会福祉援助技術も幅広く活用されている。それらの活動全体は，地域を基盤としたソーシャルワーク実践であるといってよい。

つまり，子どもや子育て家庭が抱える個々の生活問題に対して，その人に必要なソーシャルサポート・ネットワークづくりを行い，あるいはケースマネジメント*3等の手法による問題解決を志向し，かつ，同種の問題が起きないよう福祉コミュニティづくりをめざす活動を，総合的に展開する営みであるといえる。

●第2節　相談援助活動●

1.　主な相談援助機関とその活動

現在，子どもや子育てに関する相談活動が展開されている機関・施設には，**表12-1**に掲げるとおり，多くのものがある。これらの機関・施設は，それぞれ固有の機能と専門性を有しており，その限界を超えるものについては，他の適切な機関との連携のもとに対応することが必要である。

なお，平成24年に成立した子ども・子育て支援法においては，地域子ども・子育て支援事業としていわゆる利用者支援事業や子育て援助活動支援事業を含む13事業が規定されており，充実が図られている。また，それらの整備や調整，あっせん等の責任が市町村に規定されている。

2.　相談援助機関・サービスのシステム化

（1）児童家庭支援センター

平成10年度に創設された利用型の児童福祉施設である。その業務は，地域児童の福祉に関する各般の問題に対する相談援助，児童福祉法第27条に基づき児童相談所からの指導措置を受託することなどであり，その多くが児童養護施設等に付置されている。児童福祉司の任用資格を有する者や心理職が，相談担当職員

---

*2　在宅福祉を核とする地域福祉を展開させるために，地域におけるニーズの質・量の把握と，それに対応する諸サービス供給システムの整備および社会資源の開発，個別的ニーズにサービスを提供するための仲介・調整，サービスの提供等を，総合的，計画的に行う援助技術をいう。

*3　「利用者の社会生活における複数のニーズを充足させるため，適切な社会資源を結びつける手続きの総体」と理解される。

表12-1　子どもや家庭に関する主要な相談援助機関・施設・事業

A　児童家庭福祉・母子保健相談機関

相 談 機 関	相 談 領 域 等
児童相談所	児童問題各般（相談・調査・判定・指導・一時保護・児童福祉施設入所措置等），電話相談，各種事業
市町村・福祉事務所（家庭児童相談室，母子・父子自立支援員）市区町村子ども家庭総合支援拠点（こども家庭センター〈令和6年度〜〉）	児童・妊産婦の相談・調査・指導，母子・父子・寡婦相談等
保 健 所	乳幼児・妊産婦の保健相談，身体障害児・難病児の療育指導，思春期，肥満，健全母性育成事業
母子・父子福祉センター	母子家庭等電話相談事業，特別相談事業等，母子・寡婦相談
母子健康包括支援センター（子育て世代包括支援センター）・市町村保健センター	母子保健相談，健康診査・乳幼児の育成指導事業等，育児学級，利用者支援事業等
児童家庭支援センター	児童問題各般の相談指導，各種連絡調整等
配偶者暴力相談支援センター	ドメスティック・バイオレンスの相談支援
児 童 館	子どもと家庭の相談　健全育成，非行の予防等
子ども・子育て支援事業等，特定教育・保育施設	地域子育て支援拠点事業，利用者支援事業，乳幼児の育児相談，ファミリー・サポート・センター
児童発達支援センター，障害児相談支援事業所，障害児入所施設	障害に関する各種相談障害児等療育支援事業保育所等訪問支援事業
児童委員（主任児童委員），医療的ケア児支援センター	各般，発見，通告，相談，指導（心配ごと相談所）
その他　児童福祉施設，社会福祉協議会，民間相談機関「いのちの電話」，児童虐待防止センター，NPO，企業等	

B　その他の児童家庭関係相談機関

領 域	相談機関	相談領域等
精 神 保 健福 祉	精神保健福祉センター	思春期相談，精神保健福祉相談等
	保健所	精神保健福祉相談等
教 育	教育相談所教育委員会等，教育支援センター，スクールソーシャルワーカー，スクールカウンセラー	教育相談，家庭教育相談等（非行，不登校，障害，乳幼児の子育て等）
非 行	少年サポートセンター	非行関係相談等
労 働	勤労青少年ホーム	生活相談，職業相談等
	2020テレフォン	育児サービス情報等
非 行	警察署ヤングテレホン等	少年相談，非行相談等
非行・人権	少年鑑別所	非行相談
	保護観察所	非行相談（保護司）
	人権擁護委員会等	人権相談
司 法	家庭裁判所	非行，家庭相談
その他　子ども病院，民間相談機関，青少年相談員，BBS等ボランティア，子ども・若者総合相談センター，女性相談支援センター（令和6年度〜）		

として置かれている。地域レベルでの相談援助の基幹施設として，さらには，児童養護施設等に入所している子どもたちの家庭環境調整，里親子やファミリーホームの支援を行うフォスタリング機関として，児童福祉施設以外の付置や単独設置の推進も含め，今後の充実が求められている。

(2) 母子健康包括支援センター（通称：子育て世代包括支援センター）

平成28年改正母子保健法により，これまでの母子健康センターの機能に，母子保健に関する支援に必要な実情の把握及び関係機関との連絡調整等を行うことを追加して創設された機関である。通称として子育て世代包括支援センターとよばれ，今後，妊娠期からの切れ目のない支援をめざして全国展開されていくことが期待されている。利用者支援事業の母子保健型との関連性も深く，今後，次項で述べる事業も含め，これらの事業の整理が必要とされる。

(3) 市区町村子ども家庭総合支援拠点

平成28年改正児童福祉法により，子ども・子育て家庭支援拠点の整備に関する努力義務が市区町村に規定されたことを踏まえた平成29年度新規事業である。子どもと子育て家庭，妊産婦等を対象に，それらの人々が有する生活課題に対し，地域のリソースや必要なサービスにつないでいくソーシャルワークを中心とした機能を担う拠点を整備するものである。福祉事務所家庭児童相談室を機能強化した公設公営のほか，NPO等の民間が担っているものもある。

これらの設置にともない，児童相談所運営指針，市町村児童家庭相談援助指針なども大幅に改定されている。特に，市町村児童家庭相談援助指針は大幅な改訂がなされ，その名称も「市町村子ども家庭支援指針」に変更されている。なお，令和4年改正児童福祉法により，令和6年度から母子健康包括支援センターならびに市区町村子ども家庭総合支援拠点の機能を一体化する「こども家庭センター」が創設されることとなっており，現在，設置運営要綱やガイドライン等の検討がこども家庭庁において進められている。

また，令和6年度から，特定教育・保育施設等の地域の社会資源が，子育てに関する一時的な相談機能を念頭に「地域子育て相談機関」として法定化されることとなっており，その機能やこども家庭センターの役割も含めた相談援助サービスのシステム化に関する検討がなされている。

(4) 子ども家庭相談援助サービスのシステム化

子ども家庭相談援助サービスについては，相談援助体制のシステム化が大きな

課題である。すなわち，専門機関，地域に密着した機関，公的機関，民間活動等が適切に役割分担しつつ整理され，それらが網の目のようにネットワーク化されていることがなにより重要である。

　一般的にいえば，地域に密着したいわゆる地域型の相談援助活動には，①問題発見，アンテナ的機能と，比較的軽易な相談ニーズへの対応，および育児情報等の提供，②同じ状況にある者同士が集い，相互に相談し合い，助け合う居場所の提供，およびその支援，③地域に密着した訪問援助，および見守り等の機能，が求められる。

　また，広域型の相談援助機関や公的機関においては，①相談援助の調整や，地域密着型の相談援助活動に対する情報的・技術的支援，②より高次の専門性や総合性を要する問題への支援，③家庭に対する強制介入等法の適正な執行に関わる問題への対応，等の機能が求められる。

　このように，相談援助活動は，機関の性格や機能に深く関連しており，それぞれの機関や施設で行われる活動には，当然のことながら特徴があることに留意することが必要である。たとえば，児童相談所が行う援助は個別的，専門的，行政的援助が中心であり，保育所や地域子育て支援拠点，利用者支援事業等が行う子育て支援活動は，ソーシャル・サポート的援助であり，両者は重複するものではなく，むしろ相補的であるといえる。今後も上記の考え方を基本として，地域密着型の相談援助システムと広域対応・公的介入の相談援助システムとの連携など，切れ目のない相談体制の整備をさらに進めていかねばならない。

●第3節　子育て支援事業●

1. 子育て支援事業の制度化

　子育て支援事業は，平成15年の次世代育成支援対策推進法と同時に成立した改正児童福祉法で，初めて制度化された。それまでは，制度上は，子育て支援は親族や地域社会の互助において行われるとの視点に立っていたため，児童福祉法には保育所をはじめとする施設サービスが中心で，放課後児童健全育成事業や子育て短期支援事業等の在宅福祉サービスは，ほとんど法定化されていなかった。

　ところが，これまで述べてきたように，こうしたシステムが限界に達し，施設サービスである保育所に利用希望が集まるようになったことも一因となって，待

機児童問題が発生し，かつ，在宅子育て家庭の子育ての負担感が増大するに至って，政府は，子育てに関しても，高齢者や障害者の介護と同様，在宅福祉サービスを法定化することとしたのである。これが子育て支援事業であった。

平成15年改正児童福祉法においては，「子育て支援事業」を新たに法定化し，それを放課後児童健全育成事業，子育て短期支援事業のほか，主務省令で定める3事業に類型化した。そして，市町村*4に対して，子育て支援事業に関する情報の提供，相談・助言，利用の斡旋，調整，子育て支援事業者に対する要請等を行う責務を規定した。

平成21年度から施行された改正児童福祉法は，これをさらに充実させるものであり，具体的には，①乳児家庭全戸訪問事業，②一時預かり事業，③地域子育て支援拠点事業，④養育支援訪問事業，といった子育て支援事業が法定化された。

さらに，平成24年の子ども・子育て支援法の制定および児童福祉法改正により，平成27年度から新たに利用者支援事業，子育て援助活動支援事業（ファミリー・サポート・センター事業）が法定化され，これらを通じ，市町村を中心として子育て支援サービスの利用援助を図るとともに，地域においてソーシャルワークが展開できるためのシステムづくりがめざされている。

なお，令和4年の改正児童福祉法により，子育て世帯訪問支援事業（訪問による生活の支援），児童育成支援拠点事業（学校や家以外の子どもの居場所支援），親子関係形成支援事業（親子関係の構築に向けた支援）が創設され，これに既存の子育て短期支援事業並びに一時預かり事業等を拡充して「家庭支援事業」として拡充が図られることとされている。また，これらの事業については市区町村において計画的整備を行い，特に，支援が必要な者に対しては市区町村が利用勧奨・措置を実施する仕組みも創設される。これらは，要支援・要保護児童，特定妊婦支援の充実が求められていることを受けたものである。

---

*4　児童福祉法第21条の11第1項には，「市町村は，子育て支援事業に関し必要な情報の収集および提供を行うとともに，保護者から求めがあったときは，当該保護者の希望，その児童の養育の状況，当該児童に必要な支援の内容その他の事情を勘案し，当該保護者が最も適切な子育て支援事業の利用ができるよう，相談に応じ，必要な助言を行うものとする。」と規定されている。

2. 具体的な子育て支援サービス

　地域子ども・子育て支援事業は，13事業あるが，そのうち，狭義の地域子育て支援事業に該当する事業の概要は，以下のとおりである。なお，前述した家庭支援事業のうちの3創設事業（子育て世帯訪問支援事業，児童育成支援拠点事業，親子関係形成支援事業）も，今後，地域子ども・子育て支援事業に加えられることとなっている。また，妊娠期から出産・子育てまで一貫して身近な場所で相談に応じ，さまざまなニーズに即した必要な支援につなぐ伴走型相談支援も令和4年度から実施されている。

（1）利用者支援事業

　利用者支援事業については平成26年度から先行実施事業として開始されていたが，26年度事業に母子保健型を加え，基本型，特定型の利用者支援専門員の養成研修が子育て支援員研修制度に位置づけられるなど一部の変更を経て，平成27年度から本格的に実施されている。

　本事業の目的は，教育・保育・保健その他の子育て支援を円滑に利用できるよう支援することであり，事業者は，身近な場所で情報提供や相談・助言等を行い，関係機関との連絡調整も行う。1事業所に1名以上，一定の資格・経験を有し研修を受講した「利用者支援専門員」（基本型，特定型の場合）が配置され，基本型，特定型，母子保健型[*5]の3類型の事業となる。利用者支援事業の業務は，公的サービスの利用調整のみならず民間の自主的活動やインフォーマルな社会資源等も含めたさまざまな社会資源を，利用者のニーズに応じて調整し支援することであり，ソーシャルワークにかなり近い業務といえる。

（2）放課後児童健全育成事業

　平成9年の児童福祉法改正により法定化された，第二種社会福祉事業である。この事業は，児童福祉法第6条の3第2項に基づき，小学校に就学している子どもであって，その保護者が労働等により昼間家庭にいないものに，授業の終了後に児童厚生施設等の施設を利用して適切な遊び及び生活の場を与え，子どもの状況や発達段階を踏まえながら，その健全な育成を図る事業である。平成27年度

[*5]　これは，フィンランドの「ネウボラ」がモデルとなっている。ネウボラは，妊娠期から子育て期にわたる切れ目のない支援をワンストップで行うための地域拠点であり，妊娠，出産等に係る相談支援や関係機関と連携しての子育てに係る支援を行っている機関である。

から，対象児童の年齢（おおむね10歳まで）が小学校就学中とされ，職員の資格等も定められたうえで，大幅な拡充が図られている。詳細は第14章で述べる。

(3) 子育て短期支援事業

この事業は，「保護者の疾病その他の理由により家庭において養育を受けることが一時的に困難となった児童について，厚生労働省令で定めるところにより，児童養護施設その他の厚生労働省令で定める施設に入所させ，その者につき必要な保護を行う事業」（児童福祉法第6条の3第3項）である。

一定期間養育・保護する短期入所生活援助（ショートステイ）事業と，平日の夜間や休日に生活指導や食事の提供等を行う，夜間養護等（トワイライト）事業がある。市町村が実施主体である。令和6年度から事業の拡充が図られることとなっている。

(4) 乳児家庭全戸訪問事業

この事業は，「一の市町村（特別区を含む。以下同じ。）の区域内における原則としてすべての乳児のいる家庭を訪問することにより，厚生労働省令で定めるところにより，子育てに関する情報の提供並びに乳児及びその保護者の心身の状況及び養育環境の把握を行うほか，養育についての相談に応じ，助言その他の援助を行う事業」（同法同条第4項）である。

(5) 養育支援訪問事業・子どもを守る地域ネットワーク機能強化事業

養育支援訪問事業は，「乳児家庭全戸訪問事業の実施その他により把握した保護者の養育を支援することが特に必要と認められる児童（第八項に規定する要保護児童に該当するものを除く。以下「要支援児童」という。）若しくは保護者に監護させることが不適当であると認められる児童及びその保護者又は出産後の養育について出産前において支援を行うことが特に必要と認められる妊婦（以下「特定妊婦」という。）に対し，その養育が適切に行われるよう，当該要支援児童等の居宅において，養育に関する相談，指導，助言その他必要な支援を行う事業」（同第5項）をいう。

また，子どもを守る地域ネットワーク機能強化事業は，要保護児童対策地域協議会（子どもを守る地域ネットワーク）の機能強化を図るため，調整機関職員やネットワーク構成員（関係機関）の専門性強化と，ネットワーク機関間の連携強化を図る取組を実施する事業である。

（6）地域子育て支援拠点事業

　この事業は，乳児又は幼児及びその保護者が相互の交流を行う場所を開設し，子育てについての相談，情報の提供，助言その他の援助を行う事業をいう。4つの基本事業と付加事業で構成されている。平成24年度補正予算により，従来のひろば型とセンター型を「一般型」に再編し，職員配置や活動内容に応じた支援の仕組みとし，児童館型は「連携型」として実施対象施設を拡充する再編が行われた。

　また，機能強化策として，「利用者支援事業」や「一時預かり事業」「ファミリー・サポート・センター事業」と「地域支援」などを同時に実施する多機能型支援拠点の整備も進められている。家庭養育を行う親子や育児休業取得中の親子などにとって，欠かせない事業となっている。

（7）一時預かり事業

　この事業は，家庭において保育を受けることが一時的に困難となった乳児又は幼児について，主として昼間において，保育所その他の場所において，一時的に預かり，必要な保護を行う事業である。平成27年度から，現行の保育所型，地域密着型，地域密着Ⅱ型を一般型に再編している。保育士の複数配置を基本としつつ，保育所等と一体的に事業を行う場合には保育士を1名とすることができる。一般型のほか，機能強化した基幹型，幼稚園型（これまでの幼稚園預かり保育），余裕活用型，訪問型（障害児等）の類型も創設されている。3歳未満児の子育て家庭にとって，最も高いニーズに対応する事業である。令和6年度から事業の拡充が予定されている。

（8）子育て援助活動支援事業（ファミリー・サポート・センター事業）

　乳幼児や小学生等の保護者を会員として，子どもの預かり等の援助を受けることを希望する者と，当該援助を行うことを希望する者との相互援助活動に関する連絡，調整を行う事業である。子ども・子育て支援法ならびに平成24年改正児童福祉法において，「子育て援助活動支援事業」として法定化された。依頼会員の多さに比較して提供会員が少なく，その確保が大きな課題となっている。さらに，地域の相互援助活動でありながら行政の紹介等によりいわゆる困難家庭の利用も多くなっており，今後の在り方の検討も課題とされている。

3. 仕事と生活の調和（ワーク・ライフ・バランス）のためのサービス

　次世代育成支援対策の主要な政策目標として，働き方の見直しがある。この視点に立った一連の政策が，仕事と生活の調和（ワーク・ライフ・バランス）政策である。平成20年次世代育成支援対策推進法改正により，平成23年度から，従業員101人以上の事業主に，事業主行動計画の対策と公表が義務づけられた。ここでは，育児休業制度について取り上げる。

　育児休業制度とは，育児休業，介護休業等育児又は家族介護を行う労働者の福祉に関する法律に基づいて，1歳未満（必要がある場合には，最大2歳まで）の子どもを養育する男女労働者が，子どもが1歳に達する日までの希望する期間，育児休業をとることができるという制度である。これは労働者の権利であり，事業主は育児休業を理由に解雇や不利益な取り扱いをすることができない。育児休業中は，雇用保険から，原則として休業前賃金の50％相当額（平成26年度から，育児休業開始時から最初の6カ月間は67％となった）の育児休業給付が支給され，社会保険料の本人負担額も免除される。また，待機児童など特別な場合には，育児休業が最大2歳半まで延長できることとされた。現在，政府は育児休業給付の拡充を検討している。

　なお，子どもが3歳未満で育児休業を取得していない労働者に対しては，勤務時間短縮等の措置（短時間勤務制度，フレックスタイム制，始業・終業時刻の繰り上げ・繰り下げ等）を講じなければならないこととされている。このほか，小学校入学までの子の看護のための休暇制度を導入するよう努める事業主の義務も規定されている。さらに，平成22年6月末からは，いわゆる改正育児・介護休業法の施行により，父母ともに育児休業を取得する場合の休業可能期間を子が1歳〜1歳2カ月に達するまで延長すること（パパ・ママ育休プラス）ができ，また，一定の場合には最長2歳まで育児休業取得ができるようになっている。父親の育児休業取得率の向上が，大きな課題とされており，現在では，妻が専業主婦で育児に専念できる立場であっても，その夫が育休を取得できる。なお，子どもには，実子のほか特別養子縁組の養子も含まれる。

4. 子育て支援サービスの理念

　子育て支援事業は曲がり角を迎えている。これまでは，いわば地域社会の互

助，支え合いとしてのシステムとして，NPO 等によりいわばボランティア的に取り組まれてきた。しかし，それらの活動が制度化され，一部は第二種社会福祉事業として社会的責任を担う活動として進められている。当然，利用者の目も厳しくなる。

　しかしながら，地域子育て家庭支援活動は，決して利用者をサービスの単なる受け手とみなすことがあってはならない。むしろ，子育て支援事業という仕組みを導入することによって，地域の人びとのなかにゆるやかなつながり，子育て家庭同士のつながりの再生を図る，という視点を重要視しなければならない。

　地域子育て家庭支援活動は，子どもと家族のための支援を「地域」を共通舞台として再構成する役割を担っているといえ，さらには，地域全体をエンパワーしていく重要な意義をもった活動であるといえる。まさに，ソーシャル・インクルージョン，共生といった理念を実現するための大切な社会資源の可能性をもっている。地域子育て家庭支援活動が，親子の関係をより良くしていくための仲間づくりや親自身のエンパワー，子ども同士のかかわりの場を支援する役割を超えて，こうした社会づくりを念頭に置いた支援ができていくかどうかは，これからの検討，実践にかかっているといってもよい。

　子育て支援事業は，何をすべきなのか，その目的は何なのか，子育て支援事業が制度として組み込まれ，大幅拡充が検討されている今こそ，そのことをしっかりと議論しておかねばならない。

【文　献】

柏女霊峰（2007）:『現代児童福祉論』（第 8 版）誠信書房
柏女霊峰（2017）:『これからの子ども・子育て支援を考える——共生社会の創出をめざして』ミネルヴァ書房
柏女霊峰（2019 a）:『子ども家庭福祉学序説——実践論からのアプローチ』誠信書房
柏女霊峰（2019 b）:『平成期の子ども家庭福祉——政策立案の内側からの証言』生活書院
柏女霊峰監修・橋本真紀編（2015）:『子ども・子育て支援新制度　利用者支援事業の手引き』第一法規
柏女霊峰編（2020）:『子ども家庭福祉における地域包括的・継続的支援の可能性——社会福祉のニーズと実践からの示唆』福村出版
厚生労働省（2008）:『保育所保育指針解説書』フレーベル館

第13章

保育サービス

　保護者の就労や疾病等により，保育を必要とする乳幼児のためのサービス体系が，保育サービスである。平成27年度から創設された子ども・子育て支援制度の中心施策として，同年度から戦後最大の制度改正が行われている。サービスには保育所，幼保連携型認定こども園を含む認定こども園，幼稚園といった特定教育・保育施設のほか，特定地域型保育事業，企業主導型保育事業その他の認可外保育施設等があり，経過措置も含めて，現在，大きな転換期を迎えている。

　本章においては，保育サービス（地域子ども・子育て支援事業の保育関係事業を含む）の概要について整理するとともに，保育士資格の法定化の意義や職業倫理，保育士確保対策の必要性など保育士の課題についても解説する。なお，子ども・子育て支援制度の概要については，第9章を参照いただきたい。

●第1節　保育ニーズの多様化と認可保育所●

1.　保育ニーズの多様化

　子どもの育ち，子育てが時代とともに大きな変貌を遂げるなかにあって，保育ニーズも大きく変容している。近年の保育ニーズの特徴としては，次のことが指摘できる。

(1)　保育所を利用する子どもと保護者が多様になったこと。

(2)　保育所保育を希望する保護者が急増している一方で，過疎地においては少子化の影響も深刻なこと。

(3)　保育所に対する期待の幅が，地域の一般の子育て家庭にまで広がってきていること。

(4)　利用者のニーズの多様化とともに，保育所保育に多様な意見や要望が寄

せられるようになってきていること。

(5)　子育ちや子育ての様相が変化し，生きた体験や生活の知恵などが保育の
なかで求められるようになり，また，幼児期の教育の振興が世界的潮流と
なってきていること。

　保育サービスは変わりゆく社会状況のなかで，大きな変革を迫られている現状
にある。

2.　認可保育所の現状

　現在，就学前の保育サービスとしては，特定教育・保育施設と総称される公・
私立の認可保育所，幼保連携型認定こども園，幼保連携型以外の認定こども園，
幼稚園のほか，小規模保育事業，家庭的保育事業，居宅訪問型保育事業，事業
内保育事業といった地域型保育事業，ベビーホテルのような認可外保育施設，ベ
ビーシッター等の多様な形態があるが，現在のところ認可保育所が中心となって
いる。

(1)　認可保育所等の動向

　認可保育所は，令和3年10月1日現在，全国に2万2,270カ所あり，このう
ち，公営が29.6%，私営が70.4%（令和3年10月現在社会福祉施設等調査）と
なっており，近年の民営化，民間移管の進展により，民営化が進んでいる。ちな
みに，筆者が『現代児童福祉論』の初版を上梓した平成7（1995）年の教科書に
書かれている保育所数は，直近の平成5年4月現在で2万2,585カ所，そのうち
公営が1万3,276カ所（58.8%），民営が9,309カ所（41.2%）であり，いかに民営
化が進んでいるかが一目瞭然である。この要因として，後述する保育所の認可保
育所の設置主体制限の撤廃（平成12年）や平成16年における公営保育所運営費
のいわゆる一般財源化が大きく影響しているとみることができる。

　同年，幼保連携型認定こども園は6,111カ所であり，これに保育所型認定こど
も園を加えるとあわせて2万9,995カ所である。図13-1のとおり，平成7年4
月に約160万人だった保育所利用児童数は近年急激に増加し，令和5年4月に
は，保育所（2万3,806カ所）と幼保連携型認定こども園（6,794カ所）をあわせ
た保育所等利用児童数は255.6万人となり，特定教育・保育施設と特定地域型保
育事業，幼稚園型認定こども園等の2号，3号認定こどもを合わせると約271.7

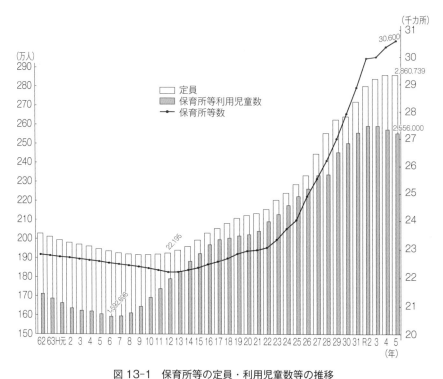

図 13-1　保育所等の定員・利用児童数等の推移
（こども家庭庁「保育所等関連状況取りまとめ（全体版）」, 2023 を元に著者作成）

万人で，統計史上最高を更新した昨年を四半世紀ぶりに 2 年連続で下回った。近年，利用児童の増加が顕著だったが，コロナ禍で保育サービスの利用が減少し，待機児童[*1] も 2,680 人にまで減少した。

また，保護者の就労形態の多様化等により保育ニーズが多様化している。その一方，過疎地においては乳幼児の減少により，保育サービスの継続そのものが深刻になりつつあり，こうした 2 極化した課題への対応も緊急を要している。

---

*1　保育サービス申込書が区市町村に提出され，かつ，入所要件に該当しているものであって，現に保育所に入所していない児童。なお，平成 30 年度から，国の定義について入所要件に係る部分が一部修正され，育児休業中であって復職を希望している場合は待機児童に含めることとなった。

(2) 保育所への入所

　保育所は,「保育を必要とする乳児・幼児を, 日々保護者の下から通わせて保育を行うことを目的とする」(児童福祉法第39条) 児童福祉施設である。保育所の利用には保育認定を受けることが必要とされるが, 子ども・子育て支援法施行規則第1条に保育を必要とする認定の基準[*2]が定められている。保育所に対する入所決定すなわち「保育の実施」は市町村が行い, そのため, 市町村は, 同施行規則第1条に従って条例を定めている。保育所への入所の決定手続き, 運営費, 保育料等については, 第8, 9章のとおりである。

(3) 保育所の設備・運営

　保育所の設備については, 国レベルにおいては児童福祉施設の設備及び運営に関する基準に規定され, 2歳未満と2歳以上で設備基準が分けられている。また, 職員については, 保育士, 嘱託医, および原則として調理員が必置であり, このうち, 保育士の配置基準は, 乳児が3人, 1～2歳児は幼児6人, 令和6年度から3歳児は幼児15人, 4歳以上児では幼児25人にそれぞれ保育士1人以上を配置することとされている (経過措置として当分の間は, 3歳児は20人に1人以上, 4歳以上児は30人に1人以上という従前の基準も可)。

　保育所の開所時間は11時間を標準とし, また, 保育時間は1日につき8時間を原則として, 保育所長が決めることとされている。保育所における保育の内容は, 同基準第35条[*3]に基づいて養護および教育を一体として, 厚生労働大臣告示「保育所保育指針」を基準として実施される。

(4) 認可保育所にかかる規制緩和と民営化

　近年, 待機児の解消や多様な保育ニーズに応じて, 機動的かつ柔軟に保育サー

---

*2　同条によると, 支給認定の要件は以下のとおりである。
　　①一月において, 四十八時間から六十四時間までの範囲内で月を単位に市町村が定める時間以上労働することを常態とすること。②妊娠中であるか又は出産後間がないこと。③疾病にかかり, 若しくは負傷し, 又は精神若しくは身体に障害を有していること。④同居の親族 (長期間入院等をしている親族を含む。) を常時介護又は看護していること。⑤震災, 風水害, 火災その他の災害の復旧に当たっていること。⑥求職活動 (起業の準備を含む。) を継続的に行っていること。⑦次のいずれかに該当すること (具体的には, 就学, 職業訓練, 虐待や配偶者暴力のおそれがあること, 育児休業取得時にすでに保育を利用している子どもがいて, 継続利用が必要であること, その他市町村が認める場合)。
*3　児童福祉施設の設備及び運営に関する基準第35条は, 「保育所における保育は, 養護及び教育を一体的に行うことをその特性とし, その内容については内閣総理大臣が定める指針に従う」と規定している。

ビスを提供することをめざして，認可保育所をめぐる各種の規制緩和が実施され
ている。その主なものは，以下のとおりである。

　なお，平成12年度から，いわゆる地域主権一括法ならびに厚生労働省通知に
より認可保育所の設置主体制限の撤廃が行われ，株式会社や農協，生協，その他
NPO等も，認可保育所の設置が可能となった。さらに，公設保育所の運営委託
先制限も撤廃され，PFI方式や指定管理者制度の導入等により，公設公営保育所
の民営化や民間移譲は大きく進んでいる。

　①「人」に関する規制緩和
　　・待機児解消，年度途中の産休・育休明けの児童受け入れのため，最低基準
　　　の遵守を原則としつつ，定員とかかわりなく受け入れが許容された。
　　・一定の要件のもとで，最低基準上の保育士定数に，短時間勤務保育士を充
　　　てることが容認された。
　　・保育所の最低定員が30人から20人に引き下げられた。
　②「設備」に関する規制緩和
　　・保育所の調理業務について，施設内の調理室における委託調理が容認され
　　　た。なお，3歳以上児については給食の外部搬入も容認された。
　　・都市部等単独の保育所の設置が困難な地域において，本園と連携を図った
　　　分園方式が導入された。
　　・土地・建物について，賃貸方式が容認された。
　　・児童福祉施設の設備及び運営に関する基準における保育所の0～1歳児の
　　　面積基準が，一定の市においては標準とされた（平成24年度から）。

　このほか，平成28年度からは，保育所，幼保連携型認定こども園における保
育士，保育教諭の配置に必要な人数のうち一定割合を，小学校教諭や子育て支援
員等に代えること（みなし保育士）ができるようになっている。

(5) 認可保育所の質の向上

　保育サービスについては，その量の拡充とともに質の向上も大きな課題とな
る。苦情解決の仕組み，第三者評価事業の導入（努力義務），保育士資格の法定
化等，これまでもその進展が図られつつある。しかし，量の拡充に対する社会の
要請は，保育所における短時間勤務保育士の飛躍的増加や，入所定員を超えての
入所，みなし保育士の導入等，質の担保に懸念を抱かせる事態を招いている。

3. 認定こども園

　認定こども園は都道府県が認定する仕組みとして平成18年に導入された，教育，保育を一体的に提供する機能を持つ施設である。主として都市部における待機児童問題，過疎地における就学前保育施設の定員割れ問題，0〜2歳児の保護者の子育て支援の不足を契機として導入された制度である。幼保連携型，保育所型，幼稚園型，地方裁量型の4類型があったが，平成27年度からのいわゆる認定こども園法改正により，幼保連携型認定こども園は単独の児童福祉施設，かつ学校となった。幼保連携型認定こども園の概要については，第9章を参照されたい。

4. 地域型保育事業

　地域型保育事業のコンセプトは，地域における多様な保育ニーズにきめ細かく対応できる，質が確保された保育を提供し，子どもの成長を支援することである。地域型保育給付対象事業は以下の4事業であり，児童福祉法第6条の3等に基づく事業概要は以下のとおりである。また，家庭的保育事業等の設備及び運営に関する基準や特定教育・保育施設及び特定地域型保育事業並びに特定子ども・子育て支援施設等の運営に関する基準において，その基準等が定められている。また，公費が投入される基準については，実施要綱や交付要綱において定められている。

(1) 家庭的保育事業

　保育を必要とする満3歳未満の乳幼児を，家庭的保育者の居宅その他の場所（乳幼児の居宅は含まない）において，家庭的保育者による保育を行う事業である。必要に応じ，満3歳以上の幼児も保育できる。家庭的保育者ならびに家庭的保育補助者については，研修の終了を求めることとされている。

(2) 小規模保育事業

　保育を必要とする満3歳未満の乳幼児を，利用定員が6人以上19人以下の施設で保育する事業である。必要に応じ，満3歳以上の幼児も保育できる。A型（分園型），B型（中間型），C型（グループ型）の3類型がある。保育者の配置基準は現行の保育所と同様にし，B型の場合は保育者のうち半数以上が保育士であることを条件とする。C型は家庭的保育者が要件である。

（3）居宅訪問型保育事業

　保育を必要とする満3歳未満の乳幼児を，当該乳幼児の居宅において家庭的保育者による保育を行う事業である。必要に応じ，満3歳以上の幼児も保育できる。住み慣れた居宅において，1対1を基本とするきめ細かな保育を実施する保育サービスである。公費を投入する対象児童としては，障害児や小児慢性疾病に罹患している乳幼児のうち個別のケアが必要と考えられる場合への対応，ひとり親家庭で夜間の宿直勤務がある場合，離島・へき地等で他に利用できる保育サービスが存在しない場合等が想定される。

（4）事業所内保育事業

　保育を必要とする満3歳未満の乳幼児を，事業主がその雇用者の乳幼児のために設置した施設等において保育を行う事業である。必要に応じ，満3歳以上の幼児も保育できる。利用定員が19人以下については小規模保育事業と，20人以上については保育所との整合性が図られた基準とされている。対象児童の地域枠については，1人以上から利用定員の3分の1ないしは4分の1程度以上となるよう定員規模に応じて人数を規定する。保育者のうち半数以上が保育士であることを条件とする。

5．地域子ども・子育て支援事業における保育関連事業

　地域子ども・子育て支援事業において創設されている主な保育関連サービスは，以下のとおりである。

（1）延長保育事業

　延長保育事業実施要綱によると，保育認定を受けた児童がやむを得ない理由により利用日及び利用時間以外の日及び時間において保育所や認定こども園等で保育を受けた際に，保護者が支払うべき時間外保育の費用の全部または一部の助成を行うことにより，必要な保育を確保する事業である。類型は，一般型と訪問型の2類型である。一般型は，市町村以外が実施する保育所または認定こども園，地域型保育事業利用児童を対象とし，保育士は2名を下回ることはできない。

　訪問型については，居宅訪問型保育事業の延長保育，保育所等の施設における利用児童数が1名となった場合が対象である。

（2）実費徴収に係る補足給付を行う事業

　実施要綱によると，本事業の目的は，低所得で生計が困難である者の子ども

が，特定教育・保育等の提供を受けた場合において，当該支給認定保護者が支払うべき日用品，文房具等の購入に要する費用または行事への参加に要する費用等の一部を補助することである。

(3) 多様な事業者の参入促進・能力活用事業

地域の教育・保育需要に沿った教育・保育施設，地域子ども・子育て支援事業の量的拡大を進めるうえで，多様な事業者の新規参入を支援する事業であり，市町村が支援チームを設け，新規参入施設等に対する巡回支援を行うものである。このほか，認定こども園特別支援教育・保育経費も含まれる。

(4) 病児保育事業

病児保育事業実施要綱によると，本事業の内容は，保育を必要とする乳児・幼児または保護者の労働により家庭において保育を受けることが困難となった小学校に就学している児童であって，疾病にかかっているものについて，保育所，認定こども園，病院，診療所，その他の場所において保育を行う事業である。事業類型としては，病児対応型，病後児対応型，体調不良児対応型，非施設型（訪問型）の4類型がある。

6. 認可外保育サービス

(1) へき地保育所，季節保育所

山間地，開拓地，離島等のへき地で，通常の保育所を設置できない場合に，保育を必要とする児童に対する保育を市町村が設置主体となって行う常設施設を，へき地保育所と呼んでいる。独立した施設のほか，公民館，学校，集会所等において開設され，一定条件を満たしているものについて助成が行われている。また，繁忙期等一時期のみ開設される保育サービスは，季節保育所と呼ばれている。

(2) 認可外保育施設

認可外保育施設の代表的なものとしては，ベビーホテル[*4]を挙げることができる。認可外保育施設は，時間的な融通がきく，出産直後から預かってくれる，早朝・夜間も利用できる，子どもが病気のときも利用できるなど，サービスが弾力的であることや多様であることなどが利用の理由として挙げられており，認可

[*4]　認可外保育施設のうち，おおむね20時以降の夜間に及ぶ保育，または宿泊をともなう保育，一時預かり保育のいずれかを常時提供している施設を指す。

保育所が十分応えきれていない需要に対応している。

認可外保育施設については，劣悪な環境において子どもが保育されることを避けるため，指導監督基準が作成されており，また，認可外保育施設の届出制や，指導監督の強化（基準を満たしておらず改善のみられない施設の公表等）等の対応がとられている。独自の基準を設けて補助を行っている自治体（東京都の認証保育所等）もある。子ども・子育て支援制度の創設にともない，認可外保育施設の認可施設移行が進められている。

(3) ベビーシッターサービス

ベビーシッターサービスとは子どもの家庭にベビーシッターが訪問し，居宅においてその家庭の方針に沿って保育を行う保育サービスのことである。地域型保育事業の居宅訪問型保育事業に該当する。保育所との併用（いわゆる二重保育）や一時的利用もみられている。ベビーシッターサービス提供企業が会員となった，公益社団法人全国保育サービス協会（ACSA）も設立されている。平成28年改正子ども・子育て支援法に仕事・子育て両立支援事業が規定され，事業主拠出金を財源として企業主導型ベビーシッター利用者支援事業が実施されている。

(4) 企業主導型保育事業

平成28年改正子ども・子育て支援法による仕事・子育て両立支援事業として事業主拠出金を財源とする企業主導型保育事業が創設された。これは，多様な就労形態に対応する保育サービスの拡大に資するため，市区町村の認可が不要（認可外保育施設としての届出は必要）で，地域枠の設定が自由，複数企業による共同設置・利用が可能，運営費，整備費は認可施設並みの補助等の特徴をもつ保育サービスである。事業主拠出金により補助がなされる。これまで9万人分の定員枠が整備されたが，定員割れや保育士確保の困難などの理由から休止などの問題も起こっており，改革が進められている。令和4年10月1日現在，全国に4,330事業所あり，約78,000人が利用している。なお，目標としていた定員規模（11万人分）をほぼ達成したこともあり，令和4年度から新規開設は行われていない。

7. 幼児教育・保育の無償化

令和元年10月から，いわゆる幼児教育・保育の無償化政策が実施に移されている。これは，全世代型社会保障実現の一環として，同時期に10％にアップし

た消費税による追加財源を子ども・子育ての充実に振り向けるものである。実際には，子ども・子育て支援法施行令の一部改正と子ども・子育て支援法一部改正により実現された。

　その概要は**図 13-2** のとおりである。認可外保育施設入所児童の保育料の無償化のため，これまでの「子どものための現金給付」「子どものための教育・保育給付」のほかに，新たに「子育てのための施設等利用給付」が創設されている。無償化といっても保育料のすべてが無料になるわけではなく負担上限（第10 章脚注１参照）が設定されており，また，食材料費は自己負担となる。

8.　こども誰でも通園制度

　未就園児の保育サービス需要に対応するため，政府は，令和 6 年度から，保育所などの利用要件を緩和し，親が就労していなくても時間単位などで子どもを預けられるようにする「こども誰でも通園制度」を施行実施することとしている。対象は生後 6 カ月から 3 歳未満，場所は保育所・認定こども園・幼稚園のほか地域子育て支援拠点や児童発達支援センターなどとし，1 人当たり「月 10 時間」が上限とされる。親子通園も許容される。人口減少対策の一環でもある本制度は令和 8 年度から本格実施されることとなり，保育サービスは新たな時代に入っていくことになる。

●第 2 節　保育士資格●

1.　保育士資格の法定化

　平成 15 年 11 月，これまで児童福祉施設で働く任用資格（児童福祉法施行令旧第 13 条）として規定されていた保育士の資格が，ようやく児童福祉法上に名称独占資格として規定（児童福祉法第 18 条の 4）された。あわせて守秘義務や信用失墜行為の禁止の規定も整備されるとともに，保育士の登録や保育士試験等に関する規定も整備された。

　児童福祉法第 18 条の 4 によると，保育士とは，「第 18 条の 18 第 1 項の登録を受け，保育士の名称を用いて，専門的知識及び技術をもって，児童の保育及び児童の保護者に対する保育に関する指導を行うことを業とする者をいう」こととされた。保育士として業務を行うためには都道府県に登録を行うことが必要とさ

　我が国における急速な少子化の進行並びに幼児期の教育及び保育の重要性に鑑み，総合的な少子化対策を推進する一環として，子育てを行う家庭の経済的負担の軽減を図るため，市町村の確認を受けた幼児期の教育及び保育等を行う施設等の利用に関する給付制度を創設する等の措置を講ずる。

概要

1. 基本理念

　子ども・子育て支援の内容及び水準について，全ての子供が健やかに成長するように支援するものであって，良質かつ適切なものであることに加え，子供の保護者の経済的負担の軽減に適切に配慮されたものとする旨を基本理念に追加する。

※既に現行法に基づく個人給付の対象となっている認定こども園，幼稚園，保育所等については，子ども・子育て支援法施行令（平成26年政令第213号）を改正し，利用者負担を無償化する措置を講じる。

※就学前の障害児の発達支援についても，児童福祉法施行令（昭和23年政令第74号）を改正し，利用者負担を無償化する措置を講じる。

2. 子育てのための施設等利用給付の創設

（1）対象施設等を利用した際に要する費用の支給

　市町村は，①の対象施設等を②の支給要件を満たした子供が利用した際に要する費用を支給する。

①対象施設等

　子どものための教育・保育給付の対象外である幼稚園，特別支援学校の幼稚部，認可外保育施設（※），預かり保育事業，一時預かり事業，病児保育事業，子育て援助活動支援事業であって，市町村の確認を受けたものを対象とする。

※認可外保育施設については，児童福祉法（昭和22年法律第164号）に基づく届出がされ，国が定める基準を満たすものに限るが，5年間は届出のみで足りる経過措置を設ける（経過措置期間内において，市町村が条例により基準を定める場合，対象施設をその基準を満たす施設にできることとする）。

②支給要件　以下のいずれかに該当する子供であって市町村の認定を受けたものを対象とする。

・3歳から5歳まで（小学校就学前まで）の子供

・0歳から2歳までの住民税非課税世帯の子供であって，保育の必要性がある子供

（2）費用負担

・本給付に要する費用は，原則，国が2分の1，都道府県が4分の1，市町村が4分の1を負担する。

※令和元年度に限り，地方負担部分について全額国費により補填するため，必要な規定を設ける。

（3）その他

・市町村が適正な給付を行うため，対象施設等を確認し，必要に応じ報告等を求めることができる規定を設ける。

・差押え，公租公課の禁止，給付を受ける権利に係る時効等の規定を設ける。

・特別会計に関する法律（平成19年法律第23号）等の関係法律について，所要の改正を行うとともに，経過措置について定める。

施行期日

令和元年10月1日　（一部の規定については，公布の日から施行）

図 13-2　子ども・子育て支援法の一部を改正する法律について

（内閣府「子ども・子育て会議（第43回）資料1　幼児教育・保育の無償化について」，2019，p.3）

れ，都道府県から保育士登録証が交付されて，初めて保育士と名乗ることができることになる。保育士の登録を受けていない者は保育士（保母や保父も同様）と名乗ることができず，これに違反すると罰則がかかる。

　また，保育士には，守秘義務（罰則あり）や信用失墜行為の禁止（違反者には登録の取り消しや名称使用の制限等）といった対人援助専門職としての義務が課せられ，これで名実ともに専門職となり，他の専門職とほぼ同等の地位を獲得することができたといえる。平成20年度の保育所保育指針の告示を契機として保育士養成課程も大きく改正され，平成23年度入学生から保育相談支援[*5]等の創設を含む，保育士養成課程[*6]が導入されている。なお，令和元年度入学生から養成課程の再改正が施行されている。

2. 保育教諭

　幼保連携型認定こども園には，学校教育と保育を担う職員として保育教諭等が置かれる。保育教諭は職名であり，幼稚園教諭免許状と保育士資格を併有することが原則である。なお，平成27年4月から5年間は，片方の資格，免許でも保育教諭になることができる（令和2年度からさらに5年間延長されている）。保育士，幼稚園教諭の資格・免許を片方のみ有する保育者は，5年間の経過期間（これも5年間延長）に，それぞれ有していない資格・免許に固有の科目8単位を取得することで，現在有していない資格・免許を有することができる（3年かつ4,320時間の実務経験が必要）。また，免許・資格を保持していても，幼稚園教諭免許を取得してから教壇に立たずに時間が経過している保育士は，経過期間内に免許更新を受ける必要がある。

[*5]　保育相談支援は保育士の専門性を生かした保護者支援のことであり，その業務は，保育所においては旧保育所保育指針解説書により保育指導と呼ばれ，以下のとおり定義されている。「子どもの保育の専門性を有する保育士が，保育に関する専門的知識・技術を背景としながら，保護者が支援を求めている子育ての問題や課題に対して，保護者の気持ちを受け止めつつ，安定した親子関係や養育力の向上をめざして行う子どもの養育（保育）に関する相談，助言，行動見本の提示その他の援助業務の総体をいう」（厚生労働省，2008，p. 179）。

[*6]　平成20年度に改訂された養成課程においては，履修総単位数に変更はないものの，「保育者論」（講義2単位），「保育課程論」（講義2単位），「保育相談支援」（演習1単位），「保育の心理学Ⅰ」（講義2単位），「保育の心理学Ⅱ」（演習1単位）等が新設され，科目の増減，移行が図られている。なお，令和元年度からの新保育士養成課程においては，本文記載のとおり，福祉的支援の減少がみられる。

3. 倫理綱領

　平成15年3月，全国の保育所保育士，保育者の組織である全国保育士会と全国保育協議会は，保育士資格の法定化を契機として，全国保育士会倫理綱領（**表13-1**）を採択した。倫理綱領は前文と8カ条からなり，子どもの最善の利益や発達の保障をその根幹にすえつつ，保護者に対する子育て支援をその大切な責務としている。なお，令和4年の改正児童福祉法により，児童にわいせつ行為を行った保育士の資格管理の厳格化等を行う制度改正が令和6年度から施行されることとなっている。

　倫理綱領にみられるとおり，子どもの発達保障と保護者支援は，保育サービスの使命であり続けるであろう。

●第3節　保育サービスの課題と克服方策●

1. 待機児童対策と保育士確保

　保育サービスの第一の課題は，いわゆる待機児童の解消や，多様な保育ニーズに応じて，機動的かつ柔軟に保育サービスをどのように提供していくかということである。政府は，前述したとおり，これまで，認可保育所に関する各種の規制緩和の措置を講じて待機児童の解消をめざしてきた。しかし，新待機児童ゼロ作戦が示すとおり，潜在利用希望児童がなお多くいることが想定され，本格的な保育所利用制度改正の検討が開始された。こうして，平成27年度から，子ども・子育て支援制度が創設されたのである。

　これにあわせ，政府は，待機児童問題への対応として入所児童の50万人増（約20パーセント増）を閣議決定し，そのための保育士確保が保育士確保プランを中心として次々と進められている。50万人分の保育サービス増のためには保育士9万人分確保が必要とされる。

　なお，政府は，具体策として，平成30年度からの5年間で32万人分の保育の受け皿を整備する新計画「子育て安心プラン」を策定し，同計画を前倒ししていたが，それでも潜在需要の喚起によりあと14万人分の保育の受け皿が必要となり，令和3年度から新子育て安心プランが始まっている。新子育て安心プランとは，令和3年度から令和6年度までの4年間に約14万人分の保育の受け皿を整

表 13-1　全国保育士会倫理綱領

　　すべての子どもは，豊かな愛情のなかで心身ともに健やかに育てられ，自ら伸びていく無限の可能性を持っています。
　　私たちは，子どもが現在（いま）を幸せに生活し，未来（あす）を生きる力を育てる保育の仕事に誇りと責任をもって，自らの人間性と専門性の向上に努め，一人ひとりの子どもを心から尊重し，次のことを行います。
　　　　私たちは，子どもの育ちを支えます。
　　　　私たちは，保護者の子育てを支えます。
　　　　私たちは，子どもと子育てにやさしい社会をつくります。

（子どもの最善の利益の尊重）
1．私たちは，一人ひとりの子どもの最善の利益を第一に考え，保育を通してその福祉を積極的に増進するよう努めます。
（子どもの発達保障）
2．私たちは，養護と教育が一体となった保育を通して，一人ひとりの子どもが心身ともに健康，安全で情緒の安定した生活ができる環境を用意し，生きる喜びと力を育むことを基本として，その健やかな育ちを支えます。
（保護者との協力）
3．私たちは，子どもと保護者のおかれた状況や意向を受けとめ，保護者とより良い協力関係を築きながら，子どもの育ちや子育てを支えます。
（プライバシーの保護）
4．私たちは，一人ひとりのプライバシーを保護するため，保育を通して知り得た個人の情報や秘密を守ります。
（チームワークと自己評価）
5．私たちは，職場におけるチームワークや，関係する他の専門機関との連携を大切にします。
　　また，自らの行う保育について，常に子どもの視点に立って自己評価を行い，保育の質の向上を図ります。
（利用者の代弁）
6．私たちは，日々の保育や子育て支援の活動を通して子どものニーズを受けとめ，子どもの立場に立ってそれを代弁します。
　　また，子育てをしているすべての保護者のニーズを受けとめ，それを代弁していくことも重要な役割と考え，行動します。
（地域の子育て支援）
7．私たちは，地域の人々や関係機関とともに子育てを支援し，そのネットワークにより，地域で子どもを育てる環境づくりに努めます。
（専門職としての責務）
8．私たちは，研修や自己研鑽を通して，常に自らの人間性と専門性の向上に努め，専門職としての責務を果たします。

社会福祉法人　全国社会福祉協議会
全国保育協議会
全国保育士会

（全国保育士会ホームページ）

備する計画である。第2期市町村子ども・子育て支援事業計画の積み上げや，女性（25〜44歳）の就業率（2019年度77.7%）が82%になることなどを想定している。

　また，政府は，平成27年1月に保育士確保プランを定め，保育士確保策にも乗り出している。なかでも，保育士給与の3%アップの恒常化や保育士・保育所支援センターを都道府県に設置して，人材確保，再就職支援を行い，就業継続支援や保育士資格取得支援等が進められている。保育士試験の複数化も実施された。さらに，平成29年度から，特に保育士等の待遇改善について，(4)の研修受講を要件（同要件は未施行）として以下の改正が行われている。

(1)　全職員に対する2%（月額6,000円程度）の処遇改善

(2)　職務分野別リーダー（経験おおむね3年以上で担当する職務分野の研修を終了して発令された者）月額5,000円アップ

(3)　副主任保育士（経験おおむね7年以上で職務分野別リーダーを経験し，マネジメント＋3つ以上の研修を受講して副主任保育士として発令された者）ならびに専門リーダー（経験おおむね7年以上で職務分野別リーダーを経験し，4つ以上の研修を受講して専門リーダーとして発令された者）：原則として月額4万円アップ

(4)　研修分野：乳児保育，幼児教育，障害児保育，食育・アレルギー，保健衛生・安全対策，保護者支援・子育て支援，保育実践，マネジメントの8コース（平成29年度は研修受講免除）

　このように，その後の待遇改善も含め，保育士等の待遇改善は進みつつあるのが現状である。ただ，待遇改善とキャリアアップシステムの整備は本来別物であり，制度の適正運用のための改善が必要とされている。

2.　保育の質の維持・向上──保育所保育指針，幼保連携型認定こども園教育・保育要領の改定

　保育所保育指針，幼保連携型認定こども園教育・保育要領の改定にも注目しなければならない。新しい指針，教育・保育要領が平成29年3月末に告示され，平成30年度から施行されている。

　そのポイントは，保育における「学校教育との整合性，接続性への積極性」である。保育指針においても，総則において，「子どもの発達や成長の援助をねらいとした活動の時間については，意識的に保育の計画等において位置づけて，実施することが重要であること。なお，そのような活動の時間帯については，……」としたり，「幼児期の終わりまでに育ってほしい姿」[*7]を10項目立て，それを基準にして子どもの成長を評価する視点を提示している点などがそれにあたる。

　こうした内容の変更は，すべての学校段階に一貫した明確な成果目標，「資質・能力」である学校教育法第30条第2項に規定する「知識・技能」「思考力・判断力・表現力」「主体的に学習に取り組む態度」の育成に由来する。幼児教育においては，それをもとに，「知識・技能の基礎」「思考力・判断力・表現力の基礎」「学びに向かう力・人間性等」の3つを一体的に育んでいくことが必要とされたのである。

　こうした教育重視の動向の背景には，三指針・要領の整合性の確保，統合がある。しかし，根底に学校「教育」全体を通底する流れがあったとしても，幼児期の教育における「養護」の比重の高さやその意義は変わらない。子どもの権利条約や改正児童福祉法の理念，さらには現行保育所保育指針がもつ子ども観，発達観，保育観[*8]と「学校教育」におけるそれとの整合性を図ろうとする姿勢が必要とされる。

　ちなみに保育所保育の発達観を筆者なりに簡潔に整理すれば，以下のとおりである。「特定の大人と子どもとの応答的関係が子どもの基本的信頼感を醸成し，その関係をベースキャンプとして子どもは外の世界と関わりをもつようになる。

---

　*7　指針や要領においては，健康，人間関係，環境，言葉，表現の5領域の教育内容を踏まえつつ，幼児教育において育みたい資質・能力の3つの柱を「知識や技能の基礎」「思考力・表現力・判断力の基礎」「学びに向かう力，人間性等」と定め，幼児期の終わりまでに育ってほしい姿の10項目として，①健康な心と体，②自立心，③協同性，④道徳性・規範意識の芽生え，⑤社会生活との関わり，⑥思考力の芽生え，⑦自然との関わり・生命尊重，⑧数量・図形，文字等への関心・感覚，⑨言葉による伝え合い，⑩豊かな感性と表現，が挙げられている。

　*8　一例を挙げれば，「子どもは自ら自己の可能性を最大限に発揮しようとする主体的存在であり，それを支え，保障する保育者の関わりがあることで自己の意見をもつことができるなど主体的に生きることができるよう成長するとともに，他者の存在をも尊重することができるようになる」。そのためには，保育者は，常に子どもの最善の利益を尊重する保育を行うことが求められる。柏女（2011）など参照。

その際，同年齢との子ども同士のコミュニケーションをとおして，さまざまな葛藤や感動などの体験を重ねつつ民主的な関係に気づき，他者とのコミュニケーション能力を身につけていく。そして，他者と共存するためにきまりの大切さに気づき，民主的な人間関係，社会関係をとり結ぶ力を取得していく。これが『生きる力』の基礎を培うことになる」。

なお，令和元年度保育士養成校入学生から新保育士養成課程が施行されているが，そこでは，保育士の保護者支援の専門性のスキル体系である「保育相談支援」の科目名称が一般的な「子育て支援」に変更され，ソーシャルワークを示す「相談援助」の科目も消失している。こうした福祉関係科目の削除は，保育所や認定こども園にソーシャルワークや保育士の専門性を生かした保護者支援が求められる現状に水を差す改正といえ，早急に復活させるべきである。

3. 人口減少時代の保育

令和5年4月，社会保障・人口問題研究所が公表した将来人口推計によれば，日本若年人口減少の見通しは悪化，加速化することが予測されている。特定教育・保育施設は，これまで子ども・子育て支援事業計画で待機児童問題解消を基本として「拡大路線」をとってきたが，令和7年度から始まる第3期計画においては，一部の自治体を除いて「現状維持・縮小」路線をとることとなる。すでにこれまでも人口減少が激しく特定教育・保育施設の存続に影響が多く出ている地域もあり，そこでは廃園，撤退も進みつつある。

これに対応するために事業者自体も創意工夫が求められるが，国や自治体も後押ししていくことが必要とされる。

国，自治体がとるべき対策としては，以下の方法がある。まず第一は，特定教育・保育施設対象児童の拡大である。これには，3歳未満児保育の拡充がある。国でも令和5年度からモデル事業を開始しているが，まだまだ不十分である。今後，令和5年3月に政府の「子ども・子育て政策の強化について（試案）」で示された「こども誰でも通園制度（仮称）」の創設なども検討課題である。令和5年度補正予算案では，生後6カ月〜2歳のすべての未就園児を対象として市町村が指定した特定教育保育施設等で月10時間を限度とする制度を試行実施することとされている。3歳未満児は全国ではいまだ半数弱の子どもが在宅子育て家庭であり，その無償化も併せてできれば効果は大きい。

　第二は，多角経営の支援である。これには，一時預かりの拡充，児童発達支援事業等の併設，放課後児童クラブの併設，分野横断的なデイサービス（いわゆるごちゃまぜ方式）などがある。これらを推進するためには，人的・物的規制緩和並びに財政支援がある。

　第三は，計画行政である。地域に子どもの居場所，教育・保育の社会資源がなくならないような計画配分を行うことが必要である。コンパクトシティ構想などもその一例であるし，その地域に保育資源がなくならないよう，財政支援を投入する方法なども進めていくことが必要とされる。このように，保育サービスは今，大きな曲がり角を迎えようとしている。

　なお，令和5年末に政府は子どもに関する国民一人ひとりの理解を深めるため，「幼児期までの子どもの育ちに係る基本的なビジョン」を閣議決定している。

【文　献】

柏女霊峰（2015）：『子ども・子育て支援制度を読み解く――その全体像と今後の課題』誠信書房

柏女霊峰（2017）：『これからの子ども・子育て支援を考える――共生社会の創出をめざして』ミネルヴァ書房

柏女霊峰（2019a）：『子ども家庭福祉学序説――実践論からのアプローチ』誠信書房

柏女霊峰（2019b）：『平成期の子ども家庭福祉――政策立案の内側からの証言』生活書院

柏女霊峰（2019c）：『混迷する保育政策を解きほぐす』明石書店

柏女霊峰・橋本真紀（2010）：『増補　保育者の保護者支援――保育相談支援の原理と技術』フレーベル館

柏女霊峰監修・全国保育士会編（2018）：『改訂2版　全国保育士会倫理綱領ガイドブック』全国社会福祉協議会

厚生労働省（2008）：『保育所保育指針解説書』フレーベル館

第14章
子ども育成サービス

　現代の家庭や地域社会は大きく変貌を遂げつつあり，そのことが，有形無形に子どもの発達や生活に影響を及ぼしている。また，地域における子どもの安全確保も大きな課題となっている。こうした状況のなかで子どもが心身ともに健やかに育つためには，家庭，地域社会，行政，企業等が一体となった施策を推進していくことが必要である。本章では，こうした観点に立ち，子どもの健全育成に関する施策について概説する。

●第１節　地域における子どもの健全育成●

1.　地域における子ども育成活動の展開

　地域における子ども育成活動は，児童厚生施設等の公的施設・機関，社会福祉協議会，児童委員，主任児童委員等の公的ボランティア，地域子ども会やみらい子育てネット（母親クラブ）等の地域組織，住民主体型地域自主活動，企業，ボランティア，NPO等により展開されている。具体的活動としては，子どもの遊び場，遊びの機会の確保，キャンプ，世代間交流活動，地域の安全点検・交通安全巡回等の事故防止活動，有害環境浄化，非行防止等の活動が展開されている。特に近年では，放課後等における子どもの安心，安全の確保が大きな課題となっている。

　これらの活動を展開するにあたっては，コミュニティワーク（地域援助技術）やグループワーク（集団援助技術）が大きな効果を発揮する。最近では，子どもの遊びにかかわる大人のあり方であるプレイワークといった専門性も着目されている。これらの活動を通じて，地域住民の子ども・子育て問題に対する関心を高めるとともに，地域社会の個人・集団の相互作用を増進させ，住民の問題解決能力を促進することが必要である。

2.　児童厚生施設の設置運営

　児童厚生施設は，児童福祉法に規定されている児童福祉施設であり，「児童に健全な遊びを与えて，その健康を増進し，又は情操をゆたかにすることを目的とする施設」（同法第40条）である。これには児童館と児童遊園の2種があり，「児童の遊びを指導する者」（児童厚生員）が置かれることとなっている。児童館には，児童館，子どもの体力増進のための機能をもつ児童センター，大型児童センター等の種類があり，また，子ども育成活動の拠点となる，都道府県立児童厚生施設もある。平成23年3月には，厚生労働省局長通知である児童館ガイドラインも発出されている。なお，本通知は，平成30年10月に，時代の変化に合わせた大改正が実施されている。ガイドラインでは，児童館におけるソーシャルワーク機能の強化がうたわれている。児童館利用児童には家庭基盤の不安定な児童が含まれ，子ども育成活動は要支援児童を視野に入れた活動が必要とされる。

　児童遊園は屋外型の児童厚生施設であり，整備の助成等は行われていないが，地域の公園とともに，子どもの安心・安全な遊び場としてその意義は大きい。

3.　事業

　子ども育成活動の充実を図るための事業として，代表的なものに，児童環境づくり基盤整備事業と，児童ふれあい交流事業等がある。なお，これらは平成24年度から一般財源化されている。

(1)　児童環境づくり基盤整備事業（平成24年度から一般財源化）

　近年の地域コミュニティの弱体化にともなう子どもの生活，子育て上の諸問題に対応するため，都道府県・市町村の地域事情に応じた児童環境づくりを総合的に図る事業である。代表的なものとしては，都道府県における児童環境づくり推進機構の整備，推進協議会の設置，研修・研究事業等がある。市町村レベルにおいては，子どもの遊び場の確保，キャンプ・世代間交流等の各種の児童の遊び活動，相談その他各種の子育て支援活動に対する補助が行われ，これらを通じ子ども・子育てにやさしい街づくりがめざされている。

(2)　児童ふれあい交流促進事業（平成24年度から一般財源化）

　この事業は，小学校高学年，中高生が，乳幼児と交流する機会を提供することにより，年長児童の健全育成を図るとともに，地域の年長児童と子育ての親子，

学校，児童館等地域のつながりの形成をめざすものである。保育所や児童館，保健センター等で実施されている。具体的には，年長児童等が赤ちゃんと出会いふれあう場づくり，中・高校生の交流の場づくり，絵本の読み聞かせ，親と子の食事セミナー等が開催されている。

4. 地域組織活動

　各市町村では子ども育成地域組織活動が展開している。このなかには，地域社会の人びとの協力によって子どもの遊びの集団を組織化し，その遊びを通して子どもの福祉増進を図る地域子ども会や，その育成援助組織である子ども会育成会，子どもを健全に育成するための親の協力組織であり，会員相互の話し合いや学習活動を通じて，養育に関する知識・技術を高め，これを家庭や地域社会で実践することをめざすみらい子育てネット（母親クラブ）等がある。このほか，住民の自主的活動や特定非営利団体（NPO）等による地域活動も広がりつつある。

5. 子どもの安全確保

　地域社会においては，近年，子どもを被害者とする犯罪等の事件が多発している。子どもが犯罪の被害者となる悲しい事件は後を絶たない。

　こうした状況に対応し，たとえば，登下校時の安全確保のための対策としては，通学路の安全点検，学校における防犯教室の開催，地域における情報共有体制の立ち上げ，学校安全ボランティア（スクールガード）の充実，路線バス，スクールバスを活用した通学時の安全確保，国民に対する協力の呼びかけ等が実施されている。また，犯罪から子どもを守るための対策として，学校や保育所等における安全管理や防犯教育，スクールガードの養成や退職警察官等によるスクールサポーター制度，地域安全安心ステーションの設置等の，地域における対策が進められている。なお，平成30年6月には登下校時の子どもの安全確保に関する関係閣僚会議により，登下校防犯プランも策定されている。

　しかし，何より必要とされるのは，地域住民一人ひとりが地域の子どもたちの名前を覚え，下校時等に声かけ等を行っていくことである。子どもの遊び場の安全点検や，危険な場所の点検，交通安全巡回，子どもへの暴行の防止等の事故防止活動等の地道な活動が，子ども育成活動の基盤づくりになることを忘れるわけにはいかない。

6.　地域における子ども育成活動の課題

　子ども育成活動は，すべての子どもたちを対象として展開されるものであり，地域に数多く用意されていることが必要である。特に，後述する放課後児童健全育成事業や児童館については，そのニーズに比し数が不足し，また，都道府県・市町村によりその普及状況に著しい格差がみられている。児童館については，その機能を子育て支援にまで拡充するとともに，児童館的機能を有する施設も含め，子どもや保護者が歩いて通うことのできる規模の配置を考えることが必要である。放課後子供教室も，有効なプログラムの一つである。この分野においては，近年，新たな活動として注目されているプレイパークや冒険遊び場等の活動も施策のなかに組み込み，プレイリーダーの制度化やプレイワークの体系化等も含め，新しい子ども育成活動のグランドデザインが必要とされる。

　また，子ども育成施策の対象拡大，特に，思春期児童に対する施策の拡充や要支援児童を視野に入れた子ども育成活動の再構築も課題である。年長児童の育成機能を有する大型児童センター，ジュニアボランティアの育成，中・高生の居場所づくりのための事業等も進められているが，いまだ不十分であり，思春期児童のニーズに沿った施策の拡充が望まれる。さらに，子育て支援施策と同様，教育，建設，労働等の施策，さらには企業の活動やボランティア活動等も視野に入れた，総合的な施策の展開が求められる。民間活動に対して，補助，場所の提供，優遇措置，ネットワーク支援その他の，多様な支援策を展開することが求められている。

●第2節　子どもの豊かな放課後生活の保障●

1.　放課後児童健全育成事業

（1）放課後児童健全育成事業とは

　放課後児童健全育成事業は，「小学校に就学している児童であって，その保護者が労働等により昼間家庭にいないものに，授業の終了後に児童厚生施設等の施設を利用して適切な遊び及び生活の場を与えて，その健全な育成を図る事業」（児童福祉法第6条の3第2項）であり，実施主体は市町村，社会福祉法人その他の者である。社会福祉法により第二種社会福祉事業として規定され，一定の条

件を満たしている事業に対しては補助が行われている。

　放課後児童健全育成事業については，子ども・子育て支援法第59条第1項第5号に規定する地域子ども・子育て支援事業として整理された。対象は小学生であり，平成27年度から小学校4年生以上も対象になりうることが法に明記された。市町村が地域のニーズ調査等に基づき実施する旨が法定化され，市町村子ども・子育て支援事業計画に量的整備等の基盤整備が規定されている。また，これらの事業の質の確保を図るため，放課後児童健全育成事業の設備及び運営に関する基準が厚生労働省令として定められた。さらに，利用手続きは市町村が定めることとし，市町村が利用のあっせん，調整を行う。

　放課後児童クラブは，設置数や登録児童数の増加が著しい（令和5年5月1日現在，25,807カ所（支援の単位は39,034），登録児童数約145.7万人）が，量的にはまだまだ充足されていない。そのため，近年は大規模化が目立ち*1，また，待機児童も，令和5年度は16,276人いる。

　これらの実情を受け，政府において，平成26年度から同31年度末を達成年度とする5年間の「放課後子ども総合プラン」が閣議決定された。これは，5年間（1年前倒しで平成30年度末までの4年間とされた）で放課後児童クラブ定員を新たに30万人分整備して122万人とすること，新規開設分の8割を小学校内実施とし，全小学校区で一体的にまたは連携して実施，うち1万カ所は一体型で設置することをめざすものである。ちなみに，一体型は令和4年5月現在5,869カ所にとどまっている。

　しかし，それでは足りず，平成30年9月には，令和元年度から5年間の計画である新・放課後子ども総合プランが政府により策定された。これは，令和元年度から同3年度までの3年間に25万人分の放課後児童クラブを整備し，その後の2年間でさらに，5万人分上乗せして，総整備数を152万人分とする計画である。しかし実際に整備できたのは145.7万人分で，政府は令和5年12月に，令和5-6年度までに達成する「放課後児童対策パッケージ」を公表して目標達成を図ることとしている。

---

*1　令和4年5月現在，71人以上の支援の単位は全体の3.4%であり，この割合は，26年の7.6%（当時はクラブの割合）より減少している。ただし，設備運営基準でおおむね40人未満とされている「支援の単位」が，実際どのように仕切られているかについては，詳細な検討が必要とされる。

　放課後児童健全育成事業の設備及び運営に関する基準は児童福祉施設の設備及び運営に関する基準に準拠しており，従うべき基準（令和元年度改正児童福祉法により，令和 2 年度から，従うべき基準は参酌すべき基準に緩和されている）は，職員の配置基準と資格要件である。参酌基準である支援の単位（集団の規模）は，おおむね 40 人程度までとし，そこに，有資格者（「児童の遊びを指導する者」等であって知事が行う研修を修了した者）である放課後児童支援員を 2 名以上配置することとしている。そのうち 1 名を除いて補助員を充てることができる。この基準に基づき，放課後児童支援員（受講が義務化），補助員（受講が推奨）の研修カリキュラムが定められ，平成 27 年度から放課後児童支援員の認定資格研修が開始されている。ちなみに，放課後児童支援員の認定資格研修カリキュラムは，6 分野，16 科目，24 時間，補助員が受講することが期待される子育て支援員（放課後児童コース）は，14 科目 17 時間（うち，8 科目 8 時間が子育て支援員基本研修科目，6 科目 9 時間が放課後児童コース科目）とされている。

(2) 放課後児童クラブ運営指針の策定と資質向上

　放課後児童健全育成事業の設備及び運営に関する基準第 5 条（放課後児童健全育成事業の一般原則）第 1 項において，放課後児童健全育成事業における支援の目的が規定された。すなわち，「放課後児童健全育成事業における支援は，…（中略）…家庭，地域との連携の下，発達段階に応じた主体的な遊びや生活が可能となるよう，当該児童の自主性，社会性及び創造性の向上，基本的な生活習慣の確立等を図り，もって当該児童の健全な育成を図ることを目的として行われなければならない」と規定された。

　この条文に基づき，現行の放課後児童クラブガイドラインを見直し，国として設備及び運営に関するより具体的な内容を定めた放課後児童クラブ運営指針（局長通知）が平成 27 年 3 月に通知された。指針は 7 章立てであり，この指針が基本となって，放課後児童支援員認定資格研修や補助員が受講を推奨される子育て支援員（放課後児童コース）研修が構成されている。なお，平成 29 年 3 月には，放課後児童クラブ運営指針解説書も，事務連絡として国から発出されている。

2. 総合的な放課後児童対策に向けて

　社会保障審議会児童部会放課後児童対策に関する専門委員会は，令和 5 年 3 月

に「放課後児童クラブ・児童館等の課題と施策の方向性」と題する報告書を公表
している。報告書は，その中間とりまとめ（平成30年7月）において，子ども
たちの放課後生活保障の重要性とその理念についても議論し，以下の方向性を提
示している。すなわち，

(1) 児童の権利に関する条約と改正児童福祉法の理念を踏まえた子どもの主
体性を尊重した育成。
(2) 子どもの「生きる力」の育成。
(3) 地域共生社会を創出することのできる子どもの育成。

の3点である。そのうえで，子どもが育つ場が地域に幅広く用意される必要があ
り，総合的な放課後対策の展開が必要と提言している。これらは子どもの放課後
対策のみならず，すべての分野における子どもの育成理念として重要であり，今
後の羅針盤としても活用すべきである。

●第3節　その他の子ども育成活動と子ども育成活動の意義●

1. 児童福祉文化財の推薦と普及事業

　子どもの健全育成に資するため，こども家庭庁こども家庭審議会児童福祉文化
分科会や都道府県児童福祉審議会においては，出版物，放送，映画，演劇等の優
良な児童福祉文化財の推薦を行い，または，反対に子どもの健全育成上好ましく
ない不良文化財を制作・興業・販売している者に対して勧告を行っている。

2. 禁止行為

　子どもの福祉を阻害する行為に関する禁止規定が，児童福祉法第34条に設け
られており，違反者には罰則が適用される。禁止行為には，たとえば以下のもの
があり，全部で12種類ある。

(1) 身体に障害または形態上の異常がある児童を公衆の観覧に供する行為。
(2) 児童にこじきをさせ，または児童を利用してこじきをする行為。
(3) 公衆の娯楽を目的として，満15歳に満たない児童にかるわざまたは曲

馬をさせる行為。

(4)　満15歳に満たない児童に戸々について，または道路その他これに準ずる場所で歌謡，遊芸その他の演技を業務としてさせる行為。

(5)　満15歳に満たない児童に酒席に侍する行為を業務としてさせる行為。

(6)　児童に淫行をさせる行為。

(7)　成人および児童のための正当な職業紹介の機関以外の者が，営利を目的として，児童の養育をあっせんする行為。

(8)　児童の心身に有害な影響を与える行為をさせる目的をもって，これを自己の支配下に置く行為。

　なお，児童福祉法には，児童福祉施設職員等が児童の虐待（児福法第33条の11）や酷使（児福法第34条第2項）を禁止する規定も置かれている。また，いわゆる児童買春・児童ポルノ禁止法の施行にともない，児童買春等が処罰の対象となり，また，児童虐待の防止等に関する法律の改正にともない，虐待の禁止規定や保護者等の体罰禁止規定も置かれるなど，子どもの権利擁護は一定の進展をみている。

3.　子どもたちが地域で育つことをめざして

　最後に，子どもたちが地域で育つこと，そして，そのための条件づくりの重要性を挙げておきたい。児童健全育成とは，子どもを安心，安全な場所に囲い込むことではない。その意味では放課後児童クラブ，放課後子供教室も児童館も，その運営は地域に向かって開かれていなければならない。

　子どもたちは，地域で見守られつつ群れて遊ぶことによって育つことが期待されており，児童館や放課後児童クラブ，プレイパーク等は，それらの中継地点や止まり木として機能することが必要とされているのである。こうした視点からいえば，放課後児童クラブにおける保護者（地域住民）と放課後児童支援員（子どもに仕事として関わる大人）の連携・協働は，子どもたちが地域で育つために欠かせないものとなる。

　子どもたちが地域で育つことを支援していくためには，子どもの遊び場，居場所の確保のみならず，子どもの遊びを支えるプレイワークや，地域全体を視野に入れて子どもの育ちを考えるコミュニティワークの専門性を有する人材の養成が

必要とされる。このため，政府は令和5年度末に「こどもの居場所づくりに関する指針」を閣議決定し，国民一人ひとりの子どもに対する関心を高めることとしている。

　地域共生社会時代における「健全育成」概念の再検討も大きな課題である。健全育成の概念は昭和30年代後半に目的概念として明確化されたが，それ以降，十分な検討が行われてこなかった。前述の放課後児童対策専門委員会の提言などを踏まえ，これからの子どもの健全な育成の理念について議論すべき時期に来ていることを指摘しておきたい。

　なお，近年，子ども食堂やフリースクールなど子ども育成分野の枠を超えた子どもの居場所づくり活動が展開されており，こども家庭庁では，令和5年度にこどもの居場所づくり指針（仮称）を策定することが閣議決定されている。令和6年度から，児童育成支援拠点事業等の新規事業の創設も予定されている。子ども育成活動と子どもの居場所づくり活動をどのように整理するのか，その目的と機能の普遍性とそれぞれの活動の固有性等についても十分な論議が求められる。

【文　献】

柏女霊峰（2017）:『これからの子ども・子育て支援を考える——共生社会の創出をめざして』ミネルヴァ書房

柏女霊峰（2019a）:『混迷する保育政策を解きほぐす——量の拡充・質の確保・幼児教育の無償化のゆくえ』明石書店

柏女霊峰（2019b）:『子ども家庭福祉学序説——実践論からのアプローチ』誠信書房

柏女霊峰（2019c）:『平成期の子ども家庭福祉——政策立案の内側からの証言』生活書院

厚生労働省編（2017）:『放課後児童クラブ運営指針解説書』フレーベル館

第15章

障害・難病児童福祉サービス

　障害・難病児童福祉サービスは，児童福祉法，障害者基本法，身体障害者福祉法，知的障害者福祉法，精神保健及び精神障害者福祉に関する法律，発達障害者支援法，障害者の日常生活及び社会生活を総合的に支援するための法律（障害者総合支援法），難病の患者に対する医療等に関する法律，医療的ケア児及びその家族に対する支援に関する法律等を柱として実施されている。ここでは，障害・難病児童福祉の近年の動向について整理するとともに，身体障害児，知的障害児，発達障害児，重症心身障害児等障害児や難病，精神障害を有する児童をめぐる福祉施策について概説し，今後の課題について考察する。

　なお，令和5年度から国における障害児支援の所管は，これまでの厚生労働省社会・援護局障害保健福祉部障害福祉課から，こども家庭庁支援局障害児支援課に移管されている。

●第1節　障害児童福祉施策の動向●

　障害児を含む障害者福祉施策は，これまで少しずつ進展してきた。そして，平成15年の支援費制度導入を経て，平成18年の障害者自立支援法の施行，同法の名称変更を含む大改正を経て，現在に至っている。以下にその近年の動向を概観することとする。

1.　障害者福祉の近年の動向

　社会福祉基礎構造改革にともなう障害福祉関係各法改正により，平成15年度から障害者の福祉サービス利用のあり方は，いわゆる支援費制度として利用制度化され，知的障害者福祉サービス事務の市町村移譲も実施された。

　さらに，平成18年10月から「障害者自立支援法」が施行され，知的障害，身

体障害，精神障害の各施策を統合する新たな施策体系と制度が開始された。なお，障害児童の在宅福祉サービスは，障害者自立支援法に規定された。また，「発達障害者支援法」も平成 17 年度から施行されている。さらに，平成 19 年度から特別支援教育も始まっており，このことは，特に，障害児童福祉に大きな影響を与えることとなる。

　なお，国際的動向においては，平成 18（2006）年 12 月に，国際連合において「障害者の権利に関する条約」が採択されている。これは，障害のある人の基本的人権を促進・保護すること，固有の尊厳の尊重を促進することを目的とする国際的原則であり，わが国は平成 19 年 9 月に署名し，国内法制との整合性を図ったうえで平成 26 年 1 月に批准している。

　障害児童福祉サービスに関しては，在宅サービスについては市町村移譲したうえで支援費制度に転換されたものの，施設入所サービスについては，従来どおり都道府県・指定都市の措置事務として存続していた。しかし，平成 17 年の障害者自立支援法の成立および児童福祉法改正により，障害児福祉関係サービス利用のあり方が，平成 18 年 10 月から在宅サービスは自立支援給付制度，施設入所は契約による施設給付制度と措置制度の二本立てとなった。

　平成 23 年には障害者基本法の一部改正が行われた。これを受け，平成 24 年，政府は地域社会における共生の実現に向けて新たな障害保健福祉施策を講ずるための関係法律の整備に関する法律案を国会に提出し，6 月に成立・公布された。本法の施行にともない，障害者自立支援法は，障害者の日常生活及び社会生活を総合的に支援するための法律（障害者総合支援法）にその名称を変更した。本法には，障害に一定の難病を含むこととし，平成 25 年 4 月に施行された。

　平成 27 年度から，同法に基づく第 4 期障害福祉計画も開始され現在第 6 期計画が進行中である。同計画の基本指針[1]では，障害児支援サービスの量の見込みと確保方策の記載が努力義務化されており，平成 30 年度からの義務化を受けて，現在第 2 期障害児福祉計画が令和 3 年度からすべての市町村で進行中である。

　なお，その間，平成 22 年 12 月には，障がい者制度改革推進本部等における検討を踏まえて障害保健福祉施策を見直すまでの間において障害者等の地域生活を

---

　[1]　正式名称は，「障害福祉サービス及び相談支援並びに市町村及び都道府県の地域生活支援事業の提供体制の整備並びに自立支援給付及び地域生活支援事業の円滑な実施を確保するための基本的な指針」である。

支援するための関係法律の整備に関する法律*²が制定・公布され，平成24年4月から施行されている。

　この法律は，障害児支援の中心法律を児童福祉法とすることを基本としており，また，障害児童の地域生活支援を大きく進める障害児童福祉の大改正をもたらした。なお，平成23年には障害者虐待の防止，障害者の養護者に対する支援等に関する法律も制定・公布され，平成24年10月から施行されている。

　さらに，平成26年5月には難病の患者に対する医療等に関する法律が成立し，あわせて児童福祉法改正により小児慢性特定疾病対策の充実も図られ，難病児童医療福祉対策が位置付けられることとなった。さらに，令和3年には医療的ケア児及びその家族に対する支援に関する法律も施行されている。このように障害・難病児童福祉施策は現在，大きな転換の途上にある。

2. 新しい障害者福祉の理念——その後の動向を踏まえて

　これらの体制づくりに呼応する障害児支援の理念としては，いわゆる障害者総合支援法第1条の2，子どもの権利条約，障害者の権利条約，障害者基本法，障害を理由とする差別の解消の推進に関する法律などにみられる「共生社会の実現」とそのための「地域生活支援」「子どもの最善の利益」「包容と参加」「合理的配慮」などがある。

　子どもの権利条約は，子どもの最善の利益保障を最大の理念としつつも，子どもも主体的に自分の人生を精一杯生きようとしている存在であるという，権利行使の主体としての子ども観を鮮明に打ち出している。さらに，障害者の権利条約も，その第7条（障害のある児童）において子どもの権利条約の趣旨を引き継ぐとともに，意見を表明するために支援を提供される権利を有することを言明している。そのことは，障害者の権利条約第2条の合理的配慮や障害者基本法改正，いわゆる障害者差別解消法の理念につながる。

　さらに，障害者基本法第17条第1項（療育）は，身近な場所における「療育その他これに関連する支援」という表現で，子どもの療育ならびに家族・きょう

---

*2　この法律における児童福祉法改正関係では，各種障害児関係施設の一元化，児童発達支援，医療型児童発達支援，放課後等デイサービスおよび保育所等訪問支援といった在宅サービス・施設を充実する，障害児の通園施設通所サービスの実施主体を市町村とする，入所施設の一元化サービスの利用にあたってケアマネジメントの前置を制度化する，等の改正が規定されている。平成24年4月から施行されている。

だいに対する支援などが講じられるべきことを規定している。発達支援の視点といってよい。このように，障害児支援の理念は，地域生活支援や権利擁護を主眼とする地域社会への包容・参加（インクルージョン）*3 である。

なお，障害者総合支援法は，第1条の2において，障害児者福祉の基本理念を以下のように規定している。今後の，障害児童福祉の観点からも重要な理念であり，ここに全文を記載しておく。

> この法律の基本理念を，障害者及び障害児が日常生活又は社会生活を営むための支援は，すべての国民が，障害の有無にかかわらず，等しく基本的人権を共有するかけがえのない個人として尊重されるものであるとの理念にのっとり，すべての国民が，障害の有無によって分け隔てられることなく，相互に人格と個性を尊重し合いながら共生する社会を実現するため，全ての障害者及び障害児が可能な限りその身近な場所において必要な日常生活又は社会生活を営むための支援を受けられることにより社会参加の機会が確保されること及びどこでだれと生活するかについての選択の機会が確保され，地域社会において他の人々と共生することを妨げられないこと並びに障害者及び障害児にとって日常生活又は社会生活を営む上で障壁となるような社会における事物，制度，慣行，観念その他一切のものの除去に資することを旨として，総合的かつ計画的に行わなければならないこととするものとすること（障害者総合支援法第1条の2）

●第2節　障害児童の実態●

1. 身体障害

平成18年度身体障害児・者実態調査によると，在宅の身体障害児は9万3千人と推計される。このうち最も多いのが肢体不自由で53.8%，次いで内部障害の

---

*3 地域社会への包容・参加とは，地域社会において，すべての人が孤立したり排除されたりしないよう援護し，社会の構成員として包み支え合うことである。障害者の権利条約第一九条は，「この条約の締約国は，全ての障害者が他の者と平等の選択の機会をもって地域社会で生活する平等の権利を有することを認めるものとし，障害者が，この権利を完全に享受し，並びに地域社会に完全に包容され，及び参加すること（full inclusion and participation in the community）を容易にするための効果的かつ適当な措置をとる」としている。

22.2%，聴覚音声言語障害18.6%，視覚障害5.3%の順となっている。障害の程度でみると，重度化の傾向が認められる。原因としては，出生時の損傷を含む疾病が圧倒的で，続いて事故となっており，不明・不詳も多い。なお，このほかに施設に入所している身体障害児が，約1割程度みられる。なお，平成28年の生活のしづらさなどに関する調査（全国在宅障害児・者等実態調査）[*4]によると，18歳未満の在宅の身体障害者手帳所持者は6.8万人（平成23年：7.3万人）である。

2. 知的障害

　知的障害の定義については法律上規定されていないが，平成17年に厚生労働省が実施した知的障害児（者）基礎調査においては，「知的機能の障害が発達期（概ね18歳まで）にあらわれ，日常生活に支障が生じているため，何らかの特別の援助を必要とする状態にあるもの」のように定義されている。

　この調査や社会福祉施設等調査によると，知的障害児の数は12万5千人（在宅11万7千人，施設入所8千人[*5]）と推計される。なお，平成28年の生活のしづらさなどに関する調査（全国在宅障害児・者等実態調査）によると，18歳未満の在宅の療育手帳所持者は21.4万人であり，平成23年の15.2万人より約4割増加している。

3. 精神障害

　平成17年の厚生労働省の患者調査や社会福祉施設等調査（平成12年，同16年）によると，20歳未満の在宅の精神障害を有する者は約16万1千人，施設入所者は約3千人と推計されている。なお，平成28年の生活のしづらさなどに関する調査（全国在宅障害児・者等実態調査）によると，20歳未満の在宅の精神障害者保健福祉手帳所持者は1.8万人（平成23年：1.1万人）である。

[*4]　在宅の障害児・者等（これまでの法制度では支援の対象にならない者を含む）の生活実態とニーズを把握することを目的として実施された調査で，これまでの身体障害児（者）実態調査及び知的障害児（者）基礎調査を拡大・統合して実施したものである。したがって，これまでの調査との正確な時系列比較はできない。5年ごとに実施される。直近調査は令和4年であるが，結果はまだ公表されていない。

[*5]　知的障害をともなう児童が入所している当時の知的障害児施設，その他の障害関係施設の入所者のうち，18歳未満の者の推計である。

●第3節　障害児童福祉サービスの概要●

　まず，障害児童が利用可能な専門的支援の大まかな体系は，図15-1のとおりである。以下に，それらを含むサービスの詳細について述べていく。

1.　手帳の交付

　身体障害児（者）に対しては，身体障害者手帳が都道府県知事・指定都市市長から交付される。この手帳は，種々のサービスを受ける場合に必要な証票であって，同時に，税制，雇用，旅客運賃割引等の特典を受けるためには，この手帳を所持することが要件とされている。障害の種類，程度により，1級から6級まで分類されている。

　療育手帳は，知的障害児（者）に一貫した指導・相談を行うとともに，税の減免や各種の手当，援助措置を受けやすくするため，児童相談所，知的障害者更生相談所等の判定をもとに都道府県知事・指定都市市長が交付している。また，精神障害を有する人に対しては，子どもも含め精神障害者保健福祉手帳が交付される。なお，平成24年度から発達障害が障害福祉サービスにおいて精神障害として位置づけられたことを踏まえ，発達障害児者については基本的に精神障害者保健福祉手帳が交付されている。また，平成25年度から一部の難病が障害者総合支援法の対象として規定されているが，小児慢性特定疾病を有する児童には，小児慢性特定疾病児童手帳が交付されている。

2.　障害の予防

　障害の原因を探りこれを予防する対策は，乳幼児健康診査や母子健康手帳の交付，先天性代謝異常等検査などが，主として各種の母子保健サービスにより実施されている。特に原因解明の研究が進んだことにより，フェニールケトン尿症や血液型不適合による核黄疸に基づく知的障害やクレチン症等については，その未然防止が進んでいる。また，障害の予防および療育に関する研究も進められている。

3.　早期発見・早期療育サービス

　先天性代謝異常等検査，乳児健康診査，1歳6か月児健康診査，3歳児健康診

	サービス名		
訪問系	居宅介護（ホームヘルプ）	自宅で，入浴，排せつ，食事の介護等を行う。	**障害者総合支援法**
	同行援護	重度の視覚障害のある人が外出する時，必要な情報提供や介護を行う。	
	行動援護	自己判断能力が制限されている人が行動するときに，危険を回避するために必要な支援，外出支援を行う。	
	重度障害者等包括支援	介護の必要性がとても高い人に，居宅介護等複数のサービスを包括的に行う。	
日中活動系	短期入所（ショートステイ）	自宅で介護する人が病気の場合などに，短期間，夜間も含め施設で，入浴，排せつ，食事の介護等を行う。	
障害児通所系	児童発達支援	日常生活における基本的な動作の指導，知識技能の付与，集団生活への適応訓練などの支援を行う。	**児童福祉法**
	医療型児童発達支援	日常生活における基本的な動作の指導，知識技能の付与，集団生活への適応訓練などの支援及び治療を行う。	
	放課後等デイサービス	授業の終了後又は休校日に，児童発達支援センター等の施設に通わせ，生活能力向上のための必要な訓練，社会との交流促進などの支援を行う。	
	保育所等訪問支援 居宅訪問型児童発達支援	保育所等を訪問し，障害児に対して，障害児以外の児童との集団生活への適応のための専門的な支援などを行う。	
障害児入所系	福祉型障害児入所施設	施設に入所している障害児に対して，保護，日常生活の指導及び知識技能の付与を行う。	
	医療型障害児入所施設	施設に入所又は指定医療機関に入院している障害児に対して，保護，日常生活の指導及び知識技能の付与並びに治療を行う。	
相談支援系	計画相談支援	【サービス利用支援】 ・サービス申請に係る支給決定前にサービス等利用計画案を作成 ・支給決定後，事業者等と連絡調整等を行い，サービス等利用計画を作成 【継続利用支援】 ・サービス等の利用状況等の検証（モニタリング） ・事業所等と連絡調整，必要に応じて新たな支給決定等に係る申請の勧奨	**支援法**
	障害児相談支援	【障害児支援利用援助】 ・障害児通所支援の申請に係る給付決定の前に利用計画案を作成 ・給付決定後，事業者等と連絡調整等を行うとともに利用計画を作成 【継続障害児支援利用援助】	**児福法**
	地域移行支援	住居の確保等，地域での生活に移行するための活動に関する相談，各障害福祉サービス事業所への同行支援等を行う	**支援法**
	地域定着支援	常時，連絡体制を確保し障害の特性に起因して生じた緊急事態等における相談，障害福祉サービス事業所等と連絡調整など，緊急時の各種支援を行う	

図 15-1　障害児童が利用可能な専門的支援の体系

（厚生労働省資料，2019 を元に著者作成）

査等による，障害の早期発見，精密健康診査ならびに事後指導が，医療機関，児童相談所，保健所，市町村等で実施されている。また，保健所では，身体に障害のある子どもに対する療育指導が実施されている。早期療育対策の一つとして，比較的短期間の治療により障害の除去または軽減が期待される身体障害児に対して，自立支援医療が給付されている。

児童相談所は，障害児童福祉の専門的な行政機関であり，市町村等からの送致を受けて各種相談に応じ，判定，指導を行うとともに，必要に応じ一時保護，障害児入所施設等の施設給付のための判定や入所措置を行っている。

さらに，幼児期からの療育訓練の場を確保するために，児童発達支援センター*6の整備・運営，障害児通所支援（児童発達支援，医療型児童発達支援，放課後等デイサービス事業，保育所等訪問支援事業，居宅訪問型児童発達支援事業），障害児保育，放課後児童クラブにおける障害児通所等の在宅サービス事業も実施されている。児童発達支援事業は，障害種別や程度を超えて通園の場を設け，日常生活における基本的動作の指導や，集団生活への適応訓練等の早期療育を行う市町村事業である。令和6年度から，児童発達支援センター並びに児童発達支援事業の医療型と福祉型の一元化が実施される。

放課後等デイサービスは，就学している障害児につき，授業の終了後または休業日に児童発達支援センター等の施設に通わせ，生活能力の向上のために必要な訓練，社会との交流の促進その他の便宜を供与するサービスである。障害児の豊かな放課後生活保障を進めるために必要とされたサービスである。近年，事業者の急増がみられ，質の確保策として，平成27年4月には，放課後等デイサービスガイドラインが局長通知として発出されている。また，平成29年度から，自己評価結果の公表義務化，サービス管理責任者の資格要件の見直し，児童指導員・保育士の配置を半数以上にする制度改正が実施されている。

保育所等訪問支援事業は，保育所その他の児童が集団生活を営む施設等に通う

---

　*6　従来の肢体不自由児通園施設，知的障害児通園施設，難聴幼児通園施設，重症心身障害児（者）通園事業が統合された児童福祉施設である。福祉型児童発達支援センターと医療型児童発達支援センターに区分され，障害児を日々保護者のもとから通わせて，日常生活における基本的動作の指導，独立自活に必要な知識技能の付与または集団生活への適応のための訓練を行う。医療型センターにおいては治療も行う。改正児童福祉法により，令和6年度から，児童発達支援センターが地域における障害児支援の中核的役割を担うことの明確化や，障害種別にかかわらず障害児を支援できるよう児童発達支援の類型（福祉型，医療型）の一元化が行われる。

障害児につき，児童発達支援センター職員等の専門家が当該施設を定期的（月 2
回程度）に訪問し，当該施設における障害児以外の児童との集団生活への適応の
ための専門的な支援，その他の便宜を供与する，個人給付型のサービスである。
放課後等デイサービス等に比し実施力所数があまり増えず，その機能強化と普及
が課題とされている。このほか，令和元年度からは，居宅訪問型児童発達支援事
業も創設されているが，利用状況は芳しくない。

　こうした障害児通所支援の各種課題に対応するため，令和 3 年度には，障害児
通所支援の在り方に関する検討会，令和 4 年度に障害者通所支援に関する検討会
が厚生労働省で相次いで実施され，報告書をもとに，令和 6 年度から報酬改定が
実施される。

4.　在宅福祉サービス，相談支援サービス

　在宅での生活援助のため，上記サービスのほか，特別児童扶養手当・障害児福
祉手当の支給，障害者扶養保険制度のほか，いわゆる障害者総合支援法に基づく
介護給付（居宅介護，同行援護，行動援護，短期入所等）等の在宅福祉サービス
が実施されている。特定教育・保育施設や地域型保育事業における障害児保育も
重要である。また，日中一時支援事業とは，日中において監護する者がいないた
め，一時的に見守り等の支援が必要な障害児（者）に対して，日中における活動
の場所を確保し，家族の就労支援や一時的な休息を図るためのサービスである。
放課後等デイサービス等とのすみ分けをしながら，障害児童を養育する保護者の
ニーズに総合的に応えていくことが必要とされる。

　相談支援サービスとしては，市町村レベルで保護者等からの相談に応じ，情報
提供，助言，障害福祉サービス等の利用支援等を行う，障害者相談支援事業が展
開されている。また，平成 27 年度から，障害児童が障害児通所支援サービスを
利用する場合，原則として，指定障害児相談支援事業所によるケアプラン（障害
児支援利用計画）の作成が必要とされている（セルフプランの作成も可能）。

　なお，専門的支援としては前述の児童相談所における相談支援のほか，都道府
県レベルにおいて障害児地域療育等支援事業が展開されている。これは，専門的
療育の知識・技術等を有する障害児関係施設が中心となって，訪問や外来による
療育指導，施設職員等に対する療育技術指導，その他の療育機関に対する支援を
行うものである。市町村，都道府県いずれの事業も，現在は一般財源化されてい

る。在宅サービスの利用方法は，以下のとおりである。なお，令和5年度から，令和6年度からの改正法施行に伴う児童発達支援センターの機能強化を図り，地域全体での障害児支援を図るため，地域障害児支援体制強化事業が創設されている。

(1) 障害児通所支援給付費等の給付

市町村は，通所給付決定を受けた障害児の保護者が，指定障害児通所支援事業所等から指定通所支援を受けたときは，障害児通所給付費を支給する。その額は，いわゆる定率負担から，減免の実情を踏まえた応能負担に変更されている。なお，令和元年10月からは，障害児通所支援，入所支援とも3〜5歳の支援にかかる費用負担の無償化が実施されている。障害児通所給付費の支給を受けようとする保護者は，市町村の通所給付決定を受けなければならない。

(2) 障害児相談支援事業の創設，ケアマネジメントの強化

障害児童福祉サービスの利用にあたっては，いわゆるケアマネジメントの前置が制度化された[*7]。すなわち，障害児にかかるサービスの利用計画作成のための相談支援が，「障害児相談支援事業」として制度化された。障害児相談支援は，障害児支援利用援助と継続障害児支援利用援助に分けられる。

「障害児支援利用援助」とは，障害児通所支援給付費等の申請にかかる障害児の心身の状況，その置かれている環境等を勘案し，障害児相談支援専門員が，利用するサービスの内容等を定めた障害児支援利用計画案を作成し，給付決定等が行われた後に，当該給付決定等の内容を反映した障害児支援利用計画の作成等を行うことをいう。また，「継続障害児支援利用援助」とは，策定された計画の検証を一定の期間ごとに行って，利用計画の見直しを行うことをいう。つまり，両サービスによって，ケアマネジメントが実施されることとなる。市町村が障害児相談支援給付費を支給する場合には，原則として，障害児の保護者が，指定障害児相談支援事業者からこの利用援助を受けていることが必要とされる。

5. 子ども・子育て支援制度による障害児支援サービスの創設

子ども・子育て支援制度においても，一般施策において障害児童の受け入れが

[*7] 障害児入所支援の場合は，専門機関である児童相談所の判定に基づくこととなるため，ケアプランは作成されない。したがって，障害児相談支援事業者と児童相談所との密な連携システムを制度化することが課題となる。

図られるとともに，障害児に固有の専門サービスが制度化されている。具体的には，特定教育・保育施設における障害児の優先利用や入所の応諾義務の規定，障害児保育補助金（原則として障害児 2 人に対して保育士 1 人）や療育支援加算，放課後児童クラブにおける障害児受け入れ加算の充実等の人員等の加算が行われている。また，居宅訪問型保育事業における障害児の受け入れ加算や同事業ならびに一時預かり事業，延長保育事業における障害児の利用を念頭に置いた事業類型の創設等が行われている。

6.　施設入所サービス

　障害児童のうち，継続的な保護，指導，治療，訓練等の必要があると児童相談所が認めた者については，入所支援として施設への入所が行われる。障害児童のための入所施設は，平成 24 年度から障害児入所施設（医療型，福祉型）[*8] に一元化された。施設種別の統合は特別支援学校と同様，利用者の利便性に資することがその目的とされている。実施主体が都道府県のままとされたのは，児童養護施設等の社会的養護の実施主体と合わせたことによる。

　障害児入所施設は障害のある児童を入所させて，保護，日常生活の指導及び自活に必要な知識や技能の付与を行う施設であり，「発達支援機能」「自立支援機能」「社会的養護機能」「地域支援機能」の 4 つが担うべき機能として整理されている。令和 4 年 4 月時点における施設数は福祉型が 247 施設，医療型が 266 施設となっており，入所児童（18 歳以上で引き続き入所している者を含む。以下同じ）数は福祉型が 18 歳未満 5,168 人，18 歳以上 398 人），医療型が 18 歳未満 2,940 人，18 歳以上 17,959 人となっている。特に福祉型で 18 歳以上のいわゆる過齢児の減少が進んでいる。運営は，令和 3 年度に定められた障害児入所施設運営指針によっている。入所期間の延長は 20 歳までとされ，かつ，20 歳を超えて障害児入所施設から引き続き，障害者総合支援法に基づく障害福祉サービスを利用する場合の配慮や経過措置についても規定がなされている。令和 6 年度から施行の改正児童福祉法において，障害児入所施設の入所児童等が地域生活等へ移

---

*8　障害児入所施設は福祉型施設と医療型施設に分けられ，肢体不自由児の医療，機能訓練，教育，日常生活の指導等を行う肢体不自由児施設，医療を要しない肢体不自由児のための肢体不自由児療護施設，ならびに視覚障害（強度の弱視を含む）児のための盲児施設，聴覚障害（高度の難聴を含む）児のためのろうあ児施設（併せて盲ろうあ児施設と呼ばれる），重症心身障害児施設，知的障害児施設が統合されたものである。

行する際の調整の責任主体（都道府県・政令市）を明確化するとともに，22歳までの入所継続を可能とすることとなり，地域移行等が強力に進められることとなっている。

　なお，重症心身障害児者，進行性筋萎縮症児者等に対しては，施設サービスのほか，指定発達支援医療機関に委託病床が設けられている。施設入所のあり方については，第8章を参照いただきたい。また，令和2年1月に取りまとめられた障害児入所施設の在り方に関する検討会報告書を受け，子どもたちのウェルビーイング保障のための家庭的養護の推進，ソーシャルワーク，自立支援の強化など法改正や報酬改定などが実施されつつある。

7. 個別の支援計画と自立支援協議会

　障害者総合支援法に基づく個別の支援計画や，児童福祉法に基づく障害児支援利用計画は，利用者のライフステージの変化により一定期間集中的な支援が必要である者等について，指定障害児相談支援事業者等が作成するものである。なお，障害児童の場合には，特別支援教育において作成される個別の教育支援計画との整合性や，たとえば乳幼児期から小学校への移行期や，特別支援学校高等部から就労や日中活動への移行期の個別の支援計画の作成や，支援会議の開催，モニタリングが必要とされる。

　こうした個別の支援計画が機能するための協議の場として，地域自立支援協議会がある。地域自立支援協議会とは，市町村が，相談支援事業をはじめとする地域の障害福祉に関するシステムづくりに関し，中核的役割を果たす協議の場として設置するものであり，その運営を指定相談支援事業者に委託できることとされている。ネットワークの構築や困難事例への対応に関する協議，地域の社会資源の開発等が大きな役割とされており，充実が期待される。なお，同協議会は都道府県にも設置されている。

8. 重症心身障害児童に対する福祉サービス

　重度の知的障害と重度の肢体不自由を重複している障害を，重症心身障害という。具体的には，知的障害の程度が最重度・重度であって，かつ，身体障害者手帳の程度が1〜2級に該当する肢体不自由を重複して有している者とされる。

　重症心身障害を有する子どもに対する独自のサービスとして重症心身障害児施

設があったが，平成24年度から（医療型）障害児入所施設となり，これまでの児者一貫施設としての規定がなくなり，原則として18歳までとされた。18歳後は円滑な接続に配慮が必要とされ，原則として成人の療養介護事業として支援が継続されている。

　重症心身障害児（者）通園事業についても医療型児童発達支援センター・事業として統合されており，重症心身障害児者が利用する場合には，特別の配慮がなされている。なお，指定発達支援医療機関への入所も実施されている。

9.　発達障害児童に対する福祉サービス

　平成17年度から，発達障害児（者）の支援を進める発達障害者支援法が施行された。この法律は，自閉症，アスペルガー症候群その他の広汎性発達障害，学習障害，注意欠陥多動性障害等の，発達障害を有する児（者）の発達保障や福祉を図るために施行されたものであり，発達障害の早期発見，学校教育や福祉サービス等における発達障害者への支援，就労支援，発達障害者支援センターの指定等について定められている。補助事業である発達障害者支援体制整備事業も進められており，切れ目のない支援がめざされている。平成24年度から障害児童福祉サービスの対象として，発達障害が精神障害のなかに明記された（児童福祉法第4条第2項）。なお，平成28年，「発達障害者への支援は社会的障壁を除去するために行うこと」を基本理念とすること，個別の教育支援計画を策定することを明記するなど，本法は大きく改正されている。これらを受け，発達障害児童と認定されたり，障害児通所支援を利用したりする児童は飛躍的に増えている。

　自閉症児に対しては，これまで知的障害児施設の一種として自閉症児施設が制度化されており，医療型である第一種自閉症児施設と福祉型の第二種施設があったが，平成24年度から障害児入所施設に統合されている。

　今後，知的障害をともなわない自閉症児や，その他の発達障害に対するサービス等が十分でなく，発達障害者支援センターでの相談支援の充実に加え，発達障害児童やその保護者に対するサービスの再構築が課題となる。

10.　難病児童に対する医療福祉サービス

　小児慢性特定疾病等，長期にわたる入院，療養生活を余儀なくされている子どもや家庭に対する福祉サービスの創設も，大きな課題である。通院や入院中の親

の付き添いなど，子どもや家族の負担も多い。小児慢性特定疾病治療研究事業は，平成17年の児童福祉法改正により法定化され，医療費の公費負担や保健所による療育指導，手帳の交付，ショートステイ等のサービスが実施されていた。

施策としては，児童福祉法改正により，平成27年1月から，小児慢性特定疾病の患者に対するこれまでの医療費助成に消費税を充てることができるようにし，小児慢性特定疾病医療費助成として充実し，また，小児慢性特定疾病児童等自立支援事業を法定化することにより，相談支援，情報提供，レスパイト，相互交流支援，就労支援，家族支援等の事業を安定的に実施できるようにした。さらに，国は，小児慢性特定疾病児童日常生活用具給付事業や小児慢性特定疾病の治療研究や指定医の育成等も実施している。

なお，児童福祉法改正により平成25年度から，障害児の定義に一定の難病[*9]が加えられて，障害児童支援サービスの利用が可能となっている。また，改正児童福祉法と同時に平成27年1月から施行された難病の患者に対する医療等に関する法律の施行により，基本方針の策定，調査及び研究の推進，療養生活環境整備事業の実施等の充実が図られていくこととなっている。

●第4節　障害児童福祉サービスの課題●

1. 障害児童福祉改革の動向

障害児童福祉は，成人との整合化が重視された改革により，子ども一般施策との融合が求められつつも，狭義の子ども家庭福祉との乖離が続いている。改革の動向としては，これまで述べてきたように，平成24年度施行の児童福祉法改正で保育所等訪問支援等により障害児を地域生活のなかで支援する法改正等が実施された。

第二に，平成23年には障害者基本法の一部を改正する法律が成立・施行された。障害児支援に関しては，第16条（教育）において，いわゆるインクルーシヴ教育が盛り込まれ，新設された第17条（療育）において，身近な場所におけ

[*9] 障害児の定義に含まれる難病とは，平成25年度から，児童福祉法第4条第2項により，「治療方法が確立していない疾病その他の特殊の疾病であって障害者の日常生活及び社会生活を総合的に支援するための法律第4条第1項の政令で定めるものによる障害の程度が同項の厚生労働大臣が定める程度である児童」をいう。

る療育その他の支援が行われるべきことが規定された。そのキーワードは,「地域生活支援」といってよい。

　こうした動向のなか,平成 26 年 7 月には,今後の障害児支援の方向性を示す報告書である障害児支援の在り方に関する検討会報告書,障害児入所支援の在り方に関する検討会報告書,障害児通所支援の在り方に関する検討会報告書が相次いで公表され,放課後等デイサービスならびに児童発達支援事業のガイドライン,障害児入所施設運営指針などが策定されている。

2.　平成 28 年改正児童福祉法にともなう制度改正

　平成 28 年に成立した障害者総合支援法にともなう改正児童福祉法では,以下の 4 点が法定化された。すなわち,①重度の障害等のために外出が困難な障害児に対し,居宅を訪問して発達支援を提供できるサービスである「居宅訪問型児童発達支援」を整備すること,②保育所等訪問支援について,対象を乳児院や児童養護施設等に入所している障害児にも拡大すること,③医療的ケア児*10 に必要な支援を提供するために障害児支援制度に明確に位置づけること,④障害児支援に関するサービスを計画的に確保するための規定を設けること,の 4 点である。

　サービスの計画的確保については,現在努力義務とされている障害児福祉計画(3 か年計画)の策定を法定化したうえで義務化するものである。これにより,障害児福祉計画の量を上回った事業者指定をしない権限を知事に与えることなどが法定化された。令和 3 年 3 月には,第 2 期障害児福祉計画の策定が全都道府県,市町村で策定された。

3.　医療的ケア児及びその家族に対する支援

　平成 28 年改正児童福祉法において規定された「医療的ケア児」支援を引き継ぎ,令和 3 年には医療的ケア児及びその家族に対する支援に関する法律が施行されている。本法においては,定義,基本理念,国等の責務,各種支援施策,医療的ケア児支援センターの設置などについて規定がなされている。

　ちなみに,本法律における医療的ケア児の定義は,日常生活及び社会生活を営

＊10　「医療的ケア児」とは,障害児支援の幅を広げるために障害者部会報告書において初めて規定された対象概念であり,改正児童福祉法第 56 条の 6 第 2 項では,「人口呼吸器を装着している障害児その他の日常生活を営むために医療を要する状態にある障害児」と規定している。

むために恒常的に医療的ケア（人工呼吸器による呼吸管理，喀痰吸引その他の医療行為）を受けることが不可欠である児童（18歳以上の高校生等を含む）とされている。また，医療的ケア児支援センターは都道府県に設置され，医療的ケア児及びその家族の相談に応じ，又は情報の提供若しくは助言その他の支援を行うこと，各種情報提供や研修等を行う機関である。

4. 障害児童福祉改革の今後の方向

　障害児童福祉改革の今後の方向としては，在宅福祉サービスをめぐってはワンストップサービスの制度化が最も必要とされる。また，障害児入所施設支援における市町村の役割強化，施設入所の場合の指定障害児相談支援事業所の関与，専門里親，ファミリーホームの活用や施設の小規模化，ユニット化の推進，家族支援，自立支援の更なる推進や，いわゆる過齢児支援も必要とされる。さらに，障害児相談に対応できる職員の養成，家族支援・きょうだい支援の充実，要保護児童対策地域協議会と地域自立支援協議会の連携等を具体化していくことも必要である。

　これからの障害児支援の基本は，子どもたちにあたりまえの生活を保障することにある。そのためには，インクルージョンの視点に立った地域生活支援が最も必要とされる。地域の身近なところで一般児童とともに生活を営むことができ，また，専門的な療育支援が受けられるような社会にしていかなければならない。さらに，児童福祉法第3条2に規定するとおり，家庭環境を奪われた子どもたちには，代替的環境としてまず家庭養護を提供し，それが困難な場合にはそれに近い環境が用意されなければならない。そのことは，障害児童福祉も例外ではない。こうした点を踏まえると，今後の障害児支援施策は，以下の4つの次元で充実されなければならない。

(1) 子ども・子育て支援制度における障害児支援の充実（合理的配慮を含む）

(2) 子ども・子育て支援制度から障害児固有の支援サービスへのつなぎの充実

(3) 子ども・子育て支援制度の各施策に対する障害児支援施策による後方支援の充実

(4) 障害児に固有の支援施策の充実

　障害児支援の在り方に関する検討会報告書は，障害児支援の役割を，あえて「後方支援」という用語に凝縮させた。これは，障害児支援は，福祉施策としてどのような社会をつくることをめざそうとするのかという「社会観」についての投げかけを行ったものと理解できる。私たちは，障害児支援によってどのような社会をめざそうとするのか，それを踏まえた論議がなされ，施策が推進されていくことが必要とされる。こうした点を踏まえて，あえて，障害児支援固有のサービスは，子どもに普遍的なサービス体系である子ども・子育て支援制度を後方支援できるようにしていくことが必要と位置づけたのである。

　そのためには，障害児支援施策における専門的な支援の充実を図る必要がある。そのうえで，これを支える基礎構造の充実が必要である。特に，都道府県と市町村の二元化行政を解消し，インクルーシヴな実施体制を実現すること，人材の確保・養成，消費税財源の追加投入等による財政支援の充実の3点が重要である。政府においては，令和6年度からの報酬改訂に向けた検討が進められている。その行方にも注目する必要がある。障害児支援サービスの充実によってめざされるべき社会は，社会的排除のない世界，ソーシャル・インクルージョン（social inclusion：社会的包摂）をめざす社会と考える必要がある。こども家庭庁の創設により障害児支援がこども施策としてしっかりと位置付けられた今こそ，インクルージョンを真に実現していくことが求められている。

【文　献】

柏女霊峰（2017）：『これからの子ども・子育て支援を考える』ミネルヴァ書房
柏女霊峰（2019 a）：『子ども家庭福祉学序説──実践論からのアプローチ』誠信書房
柏女霊峰（2019 b）：『平成期の子ども家庭福祉──政策立案の内側からの証言』生活書院
柏女霊峰監修，国立病院機構全国保育士協議会編（2018）：『三訂版　医療現場の保育士と障がい児者の生活支援』生活書院
柏女霊峰編（2020）：『子ども家庭福祉における地域包括的・継続的支援の可能性──社会福祉のニーズと実践からの示唆』福村出版
宮田広善（2001）：『子育てを支える療育──〈医療モデル〉から〈生活モデル〉への転換を』ぶどう社

第16章
社会的養護サービス

　子ども家庭福祉の理念が一般に浸透し，子育て支援サービスの充実が図られたとしても，種々の理由で親と生活をともにできない子どもたち，虐待される子どもたちがいなくなることはないであろう。本章では，こうした子どもたちに社会が用意したシステムである社会的養護サービスについて，その現状，サービスの概要および課題について整理する。そのうえで，第4節において，子ども虐待防止について概観する。

●第1節　社会的養護サービスの体系●

1.　社会的養護の意義

　いうまでもなく，子どもは，親の温かい愛情のもとで家庭生活を経験しつつ育っていくことが最も望ましいが，世の中には親のいない子どもや，たとえ親がいてもいろいろな事情，さらには不適切な養育，虐待等によってともに暮らしていくことのできない子どもが大勢いる。また，ひとり親家庭等の厳しい環境のなかに置かれている子どもたちもいる。こうした家庭環境を奪われた子どもや厳しい家庭環境に置かれている子どもには，家庭に代わるあるいは家庭全体を支援できる養育環境，さらには，不適切な家庭環境の下で子どもたちが蒙った心身の痛手をケアしていく環境が用意されなければならない。このような目的のために社会が用意した養育環境の体系を，社会的養護と呼ぶ。なお，広義には，養育機能の低下した家庭に対する在宅福祉サービスまでも含めて，社会的養護とする場合もある。

2.　社会的養護の体系

　社会的養護の体系は，国や文化によって大きく異なっているが，わが国におい

ては，乳児院や児童養護施設等の児童福祉施設で養育されるいわゆる施設養護
と，里親等子どもを家庭と同様の養育環境のなかで養育する家庭養護が，大きな
2本柱となっている。

　施設養護は，通常，大舎制，小舎制等と呼ばれる多様な運営形態がとられてい
るが，基本的には集団生活，複数の職員の交代制勤務による生活を前提としてい
る。近年は，地域小規模児童養護施設やユニットケアが制度化され，なるべく地
域のなかで，あるいは家庭的な環境で生活ができる家庭的養護*1 としての運営
形態も工夫されつつある。

　これに対し，家庭養護は，原則として夫婦等と永続的関係を保つ個別的養護を
前提としている。家庭養護の代表的なものは里親制度である。平成21年度から
は，5〜6人の子どもを家庭と同様の環境で養育する小規模住居型児童養育事業
（ファミリーホーム）が，第2種社会福祉事業として制度化されている。さらに，
民法上の制度としては，子どもに恒久的な家庭を用意する特別養子縁組制度があ
り，これも，広義の社会的養護の体系のなかに含めることができる。以上の体系
は，図16-1のようにまとめられる。

③　社会的養護の現状と課題

　続いて，代表的な社会的養護の現状については，図16-2のようにまとめら
れる。わが国においては，社会的養護の下にある子どもたち（母子生活支援施設
入所児童を含む）は約4.2万人であり，施設養護がその大半（76.5%〈令和3年
度末〉：里親委託児童＋ファミリーホーム入所児童／里親，ファミリーホーム，
乳児院，児童養護施設入所児童の総数）を占めている。小規模グループケアや地
域小規模児童養護施設は近年着実に増えているがまだまだ少なく，しかも，施設
養護は現在，特に都市部を中心に満杯状態にある。

　ちなみに，子どもの権利条約第20条第3項においては，家庭環境に代わる代
替措置として里親委託が最初に挙げられ，施設養護は「必要な場合には」とさ
れ，限定された規定となっている。平成21年（2009年）に国連総会で採択され

---

*1　家庭養護は里親，ファミリーホームを指し，家庭的養護は地域小規模施設やユニットケア
　　等を指す。また，両者を含めて広義の家庭的養護と総称することもある。家庭的養護を拡充
　　していくためには，家庭養護の支援や，家庭的養護のデメリットを克服するためのシステム，
　　たとえば，レスパイトや専門的支援の充実等もセットで進められていくことが必要である。

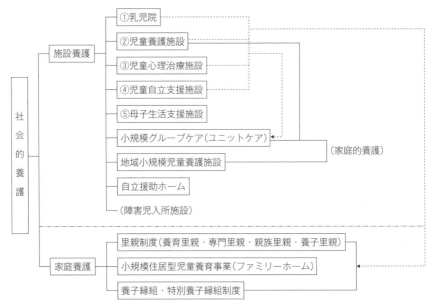

図 16-1　わが国の社会的養護の体系

(厚生労働省作成資料，2012 を元に著者作成)

た児童の代替的養護に関する指針も，代替的養護を決定する場合にはあくまで家庭を基本とし，施設養護を限定するよう規定している。しかし，わが国においては，歴史的な経緯もあって施設養護が中心となっており，社会的養護制度は，時代に対応した抜本的な制度改正が行われないまま現在に至っている。

●第2節　社会的養護サービスの現状●

1.　社会的養護を必要とする子どもの実情

　社会的養護を必要とする子どもとは，法律上は，児童相談所によって「養護に欠ける児童」と判定された子どもをいう。その定義については，児童福祉法（以下「児福法」）第41条の児童養護施設に入所すべき児童の条文から，「保護者のない児童，虐待されている児童その他環境上養護を要する児童」とされる。

　児福法第25条により，これらの子どもを発見した者は，市町村，児童相談所または福祉事務所に通告することが義務づけられている。全国の児童相談所にお

保護者のない児童、被虐待児など家庭環境上養護を必要とする児童などに対し、公的な責任として、社会的に養護を行う。対象児童は、約4万2千人。

里親　家庭における養育を里親に委託

区分	登録里親数	委託里親数	委託児童数
里親（里親は重複登録有り）	15,607世帯	4,844世帯	6,080人
養育里親	12,934世帯	3,888世帯	4,709人
専門里親	728世帯	168世帯	204人
養子縁組里親	6,291世帯	314世帯	348人
親族里親	631世帯	569世帯	819人

ファミリーホーム　養育者の住居において家庭養護を行う（定員5～6名）

区分	
ホーム数	446か所
委託児童数	1,718人

施設	乳児院	児童養護施設	児童心理治療施設	児童自立支援施設	母子生活支援施設	自立援助ホーム
対象児童	乳児（特に必要な場合は、幼児を含む）	保護者のない児童、虐待されている児童その他環境上養護を要する児童（特に必要な場合は、乳児を含む）	家庭環境、学校における交友関係その他の環境上の理由により社会生活への適応が困難となった児童	不良行為をなし、又はなすおそれのある児童及び家庭環境その他の環境上の理由により生活指導等を要する児童	配偶者のない女子又はこれに準ずる事情のある女子及びその者の監護すべき児童	義務教育を終了した児童であって、児童養護施設等を退所した児童等
施設数	145か所	610か所	53か所	58か所	215か所	229か所
定員	3,827人	30,140人	2,016人	3,340人	4,441世帯	1,575人
現員	2,351人	23,008人	1,343人	1,164人	3,135世帯 児童5,293人	818人
職員総数	5,555人	20,639人	1,522人	1,839人	2,073人	874人

小規模グループケア	2,197か所
地域小規模児童養護施設	527か所

※里親数、FHホーム数、委託児童数、乳児院、児童養護施設・児童自立支援施設・母子生活支援施設の施設数・定員・現員は福祉行政報告例（令和4年3月末現在）
※児童自立支援施設の施設数・定員・現員、自立援助ホームの施設数（令和3年10月1日現在）
※小規模小規模児童養護施設のか所数は家庭福祉課調べ（令和3年10月1日現在）
※職員数（自立援助ホームを除く）は、社会福祉施設等調査（令和4年3月31日現在）及び職員数（令和3年10月1日現在）は家庭福祉課調べ
※児童自立支援施設は、国立2施設を含む

図16-2　社会的養護の現状——里親数、施設数、児童数
（こども家庭庁支援局家庭福祉課「社会的養育の推進に向けて（令和5年4月5日）」. 2023. p. 2）

ける養護相談実件数は，近年，増加を続けている。また，「児童養護施設入所児童等調査結果の概要（平成30年2月1日現在)」によると，全国の児童養護施設入所児童，乳児院入所児童，ファミリーホーム委託児童数（今回のみ），里親委託児童の合計は3万6,944人（5年前は3万8,489人）であり，15年前の同調査の3万5,893人と比べてほぼ横ばいである。

2. 社会的養護サービスの提供体制

(1) 相談援助サービス

養護に欠ける児童の相談援助に携わる主な機関として，児童委員，市町村，福祉事務所（家庭児童相談室)，児童相談所がある。児童委員，主任児童委員は地域に最も密着した機関として，養護問題の予防，発見，通告（通告の仲介を含む)，援助，児童養護施設入所中の子どもの家庭支援等に一定の役割を果たしている。なお，平成17年度から，市町村が児童相談の第一次的窓口となっている。

福祉事務所も総合的な福祉行政機関として，養護に欠ける児童の通告や相談を受け付け，必要な調査や援助活動を行い，必要と認められる場合には市町村への通知（保育所入所児童)，児童相談所への送致や，母子生活支援施設への入所の決定を行っている。

児童相談所は，市町村をはじめとする各機関および家庭等から通告，相談，送致を受け，子どもや家庭に対する専門的，総合的な判定を行ったうえで，助言，各種ソーシャルワーク，カウンセリング等の援助を行っている。また，緊急保護，行動観察，短期入所指導を目的として，必要がある場合には子どもの一時保護も行っている。このほか，児童家庭支援センターも各種の相談支援を行っている。

(2) 養護に欠ける児童の在宅指導措置

養護に欠ける児童の在宅指導措置の内容には，①訓戒・誓約，②児童福祉司，社会福祉主事または児童委員，児童家庭支援センター等による指導，がある（児福法第27条)。

子どもや保護者を上記の者に指導させる措置であり，訪問や面接等による継続的援助活動である。助言指導，継続指導と同様，在宅で子どもを援助することをめざすものである。児童養護施設入所等の措置と並行してこの措置をとり，施設入所児童の家庭に対する支援や家族関係調整を行うことも有効である。このほ

か，市町村に指導を委嘱する措置等も規定されている。

　また，市町村においては，子どもおよびその保護者に対する在宅サービスとして，養育支援訪問事業や子育て短期支援事業，一時預かり事業等も実施されている。令和6年度からは，この3事業に子育て世帯訪問支援事業，児童育成支援拠点事業，親子関係形成支援事業を加えた6事業を家庭支援事業として，市町村による利用勧奨，在宅措置の対象とするなど，在宅支援の強化が図られる。

(3) 児童福祉施設入所（乳児院，児童養護施設等）および里親による 養育・保護

　児童相談所において調査，判定を行ったうえで，保護者のもとで養育できない，または養育することが適当でないと判断される子どもは，乳児院や児童養護施設等の児童福祉施設入所，里親への委託等の措置がとられる。この措置は親権者または後見人の意に反してとることはできない（児福法第27条第4項）が，被虐待児童等，児童の福祉を図るうえで必要な場合には，家庭裁判所の承認を得てこの措置をとることができる（児福法第28条）。なお，この場合において，子ども，保護者の意向と児童相談所の判断が一致しないとき等には，児童福祉審議会の意見を聴かなければならない（児福法第27条第6項）。第28条に基づく家庭裁判所の承認による措置の期間は2年以内とされ，その後は，必要に応じ審判を経て更新される仕組みとなっている。また，必要があれば児童福祉司等に立入調査をさせることもできる（児福法第29条）。なお，平成20年度から，子ども虐待の場合であって保護者が立入調査を拒否する場合には，児童相談所長は保護者に対して出頭要求を行うことができ，出頭要求に保護者が応じない場合には，裁判所の許可状を得て家庭内を臨検し，子どもの捜索を行うことができることとされた。

　さらに，家庭裁判所の承認を得て施設入所させても，すぐに親権者が強制的に引き取り子どもの福祉を阻害するなど，親権者が親権を濫用する場合には，民法第834条に規定する家庭裁判所への親権喪失宣告の請求を，児童相談所長もできることとなっている（児福法第33条の7）。加えて平成24年度からは，2年を限度（更新は可能）とする親権の一時停止制度も創設されている。また，施設入所後の親権者からの不当な要求に対する施設長の対応強化や，新たな未成年後見制度も施行され，子どもの最善の利益保障のための制度改革が前進している。

3. 児童福祉施設における子どもの支援

(1) 乳児院

　乳児院は，乳児を入院させて養育し，あわせて退所した者について相談その他の援助を行うことを目的とする児童福祉施設であり，保健上，安定した生活環境の確保，その他の理由により特に必要のある場合には，幼児（就学前児童）を入所させることができる（児福法第37条）。乳児院には医師（または嘱託医），看護師（保育士または児童指導員），栄養士，調理員，家庭支援専門相談員が置かれ，一定の場合には，里親支援専門相談員，個別対応職員，心理療法担当職員が置かれる。乳児の養育にあたっては，毎日定時に授乳，食事，おむつ交換，外気浴および安静を行い，定期的に身体測定を実施し，随時健康診断を実施するほか，乳児の精神発達状況の観察と指導を行うよう定められており，乳児の心身の健全な発達を促進する配慮がなされる必要がある。運営については，児童福祉施設の設備及び運営に関する基準（厚生労働省令）や，乳児院運営指針（平成23年度末厚生労働省雇用均等・児童家庭局長通知），乳児院運営ハンドブック等によっている。

(2) 児童養護施設

　児童養護施設は，乳児を除いた（平成17年度から，必要に応じ乳児も入所することができるようになった）養護に欠ける児童を入所させてこれを養護し，あわせて退所児童の相談，その他その自立を支援する施設（児福法第41条）であり，必要によっては20歳に達するまで入所を延長することができる。平成17年度からは，退所児童の自立支援もその機能に加わっている。

　児童養護施設には，児童指導員，嘱託医，保育士，栄養士，調理員，家庭支援専門相談員が置かれ，一定の場合には，里親支援専門相談員，個別対応職員，心理療法担当職員が置かれる。子どもの自主性を尊重し，基本的な生活習慣を確立し，豊かな人間性，社会性を養うとともに，その自立の支援を行うよう援助が行われることが必要である。また，入所児童の家庭環境調整を行うことも必要である。運営については，児童福祉施設の設備及び運営に関する基準や児童養護施設運営指針（平成23年度末厚生労働省雇用均等・児童家庭局長通知），児童養護施設運営ハンドブックによっている。

　近年の入所児童は何らかのかたちで保護者のいる子どもが多く，保護者から放

任，拒否されたり，虐待されたりして，心の傷や障害等の諸問題を抱えた子ども
が多くなっている。それだけに，子ども一人ひとりの状態に応じた個別的，連続
的ケアが求められている現状にある。

4. 里親制度

　里親制度は，児童福祉法に基づく子どもの福祉のための制度である。里親制度
の運用については，児童福祉法に基づいて定められた「児童福祉法施行規則」，
ならびに「里親が行う養育に関する最低基準」，および厚生労働省雇用均等・児
童家庭局長通知「里親制度の運営について」「里親委託ガイドライン」「里親及び
ファミリーホーム養育指針」（平成23年度末厚生労働省雇用均等・児童家庭局長
通知）「里親・ファミリーホーム養育指針ハンドブック」（全国里親委託等推進委
員会）が基本となっている。

（1）里親の種類

　現在，里親の種類は，法令により「養育里親」「専門里親」「親族里親」「養子
縁組里親」の4種（**表16-1**）が規定されている。養子縁組を希望していても，
養子縁組前提ではない要保護児童の養育も可能という場合は，養育里親として登
録することとなる。親族里親は養育里親ではないが，要保護児童にとって有益な
社会的養護体制の一つであるといえる。また，専門里親については，被虐待児童
や非行児童のほか障害のある児童も委託対象とされる。

（2）養育里親の認定・研修・手当等

　平成21年度から，養育里親の認定にもいくつかの改正が実施された。第一に，

表16-1　里親の種類

種類	養育里親	専門里親	養子縁組里親	親族里親
対象児童	要保護児童	次に挙げる要保護児童のうち，都道府県知事がその養育に関し特に支援が必要と認めたもの①児童虐待の行為により心身に有害な影響を受けた児童②非行等の問題を有する児童③身体障害，知的障害又は精神障害がある児童	要保護児童	次の要件に該当する要保護児童①当該親族里親に扶養義務のある児童②児童の両親その他の当該児童を現に監護する者が死亡，行方不明，拘禁，入院等の状態となったことにより，これらの者により，養育が期待できないこと

（厚生労働省「社会的養護の現状について」，2017，p. 13を著者一部改変）

認定前研修の受講が義務化された。第二に，養育里親になることを希望する者とその同居人が欠格事由に該当しないことが必要とされた。第三に，経済的に困窮していないことが要件とされた。

　また，里親登録の有効期間は5年（専門里親は2年）であり，その後は更新が必要とされる。なお，養育里親が同時に養育する委託児童は4人までとされている。また，専門里親も，同時に養育する委託児童は4人まで（専門里親委託対象児童は従来どおり2人まで）となった。

　養育里親研修は，養育里親を希望する者を対象とする基礎研修と，その後に認定されるための認定前研修，認定を更新するための更新研修からなっている。平成29年度から，養子縁組里親も研修受講対象とされた。

　養育里親の里親手当は令和2年度から1人につき月額90,000円，専門里親は1人につき月額14万1,000円となっており，平成29年度に大幅に増額されて以降，増額が図られている。親族里親，養子里親には里親手当は支給されない。これに，委託児童1人当たり5万円強（教育費，医療費等が加算される）の一般生活費が加わることとなる。なお，平成23年度に親族里親について，三親等の場合には養育里親として認定する道も開かれた。

　里親を希望する人は，地域を管轄する児童相談所に里親の申し込みをすることとなる。児童相談所による調査や都道府県児童福祉審議会の審議等により，里親として適当と認められれば，事前研修を経て都道府県知事が里親として認定する。児童相談所が要保護児童について里親委託が適当と判断すれば，里親に委託の措置をとる。里親は児童相談所とともに，自立支援計画と呼ばれる子どもの養育にあたっての留意事項や，今後の養育計画を作成していくことが求められる。また，都道府県からは，措置委託費と呼ばれる子どもの養育費用と里親手当が支給される。その額は前述のとおりである。これらは養育里親の場合であり，他の里親の場合には，これらに準じた仕組みとなっている。里親の養育にあたっては，里親が行う養育に関する最低基準を遵守しなければならない。

(3) フォスタリング機関（里親養育包括支援機関）

　里親を社会的養護の主流としていくためには里親支援が重要であり，平成21年度から，里親の掘り起こし，委託の推進，里親家庭に対する訪問活動や養育相談，里親サロンの運営，レスパイトケアの調整等の里親支援業務が，都道府県・指定都市（児相設置市を含む）の業務として規定され，当該業務を民間機関

に委託できることとなった。これを受け，里親支援機関事業が実施されていたが，平成 28 年の改正児童福祉法を受け，平成 29 年度からこれをさらに包括的に行うフォスタリング機関（里親養育包括支援機関）が実施されている。児童家庭支援センターも，里親支援を担っている。なお，フォスタリング機関の運営は，「フォスタリング機関（里親養育包括支援機関）及びその業務に関するガイドライン」（平成 30 年 7 月，子ども家庭局長通知）によっている。

　さらに，令和 6 年度からは，フォスタリング機関を新たに「里親支援センター」として児童福祉施設に位置付け，設備運営基準の制定などがなされることとなる。フォスタリング機関は児童相談所が自ら行っていることも多いが，今後は，児童相談所と里親支援センターとの適切や役割分担などが求められてくることとなる。

5.　児童自立生活援助事業（児福法第 6 条の 2 第 1 項，第 33 条の 6）

　自立援助ホームとして運営されているものであり，児童養護施設等を退所した義務教育修了後の子どもの自立を図るため，これらの子どもが共同生活を営む住居において，日常生活上の相談援助等を行う事業である。平成 21 年 4 月から児童相談所による委託の措置から，援助の実施を希望する者の申し込みにより，児童相談所が援助の実施を決定する方式に改められている。中学校や高等学校を卒業し，頼るあてもなく，いきなり社会で自立していくことを余儀なくされるこれらの子どもたちにとって，こうした自立支援事業の充実が求められる。

　平成 26 年度末には，自立援助ホーム運営指針も雇用均等・児童家庭局長通知として発出されている。また，平成 27 年度から，自立援助ホームに心理担当職員を配置する加算，就職支度費の支弁も始まった。なお，平成 29 年度から，高等教育進学の場合は，最大，22 歳到達後の最初の年度末まで入所が延長できることとなり，就職等の場合も，それに準じた事業が実施されている。

　なお，令和 6 年度から，児童自立生活援助事業の対象者の年齢要件について，都道府県知事が認めた時点まで児童自立生活援助の実施を可能にするとともに，教育機関に在学していなければならない等の要件も緩和されることとなっている。さらに，満 20 歳以降も，児童自立生活援助事業を活用して同じ施設等に入所し続けることも可能になる。

6. 小規模住居型児童養育事業

平成 21 年 4 月 1 日から, 施設と里親の中間形態ともいうべき新しいタイプの社会的養護形態である小規模住居型児童養育事業 (ファミリーホーム) が法定化された。これは,「第 27 条第 1 項第 3 号の措置に係る児童について, 厚生労働省令で定めるところにより, 保護者のない児童又は保護者に監護させることが不適当であると認められる児童 (以下「要保護児童」という。) の養育に関し相当の経験を有する者その他の厚生労働省令で定める者 (次条第一項に規定する里親を除く。) の住居において養育を行う事業をいう。」(児福法第 6 条の 2 第 8 項)。

第二種社会福祉事業として規定され, 児童相談所長が入所の決定を行う。いくつかの地方自治体で制度化されていたいわゆる里親ファミリーホームを参考に制度化された事業であり, 5, 6 人の子どもを対象に地域密着型の家庭養護を進めるものとして拡充が図られている。なお, ファミリーホームにおける子どもの養育については, 里親及びファミリーホーム養育指針が平成 23 年度末に厚生労働省雇用均等・児童家庭局長通知として発出され, 里親・ファミリーホーム養育指針ハンドブックも活用されている。

7. 自立支援サービス

現在, 高校進学児童に対しては特別育成費が支給され, この支給対象児童には, 全日制, 定時制, 通信制の高等学校のほか, 高等専門学校, 中学卒業程度の専門学校, 専修学校通学児童も含まれている。しかし, 施設入所児童の高等教育進学は, まだ一般家庭児童に比し低率である。さらに, 若年で社会に巣立つ子どもの職場への定着率も十分でないのが現状である。

こうした子どもたちに対する施策として, 退所児童を支援するピア・グループ型の NPO 等に対する支援事業 (退所児童等アフターケア事業), 大学進学等自立生活支援費, 身元保証人確保対策事業, 生活福祉資金の貸付, 児童養護施設の退所者等の就業支援事業等が実施されているが, まだまだ不十分と言わざるを得ず, 自立支援策の充実は急務である。なお, 社会的養護関係施設措置は必要がある場合は 20 歳まで延長が可能であり, 高等教育進学等の自立支援のための措置延長の活用が望まれる。

こうした事態を受け, 子どもの貧困対策の一環として, 平成 29 年度から社会

的養護における自立支援策が拡充されている。まず，前述したとおり自立援助ホーム入所児童の措置延長が一定の場合に22歳到達後の最初の年度末まで延長できることとなった。前述したとおり，令和6年度からはその年齢制限も撤廃される。

　第二に，児童養護施設退所者等に対する自立支援資金貸付事業が創設された。これは，児童養護施設や里親，自立援助ホーム等を退所した保護者からの養育支援が見込めない者に対して，家賃相当額や生活費の貸付を行い，また，資格取得希望者にもその費用の貸付（上限額25万円）を行い，一定期間就業継続等の場合に返還を免除する事業である。社会的養護自立支援事業も，支援期間の延長が予定されている。さらに，令和6年度からは，措置解除者（ケアリーバー）等が相互の交流を行う場所を開設し，対象者に対する情報の提供，相談・助言，関係機関誌の連絡調整等を行う社会的養護自立支援拠点事業も創設されることとなっている。

　第三に，社会的養護自立支援事業も創設された。これは，里親委託や児童養護施設等の措置を受けていて解除された者が，原則22歳到達後の最初の年度末まで引き続き必要な支援を受けることができる事業である。

　なお，消費税引き上げによる財源を充当することにより，令和2年度入学生から「高等教育の修学支援新制度」が開始されている。これは，大学・短期大学・高等専門学校・専門学校に進学する住民税非課税世帯およびそれに準ずる世帯の学生（社会的養護のもとにいる子どもたちが含まれる）に対し，①授業料等減免制度の創設，②給付型奨学金の支給の拡充を図るものである。このように，社会的養護のもとにいた児童の自立支援策は，一定の進展をみている。

8.　養子縁組

　狭義の子ども家庭福祉制度ではないが，養護に欠ける児童の保護・支援を図る制度として，養子縁組がある。適切な養子縁組は，子どもに恒久的な代替監護の場を安定的に提供するという面からみても，効果的な面が多い。子どもを自己の養子とすることを希望する者に対しては，児童相談所や都道府県から許可された養子縁組あっせん事業者[*2]が調査・認定し，子どもを斡旋することが原則となっている。その際，現状では，不幸な養子縁組を避けるためにも，原則として6カ月以上養子縁組を希望する者として子どもを養育することが勧められている。

　民法改正により，昭和63年から要保護児童の福祉を図るため特別養子縁組制度が導入され，令和2年度から民法改正法が施行されている。この制度は，もともとは，原則として6歳未満の低年齢児童の「利益のために特に必要がある」（民法第817条の7），言い換えれば，実親よりも養親に養育されたほうが子どもの福祉のために有益であると考えられる場合に，家庭裁判所の審判によって成立するものである。改正民法では，特別養子縁組の成立の審判の申立てのときに15歳未満とされ，対象年齢が拡大されている。また，特別養子縁組成立の手続きの見直しも行われた。具体的には，①実親による養育状況及び実親の同意の有無等を判断する審判（特別養子適格の確認の審判），②養親子のマッチングを判断する審判（特別養子縁組の成立の審判）の2段階手続きが取られることとなった。これらは，いずれも子どもの最善の利益を図ることや養親候補者の負担軽減を主眼としている。現在，年間約700件程度の縁組が行われている。

　特別養子縁組の場合，実親との縁が断絶され，しかも，原則として離縁が認められず，また，対象となる子どもも要保護児童が多いため，その斡旋，養親子の適合性等の判断，試験養育期間中（原則として6カ月以上）の指導等について，児童相談所等の子ども家庭福祉機関が関与することとされている。要保護児童の養子縁組に関しては，現在では児童相談所が斡旋を行い，養子縁組を希望する者への委託を経て成立する特別養子縁組が主流となっており，この場合の援助の展開は図16-3に示すとおりである。

●第3節　社会的養護の課題とその克服に向けて●

　社会的養護を必要とする子どもたちは，家族・社会の病理や矛盾をまともに，しかも最も深刻に受けている子どもたちであり，そうした子どもたちを社会的に養護する施策は，何より優先して進められなければならない。しかしながら，社会的養護は現在なお多くの課題を抱えている。以下に，その課題について簡潔に整理することとしたい。

＊2　令和元年度から，民間あっせん機関による養子縁組のあっせんに係る児童の保護等に関する法律が施行され，養子縁組あっせん事業を許可制にするとともに，業務の適正な運営を確保するための規制と振興が進められている。令和4年4月現在，あっせん事業の許可を受けた事業者は全国で24カ所（厚生労働省家庭福祉課調べ）である。

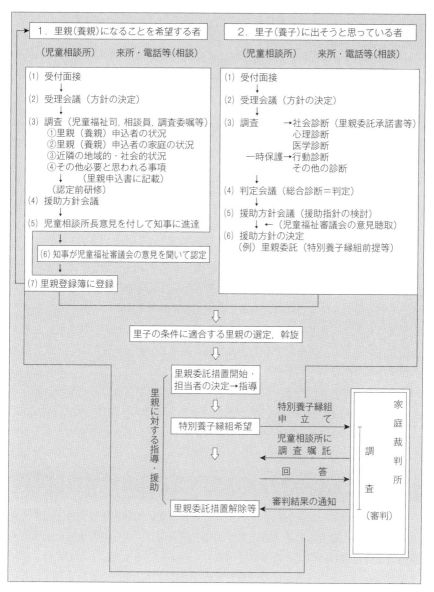

図 16-3　特別養子縁組にかかる児童相談所の対応（里親委託されている事例の場合）

1. 総論的課題

　社会的養護は最近まで漸増主義的前進が続いており，都道府県中心，措置制度中心といった基本システムは法制定当時の体系をとどめている。また，子ども虐待の増加とともに特に都市部を中心にその供給不足が続いており，さらに，いまだ多くの児童がいわゆる施設における大舎生活を余儀なくされている。前述のとおり，社会的養護の下にある子どもたちの生活の場所は，施設養護がその大半を占めている。

　また，供給量の地域格差が大きく，施設養護と家庭養護との地域格差も大きく開いている。総務省が平成24年1月に公表した「児童虐待の防止等に関する政策評価書」によると，都道府県別の「児童人口千人当たりの児童養護施設及び乳児院の定員」と「里親等委託率」との相関関係をみたところ，「相関係数は平成20年度−0.56，平成21年度−0.55であり，施設の定員が少ないほど里親等委託率が高くなる傾向がみられた」と分析している。このように，わが国においては，里親等委託は施設養護の補完的役割を果たすことを余儀なくされているような状況である。社会的養護の供給は措置制度によっているため，利用者の意思が働く余地が少なく，供給者中心の供給体制が続いているといってよい。家庭養護が伸びない理由はいくつかあるが，これら構造的な課題も克服しなければならない課題の一つである。近年，消費税の引き上げによる財源が社会的養護に振り向けられ，社会的養護にようやく光が当たりつつあることは喜ばしいことであり，こども家庭庁の創設と新規の財源の確保が，この分野にさらなる充実をもたらすことが期待されている。

　また，社会的養護の下にある子どもたちの状況は，近年，それぞれに愛着の問題やこころの傷を抱えている子どもたちが多くなっている。さらに，虐待等による心理的・情緒的・行動的問題を有する子ども，疾患や障害を有する子どもも多くなっている。こうした子どもたちが適切な愛着関係に基づいて他者に対する基本的信頼を獲得し，安定した人格を形成していくことを保障するためには，家庭養護の拡充のみならず施設におけるケア単位の小規模化や，ケアの地域化による家庭的養護の拡充，施設による家庭養護の支援，専門的ケアの充実等の多様な方向が求められてくる。

　親権の一時停止制度導入をはじめとする親権制度改正，児童福祉施設長と保護

者の親権との関係調整に関する制度改正，被虐待児童の心のケア，施設の専門機能強化，家族関係調整支援，自立支援，専門職制度の再構築も大きな課題である。児童相談所や施設職員の疲弊にも光を当てなければならない。さらに，社会的養護の実施主体が都道府県となっていることから，市町村の役割強化，社会的養護を地域にひらくことも大きな課題である。

2. 施設入所児童の権利擁護

　施設入所児童の権利擁護とは，児童の権利に関する条約に謳われているように，家庭環境を奪われた子どもに対して，家庭に生活する子どもと同様，あたりまえの生活をあたりまえのように送ることのできる環境を用意することにほかならない。

　児童養護施設で生活する子どもは，四重の痛手を抱える可能性があるといわれる。第一の痛手は，保護を受ける前に，混乱した家庭で被った痛手である。第二の痛手は，子どもが最も愛する家庭や親，家族と別れることによって被る痛手である。第三の痛手は，施設生活そのものが子どもの心に与える痛手である。そして，第四の痛手が，施設を退所して自立する場面で被る痛手である。

　特に，一部の施設における体罰や不適切な養育，さらには管理的な生活形態がもたらす痛手は深刻である。第三の痛手には，施設・設備や職員配置基準といった施設関係者の努力のみでは解決しようのない構造的な問題も含まれており，入所児童の権利擁護のためには，こうした基準そのものの改善も求められる。

　また，入所児童の増加，抱える問題の多様化や深刻さが，これら入所児童の権利保障の実現を困難にしている。特に児童福祉施設は，子どもの身体的，心理的，社会的特性ゆえ，パターナリスティックな視点が支配しやすい領域である。また，代弁者がおらず，社会的に取り残されやすい領域でもある。子どもが意見を言いやすいシステム，対応の工夫が望まれる。

　なお，第8章に述べたとおり，平成21年4月から，被措置児童等虐待等を防止し，その対応を図るための仕組みが創設されている。これは，措置型施設に入所している児童や里親，ファミリーホームに委託されている児童に対する被措置児童等虐待にかかる通告や，児童本人からの相談の受け付け，ならびにそれらの場合の都道府県等の対応に関する仕組みである。被措置児童等虐待とは，いわゆる身体的虐待，性的虐待，保護の怠慢・拒否（ネグレクト），心理的虐待をいい，

たとえば，子ども同士のいじめを知りつつ放置することも，子どもに対するネグレクトに当たるとされている。

被措置児童等虐待件数は，令和2年度は121件（被害児童215人）であり，平成26年度の62件（86人）から増加している。子どもの安全，安心が確保されるべき社会的養護の現場で，子どもの生存と発達を阻害する行為が続いているのである。こうした仕組みが，施設入所児童や里親委託児童等の権利擁護システムとして機能することが，期待されている。なお，被措置児童等虐待対応ガイドラインは，令和4年6月に，その後の動向を踏まえ大きく改訂されている。

さらに，平成24年度からは，社会的養護関係施設においては，3年に一度の第三者評価の受審と結果の公表や，該当年以外の年の自己評価の実施が義務化されており，このことも，社会的養護を社会にひらくことに寄与することが期待されている。

3. ケア単位の小規模化

ケア単位の小規模化の方法としては，施設ケアそのものの小規模化が第一である。これには，施設の規模自体の小規模化と，施設におけるケア単位の小規模化の2方向がある。ケア単位の小規模化には，職員の配置基準の向上によりケア職員1名当たりの子ども数を減少させる方法と，施設内におけるユニットケア，および施設分園型グループホーム・地域小規模施設を普及させる方法とがある。子どものあたりまえの生活保障という観点からは，特にグループホームや地域小規模児童養護施設の普及が図られなければならない。

次に，里親や小規模住居型児童養育事業（ファミリーホーム），地域小規模児童養護施設を運営の中心とし，専門機能を具備した基幹施設がそのバックアップ機能を果たす方向を模索すべきである。現在は施設養護がその大半を占め，家庭養護は全体の2割強（令和3年度末現在23.5％）にすぎない。里親や小規模住居型児童養育事業に対する思いきった政策誘導により小規模ケアの拡充を図り，施設がそれを支える仕組みが検討されなければならない。

4. 社会的養護改革の各論

社会的養護下にある子どもの支援のためには，市町村と社会的養護サービスとの連携を深めていくことが必要とされる。市町村職員や要保護児童対策地域協議

会のメンバーが，子どもの入所施設や里親宅を巡回訪問したり，帰省時に家庭訪問等により激励したりすることも必要である。こうした活動は定期的に行うことで，いわゆる子どものオンブズパーソンとしての機能を果たしていくこともできるであろう。なお，市町村が社会的養護の実施主体として機能する方向も模索すべきである。

　また，社会的養護サービスを担う中心的専門職である保育士等の資格や養成を，再検討しなければならない。現状のままでは，保育士が被虐待児等の養育スキルを獲得しないまま現場に出ることとなり，それが施設内虐待や職員の疲弊となって現れてきている面も否定できないからである。なお，職員が長く勤務でき，かつ，複数の職務を経験できるようにするため，特に，民間の施設職員の待遇向上や，社会福祉法人改革も，大きな課題といえる。

　さらに，社会的養護下にある子どもたちの自立支援は，最大の課題である。フェア・スタート（公平・公正な巣立ち），リ・スタート（再スタート），デュアル・スタート（学び・訓練を受けながら就労すること）の3スタートができる環境整備が必要である。一般家庭の子どもたちと同じようなスタートができるように，失敗してももう一度スタートができるように，就労と学び・訓練の機会が往復できるようにする自立支援が必要である。

5.　社会的養護の未来像

　社会保障審議会児童部会は，平成15年11月，子ども虐待防止や社会的養護サービスのあり方，児童相談所と都道府県・市町村の役割分担等に関する提言をとりまとめた，「児童虐待への対応など要保護児童及び要支援家庭に対する支援のあり方に関する当面の見直しの方向性について」と題する報告書を公表した。本報告書は，これからの社会的養護のあり方について，各種提言を整理したうえで図16-4のように提案している。この提案は，消費税財源が追加投入されることとなったことを受けて，平成23年7月に策定された「社会的養護の課題と将来像」に結びつくこととなる。

6.　社会的養護の課題と将来像――近年の制度改革を踏まえて

　社会的養護は，いわゆるタイガーマスク運動*3を契機として，社会保障・税一体改革の一環としての新たな子ども・子育て支援制度創設の風に乗り，近年，

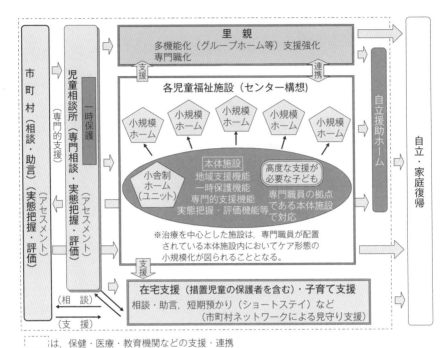

図 16-4　これからの社会的養護のあり方（案）

（厚生労働省社会保障審議会児童部会, 2003）

大きく展開した。

(1)「社会的養護の課題と将来像」の策定

　将来を見込んだ施策方針の策定としては，平成 23 年 7 月に社会保障審議会児童部会社会的養護専門委員会が報告した「社会的養護の課題と将来像」の策定が挙げられる。この報告は，全世代型社会保障実現の一環として，今後，子育てに一定規模の財源が充当されることをめざし，子ども・子育て支援制度の創設とともに社会的養護の充実を図ることをめざすものである。

　報告書では，社会的養護の質・量の拡充，職員配置基準の拡充や家庭（的）養

護（里親・ファミリーホーム委託を社会的養護の3分の1にすること，施設の小規模グループケア化等）のほか，自立支援の推進等が提言されている。特に，児童養護施設を中心とする施設養護の割合を今後十数年かけて社会的養護全体の3分の2とし，その半数を地域小規模児童養護施設等のグループホーム，残りの半分をオールユニット化された本体施設とする構想は画期的であった。これにともない，施設は，子どもの生活支援と同時に，家庭養護の支援を図る機能を具備することが求められることとなる。平成24年11月30日には，厚生労働省雇用均等・児童家庭局長通知として，「児童養護施設等の小規模化及び家庭的養護の推進について」が発出されており，今後，15年をかけてこの構想を実現するべく，社会的養護専門委員会がとりまとめた「小規模化等の手引き」等をもとに，都道府県において家庭的養護推進計画が策定されている。

(2) 親権制度改正と児童福祉施設長のとるべき措置

　子ども虐待防止・保護に資するため，民法改正（親権の一時停止制度，未成年後見制度導入等の親権制度改正）と児童福祉法改正（児童福祉施設長と保護者の親権との関係調整に関する制度改正）等を進める民法等の一部を改正する法律が平成23年5月に成立し，平成24年度から施行されている。

　民法改正においては，2年を超えない範囲（更新が可能）で，親権を一時停止する審判を行う制度を導入すること，未成年後見に法人後見制度を導入し，後見人が複数の場合の権限行使のあり方について規定することが実施された。

　児童福祉法の一部改正においては，施設入所等の措置がとられている場合に施設長等が監護，教育，懲戒に関してとる措置に対して，親権者は不当に妨げてはならないこと，子どもの生命，身体の安全確保のために緊急の必要がある場合には，親権者の意に反しても必要な措置をとることができるよう規定すること等が，規定された。

7.　社会的養護の充実と養育論の再検討

　社会的養護においては，子ども・子育て支援制度の創設にともない，その質の向上に相当する改善が平成27年度予算からすべて実現することとなった。すなわち，①児童養護施設等の職員配置の改善，②小規模グループケア，地域小規模児童養護施設のか所数の増（平成41年度末までに全施設を小規模化し，本体施設，グループホーム，里親等を1/3ずつにする），③児童養護施設及び乳児院に

における里親支援専門相談員の配置の推進，④民間児童養護施設等の職員給与の増の4点である。

職員配置の改善では，児童養護施設の場合，保育士と児童指導員を合わせた直接処遇職員の配置を職員と子どもの愛着関係の形成を考慮して，0，1歳児1.3：1，2歳児2：1，3歳以上幼児3：1，小学校以上4：1とする。乳児院では0，1歳児1：3：1，2歳児2：1，3歳以上幼児，3：1，児童心理治療施設が3：1，心理療法担当職員が7：1，児童自立支援施設が3：1，心理療法担当職員が10：1，母子生活支援施設における母子支援員，少年指導員それぞれにつき，10世帯未満1人，10世帯以上2人，20世帯以上3人，30世帯以上4人である。

このような質の改善も，子どもたちの生活の質の改善に結びつかなければ意味がない。そのためには，実践上の課題が克服されていかねばならない。これからの社会的養護実践における大きな課題は，以下の4点である。

(1) 家庭的養護促進のためのケア論の確立
(2) 家庭養護（里親，ファミリーホーム）支援のあり方に関する実践の集積（いくつかのモデルの提示等）
(3) 社会的養護関係施設の本体機能の高次化と家庭養護，家庭的養護に対する専門的支援の充実
(4) 人材の確保・養成（待遇の向上を含む）[*4]

特に，社会的養護の根源的な養育論の確立が，大事な課題である。家庭養護支援の方法論も確立しているとはいえない。家庭養護，家庭的養護はメリットも大きい半面，職員の配置基準の拡充が必要とされ，また，陥りやすいリスクもある。これらを見据えたケアの標準化が求められる。前述の施設，家庭養護の運営指針にも記述されているが，家族関係調整支援や自立支援，社会的養護の下で暮らす子どもたちに対する生い立ちの整理としてのライフ・ストーリー・ワーク（LSW）[*5]，施設における性的問題や性教育等に対する研究や実践の充実も必要

---

*4　平成29年度から，全員に2パーセントの給与アップのほか，夜勤等に着目した改善が月5,000円，一定の研修受講を要件として，小規模グループケアリーダーの場合は月額1万5,000円，ユニットリーダーで月3万5,000円，家庭支援専門相談員，里親支援専門相談員等で月5,000円，主任児童指導員・主任保育士で月5,000円などが，それぞれキャリアパスとして上乗せされている。

とされる。

　アドミッションケア，インケア，リービングケア，アフターケアの各段階における支援のありようについて整理するとともに，ケアワークとソーシャルワークとが統合されたいわゆるレジデンシャルワークのあり方が整理されなければならない。子どもの年齢に応じた一貫した支援である縦糸としてのケアワークと，それぞれの過程において，幅広い関係機関との連携のなかで進められていく横糸としてのソーシャルワークが織りなす，いわゆる面としての支援の体系化が必要とされている。

8.　平成 28 年改正児童福祉法の内実化に向けた新たな動向

　第 6 章で述べた平成 28 年改正児童福祉法第 3 条の 2，第 48 条の 3 にみる家庭養護優先の原則や施設入所中の子どもに家庭養護，家庭的養護を提供する施設の役割規定は，単なる理念規定ではない。また，本来，障害児入所施設においても適用されるべき規定である。

　改正児童福祉法を受け，平成 29 年 8 月には，政府の検討会により社会的養護の新たな方向性を示す「新しい社会的養育ビジョン」が公表された。報告書は，①市区町村を中心とした支援体制の構築，②児童相談所の機能強化と一時保護改革，③代替養育における「家庭と同様の養育環境」原則に関して，乳幼児期から段階を踏みながら徹底化，家庭養育が不適当な子どもへの施設養育の小規模化・地域分散化・高機能化，④パーマネンシー保障の徹底，⑤代替養育や集中的在宅ケアを受けた子どもの自立支援の徹底などを，時限を区切ってめざすものである。

　なかでも，就学前の子どもはおおむね 7 年以内に里親委託率 75% を達成し，学童期はおおむね 10 年以内を目処に里親委託率 50% 以上を実現するという数値目標は，これまでの数値目標を大きく上回るものである。

　これらを受け，平成 30 年 7 月には，厚生労働省から「都道府県社会的養育推進計画の策定要領」が子ども家庭局長通知として発出されている。本通知は令和 5 年度中に第 2 計画策定のための指針に改定発出され，全国で一斉に第 2 期計

　＊5　社会的養護のもとにいる子どもたちにとって，自らのルーツを知り，歩んできた人生を整理することは，自らのアイデンティティの確立，自己同一性の獲得にとって極めて重要である。そのことが，自分自身を受容し，また，他者を受容することにつながるのである。

画が策定されることとなる。施行は令和7年度である。また，「一時保護ガイドライン」「フォスタリング機関（里親養育包括支援機関）及びその業務に関するガイドライン」「乳児院・児童養護施設の高機能化及び多機能化・機能転換，小規模かつ地域分散化の進め方」が通知された。「児童相談所運営指針」も大きく改訂された。

　都道府県社会的養育推進計画の策定要領では，都道府県に家庭養護の目標をさらに上げることを求めており，これに基づき，各都道府県・指定都市が計画を策定し，社会的養護は令和2年度から新しい改革期に入っているのである。今後は，家庭養護支援，特に，フォスタリング機関の充実と児童福祉施設の里親支援，里親を包むチーム養育の在り方の検討など，社会的養護全体のシステム改革が必要とされている。施設から里親に委託すると施設が経営難になるという現在の措置費のありようの是正，つまり，家庭養護推進にインセンティヴ（意欲刺激）が働くシステム改革も求められる。都道府県社会的養育推進計画の第2期計画（令和7年度から）の準備が進められる今こそ，社会的養護関係施設，家庭養護の機能進化が求められているのである。

●第4節　子ども虐待防止●

1. 子ども虐待の現状

　児童虐待の防止等に関する法律によると，児童虐待には4つのタイプがあり，それぞれ一般的に，身体的虐待，性的虐待，保護の怠慢・拒否（ネグレクト），心理的虐待と呼ばれている。

(1)　児童の身体に外傷が生じ，または生じるおそれのある暴行を加えること。

(2)　児童にわいせつな行為をすること，または児童をしてわいせつな行為をさせること。

(3)　児童の心身の正常な発達を妨げるような著しい減食，または長時間の放置，保護者以外の同居人による前二号または次号に掲げる行為と同様の行為の放置，その他の保護者としての監護を著しく怠ること。

(4)　児童に対する著しい暴言，または著しく拒絶的な対応，児童が同居する

　　家庭における配偶者に対する暴力，その他の児童に著しい心理的外傷を与
　　える言動を行うこと。

　具体的な行為が虐待にあたるかどうかは，その頻度や状況にもよるので一概に
はいえないが，子どもにとって有害であるかどうかが判断基準とされる。
　子ども虐待の件数については，平成2年度から厚生労働省により，全国の児童
相談所を通じて集計が行われている。これによると，近年，増加が著しい様子が
みてとれ，令和4年度は21万9,170件（速報値）で，全国集計が開始された平
成2年度の1,101件の約199倍となっている。
　このうちもっとも多いのは心理的虐待で全体の59.1％，続いて身体的虐待
（23.6％）ネグレクト（16.2％），性的虐待（1.1％）と続く。心理的虐待が急増して
いるのは，配偶者暴力の目撃（面前DV）をした子どもや被虐待児童のきょうだい
が，心理的虐待を受けたとして通告されるようになってきている結果といえる。

2. 子ども虐待の要因と影響

　子ども虐待は，①親の成育歴も含めた親自身の問題，②夫婦関係や家族の病気
等のストレスフルな家庭状況，③近隣や親族を含めた社会からの孤立，④手のか
かる子，育てにくい子など子ども自身の要因，⑤親子分離体験，相性の悪さ等，
親と子どもとの関係をめぐる状況等の複合要因がもとになって発生すると考えら
れている。さらに，子育て等の手間暇かかることを厭う社会状況，母親のみに過
重にかかる子育ての負担，孤独な子育て，子育てと就労・社会参画の両立困難と
いった，子育てに対する社会的応援の少なさといった社会のありようも大きく影
響している。
　子ども虐待により，子どもは大きな影響を被ることとなる。たとえば，発育障
害や認知的発達の障害のほか，そのトラウマ（心的外傷）ゆえに，対人関係や感
情生活に大きな影響を被ることとなる。たとえば，感情コントロールの障害や愛
着形成の困難さ（愛着障害），虐待的人間関係の再現傾向等が代表的である。虐
待によって傷つけられた子どもたちには，専門的な治療的養育のほか，温かで一
貫したケアの継続，子どもたちが自らの責任ではない事情で引き受けなければな
らなかった現在の境遇に対する納得や親に対する感情の整理等の支援を行ってい
くことが必要とされている。

　一方，虐待してしまう親も多くの課題を抱え，また，自己の虐待行為によって
さらに傷を深くしてしまう。親もまた，自分の人生を肯定したいと願っており，
多くの援助を必要としていると考えられる。

3. 子ども虐待への制度的対応

　学校や児童福祉施設などの団体ならびにそれらの職員には子ども虐待の早期発
見に努める義務が規定され，また，子ども虐待を受けたと思われる児童を発見し
た者は誰でも，市町村，児童相談所等に通告する義務を負っている。現在では，
市町村が児童相談の第一次的窓口となっているが，緊急の場合や深刻な事例等は
児童相談所も直接受け付けている。平成 27 年 7 月から，児童相談所全国共通ダ
イヤルがこれまでの 10 桁から 3 桁（189：いちはやく）となり，通告・相談しや
すい体制づくりが進められている。

　通告を受けた市町村，児童相談所は速やか（原則として 48 時間以内）に安全
確認や調査を行い，立入調査や一時保護，判定等専門的な対応が必要な場合に
は，市町村から児童相談所に送致のうえ児童相談所が対応する。令和 4 年の改正
児童福祉法により令和 6 年度から，一時保護をする際に，親権者等が同意した場
合等を除き，事前または保護開始から 7 日以内に，裁判官に一時保護状を請求す
る等の手続きが設けられることとなっている。

　児童相談所は，必要に応じ保護者に対する援助や子どもの児童福祉施設（乳児
院や児童養護施設等）入所措置や里親に対する委託（専門里親等）を行う。ま
た，調査や援助に関する親権者の同意が得にくい場合等においては，立入調査
（拒否した者には罰則がかかる）や都道府県児童福祉審議会の意見聴取[6]，家庭
裁判所に対する施設入所承認の家事審判請求[7]，親権者に対する親権喪失宣告
の請求[8]なども行われる。

---

[6]　子ども虐待の場合など児童福祉施設入所に関し，保護者の意向と児童相談所の判断とが一
　　致しない場合，児童相談所長は援助の決定にあたって，都道府県児童福祉審議会の意見を聴
　　かなければならないこととされている。

[7]　子ども虐待の場合等において，親権者の意に反しても子どもの児童福祉施設入所が必要と判
　　断される場合には，児童相談所長は，子どもの施設入所の承認に関する審判の請求を家庭裁判
　　所に対して申請することができる。

[8]　子ども虐待の場合等において，親権者の親権を喪失させることが子どもの福祉にかなうと判
　　断される場合には，児童相談所長は，親権者に対する親権喪失の宣告を行う審判の開始を，家庭
　　裁判所に対して請求することができる。

　平成 20 年度からは，①子ども虐待が疑われる場合の子どもの安全確認をめぐる保護者に対する出頭要求，②立入調査や出頭要求*⁹ が拒否された場合に，子どもの保護を目的として，裁判所の許可状に基づき家庭に対する臨検・捜索を行う仕組みの制度化，③被虐待児童に対する保護者の面会・通信の制限の強化，④つきまといの禁止措置も実施されている。さらに，平成 24 年度からは，親権の一時停止制度*¹⁰ も創設されている。また，施設入所後の親権者からの不当な要求に対応する施設長の対応強化や未成年後見制度改正*¹¹ も実施されている。

　市町村においては，自ら対応できる援助を行うほか，児童相談所から送致された事例や施設から帰省中ないしは家庭復帰した事例等について，要保護児童対策地域協議会*¹² を組織・活用してネットワークによる援助を進める。

4.　子ども虐待防止のための地域における対応

　子ども虐待に対する行政や専門機関の対応が充実しても，子どもがそこにつながらなくては意味がない。通告とは，悩み苦しむ家族を援助のルートにつなげる手段であり，決して親を告発することではない。

　通告後は専門機関との連携に心がけ，さらには，要保護児童対策地域協議会等関係機関・施設が一堂に会した個別検討会議（ネットワークミーティング）に参加するなどして，役割分担と協力のもとで応援していく。基本的姿勢としては，「聴く（耳偏に十四の心と書く）こと」「看る（手を差し伸べつつ看る）こと」「見守り」「ちょっとした手助け」「相手の心のコップを空にしてあげること」等が大切である。

＊ 9　平成 28 年改正児童福祉法により，より迅速な対応を行うため，平成 29 年度から再出頭要求の手続きを経ずに，一度の出頭要求の拒否により臨検・捜索ができるようにする規制の緩和が実施された。

＊10　2 年を超えない範囲（更新が可能）で，親権者の親権を一時停止する審判を行う制度であり，都道府県知事（実際には児童相談所長）の審判請求により，家庭裁判所が決定する。

＊11　これまで個人後見であった未成年後見に法人後見制度を導入するものである。法人として後見人になることができ，また，後見人が複数の場合の権限行使のあり方についても規定が行われた。

＊12　児童福祉法により法定化されている協議会であり，要保護児童，要支援児童，特定妊婦の早期発見や保護を図るため，地域の関係機関等が情報や考え方を共有し援助していくためのネットワークである。中心となる調整機関も定められ，また，参加機関には守秘義務も課せられる。調整機関には児童福祉司など一定の任用資格を有する者を置くこととされ，研修受講が要件とされている。

5. 子ども虐待死亡ゼロをめざして

「病院から保護の怠慢（ネグレクト）で通告を受けた児童相談所が，安全確認のため家庭訪問をしたが拒否された。一方，近隣から度重なる子どもの泣き声通報を受けていた警察は，チラシを配布するなどしてその家をようやく特定，訪問したが，虐待の事実は確認できなかった。両者の情報が付き合わされることなくときが過ぎ，やがて，家にとり残されていた3人の幼児のうち，第3子が脱水をともなう著しい低栄養のため死亡した」

この事例は，平成21年7月，厚生労働省の専門委員会が公表した「子ども虐待による死亡事例等の検証結果等について——第5次報告」に掲載された事例である。政府は子ども虐待死亡事例の検証を進めているが，こども家庭庁による第19次報告の令和3年度では74人（心中以外は50人），近年では年平均74人程度，親子心中を除けば年間平均52人となっている。それらの検証からは，望まない妊娠・出産，飛び込み分娩（妊娠したが一度も産婦人科を受診せず，臨月近くに来院し出産すること），貧困，頻繁な転居，孤立などの社会的排除やジェンダー問題といった現代社会の矛盾が凝縮して示されている。平成15年7月に開始された第1次検討から令和4年3月31日までの第19次報告（令和5年9月）に至る19年弱の間に，1,600人ほどの子どもの命が喪われた。

このなかには，この事例のように，市町村や児童相談所等の関係機関が関わっていながら救えなかった命のほか，誰にも知られることなく終えた命も含まれている。死亡事例の分析からいえる虐待死につながるリスクは**表16-2**のとおりである。

これらに対応し，現在では，令和5年度から8年度までを期間とする「新たな児童虐待防止対策体制総合強化プラン」が策定，進行中である。法的介入の強化など子ども虐待対応の児童相談所一極集中における職員負担も大きく，市町村との役割分担など機能の再検討が必要とされている。プランの骨子は，児童相談所の一層の体制強化を図るため，児童福祉司の大幅増員を図るほか，里親養育支援のための児童福祉司，市町村支援のための児童福祉司を配置すること，児童心理司，保健師，弁護士配置の強化，一時保護所の職員体制の強化を図ることなどである。また，市町村の体制強化として，市区町村子ども家庭総合支援拠点の設置促進，要保護児童対策地域協議会の機能強化も図られることとなっている。

表 16-2　第 1 次から第 19 次報告を踏まえたこども虐待による死亡事例等を防ぐために留意すべきリスク

養育者の側面

○ 妊娠の届出がなされておらず，母子健康手帳が未発行である
○ 妊婦健康診査が未受診である又は受診回数が極端に少ない
○ 関係機関からの連絡を拒否している（途中から関係が変化した場合も含む）
○ 予期しない妊娠／計画していない妊娠
○ 医師，助産師の立会いなく自宅等で出産
○ 乳幼児健康診査や就学時の健康診断が未受診である又は予防接種が未接種である（途中から受診しなくなった場合も含む）
○ 精神疾患や抑うつ状態（産後うつ，マタニティブルーズ等）
　 知的障害などにより自ら適切な支援を求められない
○ 過去に自殺企図がある
○ 養育者がDVの問題を抱えている
○ こどもの発達等に関する強い不安や悩みを抱えている
○ 家庭として養育能力の不足等がある若年（10代）妊娠
○ こどもを保護してほしい等，養育者が自ら相談してくる
○ 虐待が疑われるにもかかわらず養育者が虐待を否定
○ 訪問等をしてもこどもに会わせない
○ 多胎児を含む複数人のこどもがいるなど，養育に負担がある
○ 安全でない環境にこどもだけを置いている
○ きょうだいなどによる不適切な養育・監護を放置している

こどもの側面

○ こどもの身体，特に，顔や首，頭等に外傷が認められる
○ 一定期間の体重増加不良や低栄養状態が認められる
○ こどもが学校・保育所等を不明確・不自然な理由で休む
○ 施設等への入退所を繰り返している
○ 一時保護等の措置を解除し家庭復帰後 6 か月以内の死亡事案が多い
○ きょうだいに対する虐待があった
○ こどもが保護を求めている，または養育が適切に行われていないことを示す発言がある

援助過程の側面

○ 保護者の交際相手や同居等の生活上の関わりが強く，こどもの養育に一定の関与がある者も含めた家族全体を捉えたリスクアセスメントが不足している
○ こどもの発言等をアセスメントや支援方針に活かせていない
○ 関係機関や関係部署が把握している情報を共有できず，得られた情報を統合し，虐待発生のリスクを認識することができていない
○ リスク評価や対応方針について組織としての判断ができていない
○ 継続的に支援している事例について，定期的及び状況の変化に応じたアセスメントが適切に行われていない
○ 転居時に関係機関が一堂に会した十分な引継ぎが行えていない
○ 転居など，生活環境や家族関係の変化に応じた迅速なリスクアセスメントと支援方針の見直し，検討ができていない
○ 関係機関間で同一の支援方針による対応ができておらず，見守り支援における具体的内容も共有されていない
○ 虐待されている状態の継続が事態の悪化だと捉えられていない

生活環境等の側面

○ 児童委員，近隣住民等から「こどもの様子が気にかかる」等の情報提供がある
○ 生活上に何らかの困難を抱えている
○ 転居を繰り返している
○ 社会的な支援，親族等から孤立している（させられている）
○ 家族関係や家族構造，家族の健康状態に変化があった

※こどもが低年齢・未就園の場合や離婚・未婚等によりひとり親の場合に該当するときには，特に注意して対応する必要がある。
※下線部分は，第19次報告より追加した内容。

（こども家庭庁「こども虐待による死亡事例等の検証結果等について（第 19 次報告）の概要」，2023，p. 12）

　さらに，子ども虐待防止対策の一層の強化を図る児童福祉法並びにいわゆる児童虐待防止法の一部を改正する法律が令和2年度から施行されている。改正法によると，保護者や児童福祉施設長などによる体罰禁止規定の創設のほか，児童相談所における支援職員と介入職員の分離や弁護士，医師などの配置強化などの体制強化や，児童相談所の設置促進，関係機関との連携強化などが図られている。民法に定める親の子に対する懲戒権も削除された。

　子ども虐待をゼロにすることは困難かもしれない。しかし，虐待による死亡は，国民，関係者の努力によってゼロにすることができる。子どもの死因究明（Child Death Review）についてのモデル事業も始まっている。私たちは，1,600人の子どもたちが命の代償として大人に残した課題に，真摯に向き合うことが必要とされている。

【文　献】

相澤仁編集代表，柏女霊峰・澁谷昌史編（2012）:『子どもの養育・支援の原理——社会的養護総論』明石書店

柏女霊峰（2011）:『子ども家庭福祉・保育の幕開け——緊急提言　平成期の改革はどうあるべきか』誠信書房

柏女霊峰（2015）:『子ども・子育て支援制度を読み解く——その全体像と今後の課題』誠信書房

柏女霊峰（2017）:『これからの子ども・子育て支援を考える——共生社会の創出をめざして』ミネルヴァ書房

柏女霊峰（2019 a）:『子ども家庭福祉学序説——実践論からのアプローチ』誠信書房

柏女霊峰（2019 b）:『平成期の子ども家庭福祉——政策立案の内側からの証言』生活書院

柏女霊峰監修・里親ファミリーホーム全国連絡会編（2007）:『これからの児童養護』生活書院

柏女霊峰編（2020）:『子ども家庭福祉における地域包括的・継続的支援の可能性——社会福祉のニーズと実践からの示唆』福村出版

こうのとりのゆりかご検証会議編著（2010）:『こうのとりのゆりかご検証会議・最終報告　「こうのとりのゆりかご」が問いかけるもの——いのちのあり方と子どもの権利』明石書店

第17章

非行，心理的困難や苦しみを抱える児童の福祉サービス

　非行とは一般に，子どもの個性と環境との力動的な相互関係により，法律的または社会倫理的な規範から逸脱する行動をいう。本章においては，非行のある少年の定義，福祉サービスについて概説し，課題について考察する。さらに，心理的困難や苦しみを抱える子どもに対する福祉サービスの現状について概説し，あわせて，不登校について取り上げ，その考え方，対策，今後の課題などについて考察する。

●第1節　非行児童福祉サービス●

1.　非行のある子ども

　少年法では，「非行のある少年」（第1条）を「審判に付すべき少年」（第3条）として，犯罪少年（罪を犯した少年），触法少年（14歳に満たないで刑罰法令に触れる行為をした少年），ぐ犯少年（性格または環境に照らして，将来罪を犯し，または刑罰法令に触れる行為をするおそれのある少年）の3種を挙げている。このうち，子ども家庭福祉において対象とされる子どもは，触法少年とぐ犯少年の一部であり，これらの子どもに対しては，その福祉を図る観点から各種の援助がなされている。

　非行は子どもたちの自己表現の一様式であり，決してその子どもの人格全体の表れではない。したがって，非行は常に，子どもを囲みあるいは育んできた環境と，彼の正常な欲求の流れとの力動的な関係において，理解されなければならない。この基本線なくしては，非行のある子どもの施策は，単なるラベリングに終わってしまいかねない。

2. 非行のある子どもに対する福祉サービス

　非行のある子どもに対するサービスは，主として「少年法」と「児童福祉法」によってなされている。非行のある子どもへの対応について図示したものが，図17-1である。14歳以上の犯罪少年の処遇は，原則として，矯正・司法制度，具体的には家庭裁判所，少年鑑別所，少年院などで対応しており，福祉サービスとの連携が重視されている。

(1) 相談援助施策

　非行のある子どもに対する相談援助は児童委員，市町村，福祉事務所（家庭児童相談室），児童相談所等において展開されている。特に児童相談所では，警察から通告のあった触法少年やぐ犯少年等の相談に応じその福祉を図るという観点から，ソーシャルワークや心理療法，カウンセリング，一時保護による集中的な生活指導等の在宅による援助が，関係機関との連携のもとに実施されている。

　なお，14歳以上で，警察官または保護者が，家庭裁判所に送致するよりも児童福祉法の措置に委ねたほうが適当であると認めた少年（少年法第6条），児童自立支援施設または児童養護施設に送致する保護処分がなされた少年（同法第24条）についても，児童相談所が対応することとなっている。

(2) 児童自立支援施設等入所

　非行のある子どもを入所させ，再教育や自立支援等を行う児童福祉施設としては，「不良行為をなし，又はなすおそれのある児童及び家庭環境その他の環境上の理由により生活指導等を要する児童」（児童福祉法第44条）をその対象として，指導，自立支援，退所した者に対する援助を行う，児童自立支援施設がある。

　児童自立支援施設には，専門職として，嘱託医のほか児童自立支援専門員，児童生活支援員，家庭支援専門相談員や心理療法担当職員等が置かれている。

　児童自立支援施設の援助形態は，教護院時代の歴史的経緯から，児童自立支援専門員および児童生活支援員である夫婦が運営する，夫婦小舎制が多くみられている。夫婦制の長所は，援助の一貫性が保ちやすく，緊密な人間関係を基礎に援助を展開できる点にあるが，一方で，勤務時間が不規則になり，また，夫婦職員を求めにくく，さらにスーパービジョン体制が取りにくいなどの短所があり，近年，交替制に移りつつあるのが現状である。平成9年の児童福祉法改正までは，

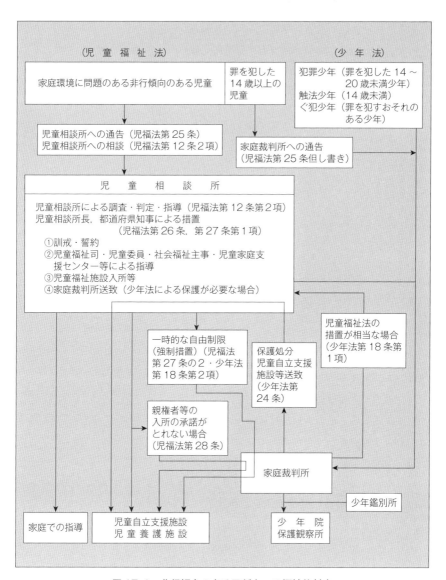

図 17-1　非行傾向のある子どもへの福祉的対応

(厚生統計協会，2012，p. 90 を著者一部改変)

旧教護院長に子どもの就学義務が課せられておらず，生活指導，学科指導，職業指導を一体的に行ういわゆる準ずる教育が行われている施設も多かったが，現在では，ほとんどの施設が学校教育を導入している。

　なお，児童自立支援施設への入所が必要であって親権者が反対している場合や，子どもの福祉を図るためにその行動を制限する措置（国立児童自立支援施設における行動自由の制限）をとる必要がある場合には，家庭裁判所に送致し，その決定があれば当該措置をとることになっている。児童自立支援施設の運営については，児童自立支援施設運営指針（平成 23 年度末厚生労働省局長通知）によることとされている。平成 25 年度末には，児童自立支援施設運営ハンドブックも発刊されている。

　児童自立支援施設のあり方をめぐっては，平成 18 年 2 月に厚生労働省に設置された，「児童自立支援施設のあり方に関する研究会」が報告書を提出しており，平成 23 年 7 月の「社会的養護の課題と将来像」（社会保障審議会児童部会社会的養護専門委員会，2011）もそれを引き継いだ報告をしている。平成 27 年度から，職員の配置基準が引き上げられる（4.5：1 から 3：1）とともに，心理療法担当職員の配置が，児童 10 人ごとに 1 名以上とされた。

3. 少年法改正がもたらすもの──事実認定をめぐって

(1) 触法・犯罪事実の認定と少年法改正

　児童相談所は，子ども家庭福祉増進のための行政機関であり，犯罪事実の捜査はなし得ない。また，児童相談所における触法少年の援助については，子どもの性格・行動および子どものおかれた環境等を総合的に判断し，いわゆる要保護性の観点から決定するものであり，触法事実の有無のみが判断材料になるわけでもない。しかしながら，児童相談所に通告されてくる触法少年については，通告後，触法事実を否認することがあることも事実である。

　この場合，児童相談所は犯罪事実の有無について捜査する権限も能力も有していないため，もし，触法事実の有無が子どもの援助決定上重要な判断材料となる場合には，援助の決定ができないこととなる。また，子どもにとっても，もしその触法行為を行っていないとするならば，その事実を周囲に証明する術がないことになる。

　このため，過去，触法少年が，児童相談所のとった行政処分に対して訴えを提

起する事態*¹もみられていた。

（2）少年法改正

　こうした課題に対応するため，平成12年には少年法等の一部改正が実施された。これは，近年の少年事件の動向に対応することを目的とし，いわゆる厳罰化*²と事実認定の適正化，被害者支援の3点をその趣旨としている。制度改正（少年法，裁判所法，家事事件手続法（当時の家事審判法），少年院法等の改正による）の概要は，以下のとおりである。

　⑴　刑事処分対象年齢を「16歳以上」から「14歳以上」に引き下げる。

　⑵　16歳以上の少年が故意の犯罪行為で被害者を死亡させた場合は，家庭裁判所（以下この項「家裁」）から検察へ原則として逆送する。

　⑶　家裁は被害者等に事件の意見聴取，審判結果の通知を行い，一定範囲内で記録の閲覧・謄写を認める。

　⑷　重大犯罪では，家裁の審判における事実認定手続きに検察官の関与を認める。

　⑸　一定の事件に関して，家裁の少年審判に3人の裁判官による裁定合議制を導入する。

　⑹　一定の事件に関して，少年に対する観護の措置の期間を最大8週間まで延長できることとする。

　⑺　家裁の決定に不服がある場合，検察官の申し立てによる抗告受理制度を創設する。

　さらに，平成19年には，近年の凶悪事件の低年齢化や，被害者支援，事実認定の強化等を背景として，警察の調査権の明確化，14歳未満の少年の保護処分の見直しを主要な改正点とする，少年法等の一部を改正する法律が成立・施行さ

---

*1　家庭裁判所における事実認定の適正化を図る少年法改正の発端となった事件は，平成6年の新庄市立明倫中学校中学生死亡事件に関わって，山形県中央児童相談所長がとった児童福祉司指導措置に対し，「行政処分無効確認請求事件」が提起されたものである。

*2　この法改正は，もともとは事実認定の適正化を主眼とする改正であったが，これと前後して14歳の少年による，いわゆる神戸市内の連続児童殺傷事件が起こったため，厳罰化を図る制度改正が盛り込まれることとなった。

れた。これにより，触法少年に対する警察官の調査が強化され，おおむね12歳以上の少年の少年院入所が可能となっている。

このような動向は，従来のパターナリズムに基づく子どもの保護・矯正を尊重する立場から，子どもについても成人と同様の適正手続きを導入する立場への傾斜とみることができる。

平成26年には，少年院法一部改正法ならびに少年鑑別所法が成立している。これは，近年，少年院において在院者の人権が侵害される事件がみられたため少年院法を大きく改正するものである。

令和4年度から成人年齢が原則18歳となることを受けて検討が続けられていた少年法の扱いは，以下のとおり決定した。まず，罪を犯した18，19歳を「特定少年」として厳罰化する。具体的には，現行法の全件家裁送致は維持しながらも，18，19歳について成人と同様の刑事手続きを取る検察官送致（逆送）の対象犯罪を拡大することとなり，18歳以上を「成年」とする改正民法と同様，令和4年4月から施行されている。

なお，改正少年法は18，19歳の特定少年について，罰則が1年以上の懲役または禁錮にあたる強盗罪や強制性交罪などを逆送の対象としている。また，将来の社会復帰を妨げないように本名や顔写真などの報道を禁じる規定も見直し，特定少年については，起訴（略式を除く）された段階で解禁することとした。

なお，令和5年版犯罪白書は，少年院在院者の87.6%が小児期逆境体験の経験者であることが明らかになったと報告している。少年非行の問題は家庭全体の問題ととらえていくことが必要とされる。

●第2節　心理的困難や苦しみを抱える児童の福祉サービス●

1. 心理的困難や苦しみを抱える児童

児童心理治療施設入所対象児童とは，「家庭環境，学校における交友関係その他の環境上の理由により社会生活への適応が困難となった児童」であり，そのもとになっているのは「情緒障害を有する児童」である。その定義は，「家庭，学校，近隣での人間関係の歪みによって感情生活に支障をきたし，社会適応が困難になった児童」（情緒障害児短期治療施設の入所対象とすべき児童*3）である。具体的には，不安，恐怖，緘黙，強迫行動，不登校の一部等の軽度の神経症症

状，嘘言，盗み，怠学，家出等の軽度の非行，内閉的傾向，落ち着きがない，反
抗，乱暴等の性格上の問題，などが挙げられる。

　なお，全国児童心理治療施設協議会は，それらの児童について，ホームページ
上で「心理的困難や苦しみを抱え，日常生活の多岐にわたって生き辛さを感じ
て心理治療を必要とする子ども」と規定している。そのため，第 2 節の表題を，
「心理的困難や苦しみを抱える児童」とした。こうした児童は，心理的，家庭的，
環境的な種々の要因の複合として生起することが普通であり，めまぐるしく変化
し，ストレスの多い現代社会において増加傾向にある。

2.　心理的困難や苦しみを抱える子どもに対する福祉サービス

　心理的困難や苦しみを抱える子どもに対しては，教育，医療・保健，福祉等の
分野で種々の取り組みがなされているが，全体としての系統性ある対策とはなっ
ていない。主に学齢以上の子どもに対するサービスについて，やや乱暴に図式化
すると，図 17-2 のようになる。

(1)　相談援助施策

　心理的困難や苦しみを抱える子どもに対する相談援助活動は，市町村保健セン
ター，保健所，福祉事務所，児童相談所等で実施されている。原因が心因性であ
るだけに，カウンセリングや心理療法などの対応が有効であり，各機関において
個別・集団によるカウンセリング，遊戯療法などが実施されている。特に，児童
相談所ではこうした子どもに対して，個別・集団によるカウンセリングや，各種
心理療法，ソーシャルワークなどが実施されている。

(2)　児童心理治療施設等への入所

　児童心理治療施設とは，「家庭環境，学校における交友関係その他の環境上の
理由により社会生活への適応が困難となった児童を，短期間，入所させ，又は保
護者の下から通わせて，社会生活に適応するために必要な心理に関する治療及び
生活指導を主として行い，あわせて退所した者について相談その他の援助を行う
ことを目的とする施設」(児童福祉法第 43 条の 2) である。本施設における援助

　＊3　昭和 38 年の中央児童福祉審議会意見具申「児童福祉に関する当面の対応策について」より。
　　　なお，平成 29 年度から情緒障害児短期治療施設が児童心理治療施設と改称されたことによ
　　　り，児童福祉法から「情緒障害」の用語が消え，行政用語としての「情緒障害」の用語は，
　　　いわゆる子ども家庭福祉分野からは消失することとなった。

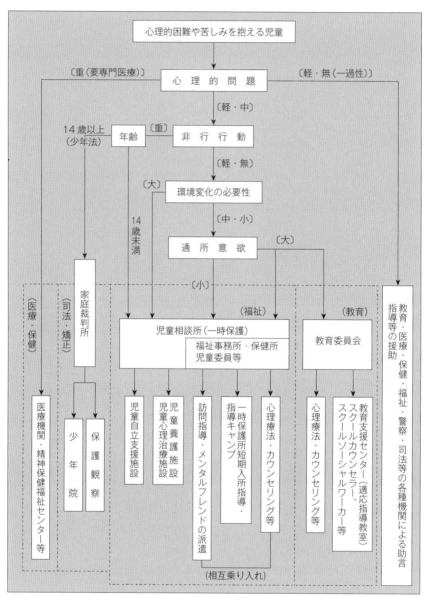

図 17-2　心理的困難や苦しみを抱える子ども（主として学齢以上）への対応

の特徴は心理療法担当職員による心理療法などであり，子どもの状況に応じて週1〜数回の遊戯療法，箱庭療法，カウンセリングなどの個人・集団心理療法，作業療法等が実施されている。いわば，施設内で行っているすべての活動が治療であるといえ，全国児童心理治療施設協議会では，それを「総合環境療法」と呼んでいる。

　また，保育士や児童指導員らによる生活指導も重要で，日常の基本的生活の援助や，各種行事，野外指導，創造的体験学習，話し合いなどが実施されている。さらに，学齢児は施設内学級や通学の形態により学校教育も受けており，こうした環境全体が総合的に作用して，入所児童に有効に働くことが期待されている。なお，通所部門も併設できることとされている。

　近年は被虐待児の入所が半数を超えるまでになっており，治療施設としての真価が問われる様相を呈している。なお，外来児童等に対する家族療法を実施しているところもある。なお，児童心理治療施設の運営については，児童心理治療施設運営指針（平成23年度末厚生労働省局長通知），児童心理治療施設運営ハンドブックによっている。平成27年度から，職員配置基準が引き上げられる（4.5：1から3：1）とともに，心理療法担当職員の配置基準が児童10人に1名以上から7人に1名以上に引き上げられた。

●第3節　不登校児童福祉サービス●

1. 不登校の定義・類型

　不登校は，一般的には「登校したいという気持ちがありながら，種々の理由により登校できない状態」と考えられる。歴史的にはアメリカのジョンソン（Johnson, A. M.）が，1941年に強迫神経症の一種として学校恐怖症（school phobia）を報告し，その後，概念，症状の広がりとともに登校拒否という名称が広く使われたが，平成10年度からは，登校拒否という言葉に潜むラベリング性および意志性を排除するため，「種々の理由により学校に行っていない状態」を示す不登校という用語が用いられる。

　ちなみに，文部科学省は，不登校について，「何らかの心理的，情緒的，身体的あるいは社会的要因・背景により，登校しないあるいはしたくともできない状況にあるために年間30日以上欠席した者のうち，病気や経済的な理由による

者を除いたもの」と定義している。文部科学省は，令和4年度，小・中学校における不登校児童生徒数を小学生10万5,113人，中学生19万3,936人，計29万9,049人と発表しており，在籍する児童・生徒の3.2%が不登校であった。この数値は，令和3年度を22.1％上回り，過去最高であった。不登校の定義が現在と同じになった平成10年は小中学校を合わせて12万7,692人であり，長らく横ばいの後，ここ8年ほどで急激に増加し現在に至っている。近年の増加には，コロナ禍の影響も大きいと考えられている。

　不登校の類型については，小泉（1973）による分類を参考として，以下に類型化しておく。

　　(1)　経済的理由によるもの

　　(2)　保護者の無理解，放任等によるもの，登校禁止

　　(3)　身体的理由（病気等）によるもの

　　(4)　積極的，意図的不登校

　　(5)　神経症的症状としての不登校，学校恐怖症

　　(6)　パーソナリティの発達障害によるもの（分離不安，社会性未成熟等）

　　(7)　怠学（無気力をともなうもの，非行をともなうもの）

　　(8)　反応性一過性（誘因が明確で原因除去により比較的早く軽快するもの）

　　(9)　精神障害によるもの

2.　不登校のとらえ方

　不登校をどうとらえるかについては，いろいろな考え方がある。一種の社会的不適応としてとらえる立場，家族病理を強調する立場，社会病理，教育病理現象としての不登校を強調する立場と，さまざまである。いずれも一面の真実をついているが，必要なことは，不登校を引き起こす種々の要因を一つひとつ慎重に吟味し検討していくことであろう。たとえば，不登校に地域差，学校差があることは，不登校の問題を個人病理，家族病理のみでは説明できないことを示唆しているし，また，不登校の増加と出生数の減少がほぼ同時期から始まっていること，25年間（昭和51年〜平成12年）で約12倍と急激に増加してきた状況は，何らかの学校に対する環境や意識の変容（たとえば価値観の多様化等）も影響している可能性を示唆している。

　いずれにしても，多様な発生メカニズムをもつ不登校について，個人（家庭）か社会（学校）かなどの，あれかこれか思考で原因を単一なものに求めていこうとする発想方法は，不毛の議論を生み，不登校のなかで苦しんでいる個々の児童，保護者，担任等をいたずらに混乱させる結果になってしまうものと思われる。

　不登校については，①個人のパーソナリティ，②家族的背景，③教育・学校背景，④社会的要因（価値観，文化なども含む）など，種々の要因がたまたまある布置を形成したときに生ずると考えるのが，最も妥当ではないかと考えられる。万華鏡は，その模様を構成する細片はまったく変わらないが，一振りでまったく違った模様になる。不登校という現象も，こうした一面をもっていると考えることができる。したがって，サービスのメニューも単一ではあり得ないし，援助方法・技法も一様ではあり得ない。さらにいえば，不登校が単一な価値観からの脱却，強すぎる学校信仰からの解放という側面ももっているとすれば，それは新しい価値観創造のための胎動とも受け取れるのである。また，学校という単一のシステムの制度的限界という側面も否定できない。

3.　不登校に対する支援サービス，いじめ防止対策

　不登校に関する相談援助に携わっている代表的機関・施設としては，市町村，教育委員会（教育支援センター，スクールカウンセラー，スクールソーシャルワーカー等），児童相談所と福祉事務所（家庭児童相談室），児童心理治療施設を挙げることができる。このほか，保健所や精神保健福祉センター，医療機関にも相談が持ち込まれている。さらに，令和3年度現在全国109自治体で設置されている子ども・若者総合相談センターも，引きこもり，不登校の相談に応じている。

　福祉領域における援助としては，個々の子どもや家庭等の状況に応じて，以下のような援助が複合して展開されている。

　⑴　助言指導（学校，医療機関等との連携も含む），保健・医療機関等斡旋

　⑵　訪問指導（メンタル・フレンドの派遣，および手紙のやりとり等も含む）

　⑶　心理療法，カウンセリング（家族療法，集団心理療法等も含む）

(4) 短期入所指導・宿泊指導（児童相談所一時保護所等），キャンプ指導

(5) 児童福祉施設入所（児童心理治療施設等）

　子ども家庭福祉の立場からこの不登校問題に関与する場合には，あくまで，子ども家庭福祉の理念である「（児童が）…適切に養育されること，その生活を保障されること，愛され，保護されること，その心身の健やかな成長及び発達並びにその自立が図られることその他の福祉を等しく保障される権利を有する」（児童福祉法第1条第1項）ことを基本として行われることが必要である。日本国憲法第26条は，子どもが教育を受ける権利を規定している。登校は子どもの義務ではなく権利であり，不登校とは，種々の要因により，子どもが権利を行使できない状態ととらえることが必要である。したがって，援助は，子どもが生来有している可能性を存分に発揮し，その権利を行使することができるよう，言い換えれば，悩み苦しんで援助を必要としている子どもおよびその家庭に共感的に関わり，子どもの自己実現を側面的に支援し，その自主性と社会性等の向上や内的成長を図っていくことを目的として実施されることが，中心となる。

　その意味では，教育部門においても，教育支援センター（適応指導教室）の普及や民間フリースクールの認知が進んでいることは，単線型の教育システムの見直しを図るものとして注目に値する。福祉的援助の実施にあたっては，スクールカウンセラー，スクールソーシャルワーカー，教育部門のサービス，NPOによるフリースクール等との連携も重要である。なお，平成29年2月には，不登校の子どもに，学校外での多様な学びの場を提供することを目的とした法律である「義務教育の段階における普通教育に相当する教育の機会の確保等に関する法律」（平成28年法律第105号）（教育機会確保法）が施行された。

　この法律は，学校復帰を前提としていた従来の不登校対策を転換し，学校外での「多様で適切な学習活動」の重要性を指摘するものであり，国や自治体が子どもの状況を継続的に把握し，子どもとその親には学校外施設などさまざまな情報を提供するよう求めている。また，夜間中学への就学機会の提供も盛り込んだ。この背景には，文部科学省によると，平成27年度に不登校を理由に30日以上欠席した小中学生は約12万6,000人，全体に占める割合は1.26%と過去最高を記録していたこと，いわゆるフリースクールは同年3月時点で全国に474カ所あり，少なくとも約4,200人の小中学生が通っている事実があった。今後は，フ

リースクール利用児童・保護者に対する経済的支援や，フリースクール運営に対する経済的支援，スクールソーシャルワーカーの配置増なども必要とされる。

4.　いじめ防止対策推進法

　平成 25 年 9 月には，いじめ防止対策推進法が施行された。この法律には，学校におけるいじめの定義，いじめ防止基本方針の策定，基本施策，重大事態への対処（事実関係を明確にするための調査とそれをもとにした措置等）等が規定されている。

　この法律によるいじめの定義は第 2 条第 1 項になされており，「児童等に対して，当該児童等が在籍する学校に在籍している等当該児童等と一定の人的関係にある他の児童等が行う心理的又は物理的な影響を与える行為（インターネットを通じて行われるものを含む。）であって，当該行為の対象となった児童等が心身の苦痛を感じているものをいう」とされている。令和 4 年度は，全国小中学校などのいじめの認知件数は 68.2 万件，いじめの重大事態の認定は 923 件と，いずれも過去最多となっている。重大事態への対処として個別事例の「検証」も進められているが，依然としていじめが要因とされる自死はなくなっていない。いじめは人権問題であり，本法により，いじめ問題への対処がどのように進んでいるのか，今後も検証を続けていかなければならない。なお，いじめ問題への対応は文部科学省が所管するが，第三者性確保による重大ないじめ事案への対応はこども家庭庁も関わるため，両省庁の連携が必要とされている。

【文　献】

　相澤仁編集代表，柏女霊峰・澁谷昌史編（2012）:『子どもの養育・支援の原理——社会的養護総論』明石書店
　柏女霊峰（2007）:『現代児童福祉論』（第 8 版）誠信書房
　柏女霊峰（2019 a）:『子ども家庭福祉学序説——実践論からのアプローチ』誠信書房
　柏女霊峰（2019 b）:『平成期の子ども家庭福祉——政策立案の内側からの証言』生活書院
　小泉英二（1973）:『登校拒否』学事出版
　厚生統計協会編（2012）:『国民の福祉と介護の動向』厚生統計協会

第18章

ひとり親家庭福祉と配偶者からの暴力防止のためのサービス

　近年，非婚，離婚，死別等の理由により，配偶者がいない状態で20歳未満の子どもを養育している母子家庭や父子家庭を総称して，「ひとり親家庭」と呼ぶことが一般的になりつつある。本章においては，こうしたひとり親家庭に対する福祉サービスの概要について概観し，併せて近年大きな社会問題となっている配偶者暴力防止サービスについてまとめる。

●第1節　ひとり親家庭福祉サービス●

1. ひとり親家庭の現状

（1）母子家庭の現状

　厚生労働省の全国ひとり親世帯等調査によると，令和3年11月現在で母子世帯数（推計値）は119.5万世帯と推計され，平成28年調査時と比し，3.0％減少している。母子世帯になった理由別母子世帯数をみると，離婚による割合が全体の91.1％を占めている。また，母親の平均年齢は41.9歳，世帯平均人員は3.20人である。

　就労している母が86.3％であり，そのうち常用雇用者は48.8％を占めている。同調査にみる世帯の平均年間収入（令和2年度）は373万円であり，一般世帯（令和4年国民生活基礎調査。令和2年度の児童のいる世帯所得であることに留意が必要）の813万円の45.9％となっている。離婚した場合の養育費については，「取り決めをしていない」が51.2％であり，その結果，56.9％が「受けたことがない」としている。生活上の問題としては，家計49.0％，仕事14.2％，健康10.7％，住居9.4％等となっている。このように，母子世帯については家計を中

心として多くの困難を抱えている現状にあるといえる。

（2）父子家庭の現状

　令和3年度全国ひとり親世帯等調査によると，父子世帯の総数（推計値）は14.9万世帯と推計され，平成28年の調査と比較して20.0%の減少である。この10年間の減少傾向が目立っている。父子世帯の平均年間収入（令和2年度）は606万円であり，当時の一般世帯（令和4年国民生活基礎調査。令和2年度の児童のいる世帯所得）の81.3%となっている。生活上の問題としては，家計（38.2%），家事（14.1%），仕事（11.4%），が多くなっている。

2. ひとり親家庭福祉サービスの実施体制

　ひとり親家庭の親は，仕事に加え，家計・家事と，子どもを養育するという，3つの役割を一人で担わなければならないため，一般家庭に比べて多くの生活課題に直面することとなる。このため，児童福祉法に加え母子及び父子並びに寡婦福祉法が定められ，生活の安定・向上と自立促進のための施策が幅広く用意されている。

　なお，これまでの母子及び寡婦福祉法は，平成26年10月の改正法施行により，母子及び父子並びに寡婦福祉法に名称変更された。また，都道府県等による母子家庭等への支援措置の積極的・計画的な実施や関係機関の連携等に係る規定の整備など，母子家庭等への支援体制の充実を図る改正も実施された。あわせて，父子福祉資金制度（父子家庭に修学資金，生活資金等を貸し付ける制度）の創設といった父子家庭に対する支援を拡充するとともに，母子自立支援員を母子・父子自立支援員に改める改正などが行われた。

　なお，令和元年11月に閣議決定された子供の貧困対策に関する大綱においては，ひとり親家庭の親への就労支援，職業と家庭の両立，学び直しの支援などが規定されている。

3. ひとり親家庭福祉サービスの概要

（1）子育てと生活の支援

　ひとり親家庭（法令上の事業名は母子家庭と父子家庭に分かれているが，ここではひとり親家庭と総称する）に対する支援としては，母子家庭等対策総合支援事業という統合補助金のなかで，以下の事業など多様な事業が実施されている。

①相談援助——ひとり親家庭および寡婦の相談援助を行う機関として福祉事務所があり，専門職として母子・父子自立支援員が配置されている。福祉事務所は，ひとり親家庭福祉並びに寡婦福祉に関し実情の把握，各種相談，調査，指導を行うこととされている。母子・父子自立支援員は福祉事務所にあって，ひとり親家庭福祉および寡婦福祉に関する総合的な相談窓口としての役割が期待されている。母子・父子自立支援プログラムの策定等も行っている。このほか，母子・父子福祉団体等も電話による相談や特別相談を実施している。

②ひとり親家庭等日常生活支援事業——ひとり親家庭の親が，自立のための資格取得や疾病等により，一時的に家事援助や保育サービスが必要となった場合に，家庭生活支援員を派遣し，または家庭生活支援員の居宅において支援する事業である。

③子育て短期支援事業——児童福祉法に基づく子育て支援事業であり，いわゆるショートステイやトワイライトステイを行う事業である。

④ひとり親家庭等生活向上事業——ひとり親家庭の生活の向上を図るため，ひとり親家庭相談支援，生活支援講習，児童訪問援助（ホームフレンド），学習支援ボランティア，情報交換の場の提供等の各種事業を，地域の実情に応じて選択実施する事業である。

⑤特定教育・保育施設等の優先入所——ひとり親家庭の自立支援のため，保育所等の特定教育・保育施設や放課後児童健全育成事業に対する優先入所が図られている。

⑥子どもの生活・学習支援事業（居場所づくり）——放課後児童クラブ等の終了後に，ひとり親家庭の子どもの生活習慣の修得・学習支援や食事の提供等を行うことが可能な居場所づくりを実施する事業である。

このほか，生活困窮者自立支援法に基づく子どもの学習支援等の事業も，ひとり親家庭の子どもたちにとっては有益である。

(2) 生活の場の確保

①母子生活支援施設——母子生活支援施設は，「配偶者のない女子又はこれに準ずる事情にある女子及びその者の監護すべき児童を入所させて，これらの者を保護するとともに，これらの者の自立の促進のためにその生活を支援し，あわせて退所した者について相談その他の援助を行うことを目的とする」（児童福祉法第38条）児童福祉法に規定された児童福祉施設である。必要に応じ，子どもが20

歳になるまで入所を延長することができる。福祉事務所が母子保護の実施を行っている。母子生活支援施設には，母子支援員，少年指導員，調理員等，嘱託医が置かれ，一定の場合に心理療法担当職員が置かれる。母子生活支援施設の運営については，母子生活支援施設運営指針（平成23年度末厚生労働省局長通知），母子生活支援施設運営ハンドブック等による。

　厚生労働省が実施した児童養護施設入所児童等調査の結果によると，平成30年2月現在の入所世帯は3,216世帯であり，5年前の3,725世帯より13.7%減少している。母子世帯になった理由としては，離婚が56.9%，未婚の母16.0%の順となっている。入所世帯の平成29年の年間所得は165.9万円であり，200万円未満が57.4%を占めている。平成30年国民生活基礎調査による平成29年の一般家庭の所得551.6万円の3割程度にとどまっている。近年は配偶者暴力による母子家庭や母子で逃げてくる入所が最も多くなっており，緊急入所の機能も重要である。これらに対応し，母子生活支援施設におけるシェルター機能や支援機能強化のため，夜間警備体制の強化や心理療法担当職員等の職員加算等が進められている。

　②公営住宅の供給——地方自治体が公営住宅の供給を行う際には，ひとり親家庭の優先入居が努力義務として規定されている。

(3) 母子・父子福祉施設

　母子及び父子並びに寡婦福祉法に規定される母子・父子福祉施設には，母子家庭，父子家庭の相談に応じ，生活・職業等に関する指導を行う母子・父子福祉センターと，レクリエーションや休養のための便宜を提供する母子・父子休養ホームの2つがある。

(4) 就業支援

　①母子家庭等就業・自立支援事業——ひとり親家庭就業自立支援センター就業相談や就職情報の提供等，一貫した就業支援サービスの提供や養育費の相談等の生活支援を提供する事業である。運営は，母子・父子福祉団体等に委託されている。また，さまざまな就業支援事業や養育費専門の相談員を配置する事業も展開されている。平成27年度から在宅就業推進事業も拡充されている。

　②母子・父子自立支援プログラム策定事業——個々のひとり親家庭の親の実情に応じた自立支援プログラムの策定によるきめ細かな支援を実施し，必要に応じハローワークとの連携による支援を実施する事業である。アフターケアも実施して

いる。なお，マザーズハローワーク事業も展開されている。

③母子家庭等自立支援給付金事業（自立支援教育訓練給付金，高等職業訓練促進給付金）——地方公共団体が指定する教育訓練講座を受講したひとり親家庭の親に対して，講座終了後に受講料の一部を支給するものが，自立支援教育訓練給付金である。また，高等職業訓練促進給付金とは，介護福祉士，看護師等の経済的自立に効果的な資格を取得するために2年以上養成機関等で修学する場合に，生活費の負担軽減のために本給付金を支給するとともに，養成課程修了後に修了支援給付金を支給するものである。この他，ひとり親家庭高等職業訓練促進資金貸付事業やひとり親家庭高等学校卒業程度認定試験合格支援事業なども実施されている。

④雇用機会の拡大——ひとり親家庭の母等を対象に，新規にパートタイムとして雇用し，職場における実務的訓練・研修を実施後，常用雇用労働者に雇用転換し，6カ月以上雇用した事業主に対して奨励金を支給する制度である，常用雇用転換奨励金制度が開始されている。そのほかの常用雇用に向けた支援事業もいくつか進められている。

(5) 養育費の確保・面会交流

離婚により母子家庭になった世帯においては，別れた父親も養育義務を負うこととなるが，実際には養育費の取り決めが行われたりしても，養育費を支払い続ける父親は少ない。このため，養育費相談支援センター事業として，離婚時の養育費の取り決めやその後の面会交流についての広報・啓発や，法律相談，人材育成のための研修等が実施されている。また，離婚届出時等における養育費取り決めの促進策（養育費に関するリーフレットの配布），養育費・面会交流相談支援センターの設置等，養育費，面会交流に関する対策も実施されている。さらに，養育費の支払いに滞納があった場合には，裁判所に申し立てて将来分も含めて差押えができるように，民事訴訟・民事執行法が改正されている。

(6) 経済的支援

①児童扶養手当——離婚等による生別の母子家庭，父子家庭に対しては，児童扶養手当が支給されている。母子家庭等の自立促進を目的として，前年度中に受け取った養育費の8割が，所得として換算されることとなっている。令和5年度の全部支給額が月4万3,070円であり，収入に応じて減額される。

当初は母子家庭だけが適用されていたが，児童扶養手当法の改正により，平成22年8月から，父子家庭に対しても児童扶養手当が支給されることとなって

いる。さらに，平成28年度から，第2子での加算が最大倍額の1万円強となり，第3子以降が最大6,000円の加算となるなど，改善が行われている（令和6年度以降の改定については第10章を参照）。

②母子・父子・寡婦福祉貸付金——ひとり親家庭の経済的自立を促進するための制度として，母子・父子・寡婦福祉貸付金制度があり，修学資金，就学支度資金，技能習得資金，生活資金，転宅資金，修業資金，事業開始資金，事業継続資金，住宅資金，医療介護資金，就職支度資金，結婚資金の12種類がある。貸付財源は都道府県・指定都市が3分の1，国が3分の2を出資しており，償還金や利息も繰り入れられている。

③その他の経済的支援——そのほか，配偶者が死亡した場合において，配偶者によって生計を維持していた原則として18歳未満の子と生計を同じくする人に支給される遺族基礎年金や，配偶者が厚生年金保険等の被用者年金に加入していた場合に加給される遺族厚生年金等がある。さらに，税制上の措置としては，所得控除，所得税・住民税の特例加算，利子非課税制度等もある。

なお，ひとり親家庭福祉対策としては，前述した幼児教育・保育の無償化や高等教育の修学支援新制度の創設も有効に機能するだろう。

●第2節　配偶者からの暴力防止のためのサービス●

1.　配偶者からの暴力の実態

配偶者からの暴力とは，いわゆるドメスティック・バイオレンス（「DV」と略される）のことである。わが国における基本法である，配偶者からの暴力の防止及び被害者の保護等に関する法律第1条は，「この法律において『配偶者からの暴力』とは，配偶者からの身体に対する暴力（身体に対する不法な攻撃であって生命又は身体に危害を及ぼすものをいう。以下同じ。）又はこれに準ずる心身に有害な影響を及ぼす言動（以下この項及び第28条の2において『身体に対する暴力等』と総称する。）をいい，配偶者からの身体に対する暴力等を受けた後に，その者が離婚をし，又はその婚姻が取り消された場合にあっては，当該配偶者であった者から引き続き受ける身体に対する暴力等を含むものとする」と定義している。配偶者とは，婚姻の届出をしていないが事実上婚姻関係と同様の事情にある者も含む。婦人相談所（令和6年度から「女性相談支援センター」）等へ

の夫等の暴力の相談は増え続けている。

2. 配偶者からの暴力の防止及び被害者の保護等に関する法律

　この法律は，いわゆるドメスティック・バイオレンス（配偶者等からの暴力）に対応するために，平成13年から施行された配偶者からの暴力防止・被害者保護のための基本法である。平成16年，平成19年，平成25年に主たる法改正，特に，介入と保護の強化を趣旨とする改正が行われている。なお，平成25年改正は平成26年1月に施行され，法律名を「保護」から「保護等」とする表題の名称に変更された。

　本法は，配偶者からの暴力にかかる通報，相談，保護，自立支援等の体制を整備することを目的としている。具体的には，①配偶者暴力を発見した者に対する通報の努力義務の規定など，発見と早期対応体制の整備，②都道府県が配偶者暴力相談支援センターを設置し，配偶者からの暴力の防止および被害者の保護のために，相談援助，一時保護（委託も可），情報提供等の援助を行う，③被害者その他からの申立てにより，地方裁判所が接近禁止（6カ月），住居からの退去（2カ月）の保護命令を発令し，被害者の保護を図ることなどが規定されている。このほか，面会要求，無言電話やメール送付等8項目の行為を禁止する電話等禁止命令も出すことができる。なお，令和5年の改正配偶者暴力防止保護法により，令和6年度から，接近禁止命令，電話等禁止命令等の保護命令制度の拡充が行われ，保護命令違反の厳罰化も行われることとなっている。

3. 配偶者からの暴力の防止と被害者の保護のための仕組み

　配偶者からの暴力の防止と被害者の保護のための仕組みを整理したものが，図18-1である。

(1) 配偶者暴力相談支援センター

　配偶者暴力相談支援センターは，都道府県が当該都道府県の設置する婦人相談所その他の適切な施設を指定し，そこが機能を発揮するよう整備することを求めている機関である。市町村も，自らが設置する適切な施設において支援センターの機能を果たすことが，努力義務として規定されている。支援センターにおいては，被害者の相談やカウンセリング，被害者およびその同伴家族の一時保護（一定の条件を満たす民間のシェルター等に委託も可能），各種情報の提供等の業務

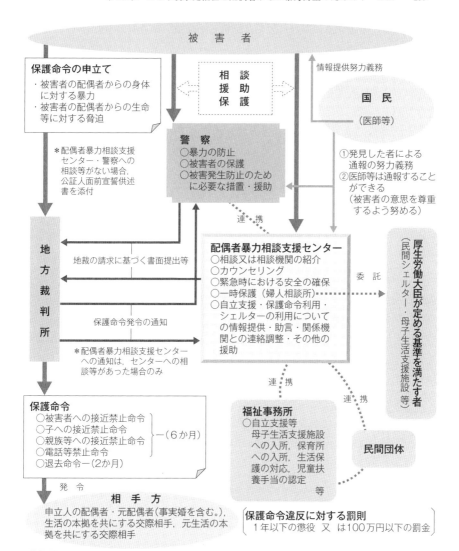

図 18-1　配偶者暴力防止法の概要（チャート）

（内閣府「配偶者からの暴力の防止及び被害者の保護等に関する法律の概要」，2019，p. 4）

が行われる。情報提供の内容としては，自立の支援，保護命令の制度の利用，保護施設の利用に関することなどがある。

(2) 保護命令

保護命令とは，配偶者暴力から被害者を保護するために地方裁判所が発令する命令である。その内容は，被害者がさらなる配偶者からの暴力により，その生命または身体に重大な危害を受けるおそれが大きいときは，被害者の申立てにより，地方裁判所が加害者に対し，6カ月間の被害者への接近禁止（令和6年度から1年間に延長），同居する子への接近禁止や，2カ月間（令和6年度から特定の場合には6カ月間）の住居からの退去・住居付近のはいかい禁止を命ずるものである。命令に違反した場合には，1年以下の懲役または100万円以下の罰金（令和6年度から2年以下の懲役，200万円以下の罰金）が課せられる。申立てを受けた裁判所は，速やかに裁判を行うことが法に規定されており，配偶者暴力相談支援センターや警察が，裁判所の求めに応じて相談内容等を記載した書面を提出し，裁判資料を速やかに整えるといった工夫もなされている。

(3) 配偶者暴力被害者支援

被害者の支援には，前述したセンターのほか，婦人相談員（令和6年度から女性相談支援員），市町村窓口，警察，民間団体等でも実施されている。婦人相談所（令和6年度から女性相談支援センター）には一時保護所が設置され，民間のシェルターにも委託できることとなっている。母子生活支援施設や婦人保護施設（令和6年度から女性自立支援施設）も利用できる。生活費については，生活保護や貸付金制度，児童扶養手当等の情報提供，手続きが進められる。また，ハローワークやひとり親家庭のための就業支援サービスも活用できる。支援に当たっては，親子それぞれが心身の疲労を癒せることに配慮する必要がある。

DVは，子どもにも深刻な影響を与える。子どもが暴力を目撃することは，児童虐待の防止等に関する法律に基づき子どもに対する心理的虐待として扱われ，近年，この通告が急増している。

●第3節　ひとり親家庭福祉と配偶者からの●
暴力防止のためのサービスの課題

　母子家庭，父子家庭等のひとり親家庭は，多くの厳しい生活課題を抱えながら

そのニーズが顕在化しにくく，福祉サービスに結びつきにくい面をもっている。離婚の増加，夫による妻や子への暴力，生活力の欠如など，ひとり親家庭福祉問題は，今後ますます複雑・多様化してくることが考えられる。そして，それとともに，これらの人びとに対するサービスの緊急性，必要性はますます高まってくることが予想される。これらに対応するためには，経済的支援，子育てと生活の支援，住宅支援，就業支援，相談援助等の諸サービスを総合的に提供できるシステムを整備することが必要とされる。また，サービスそのもののさらなる拡充と利用しやすさの確保も，必要とされる。

　さらに，配偶者からの暴力防止や被害者の保護のためには，母子生活支援施設において，夫の暴力から逃れてくる母子緊急保護システムや，広域入所システムの整備を強化することが求められる。また，配偶者暴力相談支援センターやシェルター等の配偶者暴力支援制度と，ひとり親家庭福祉サービスとの連携の確立，レスパイトケアサービスの整備等も進められる必要がある。

　なお，サービス提供の分権化や，NPO等とのネットワーク化なども重要である。離婚母子家庭の父親の扶養義務履行・養育費の支払いの確保についても，より確実な方法を検討しなければならない。母子生活支援施設のあり方や福祉サービス提供体制のあり方，配偶者暴力根絶のための女性保護の仕組みの検討，子どもの貧困対策の推進等を含め，この分野は，子ども虐待防止制度等の子どもの権利擁護システムとも有機的に連動させた，一層の制度改革が必要とされている。

　最後に，これまで困難な状況に置かれた女性の保護の根拠法であった「売春防止法」が，「困難な問題を抱える女性への支援に関する法律」に変更され，令和6年度から施行されることを述べておきたい（売春防止法自体は残る）。

　この法改正は，女性をめぐる課題は生活困窮，性暴力・性犯罪被害，家庭関係破綻など複雑化，多様化，複合化しており，新たな女性支援強化が喫緊の課題となったことを踏まえ，困難な問題を抱える女性支援の根拠法を「売春をなすおそれのある女子の保護更生」を目的とする売春防止法から脱却させ，「民間団体との協働」といった視点も取り入れた新たな支援の枠組みを構築するために実施されたものである。そのポイントは図18-2に示すとおりである。

　この法律では，婦人相談所が女性相談支援センターに，婦人相談員が女性相談支援員に，婦人保護施設が女性自立支援施設に，それぞれ名称変更されるとともに，その機能も強化されることが予定されている。

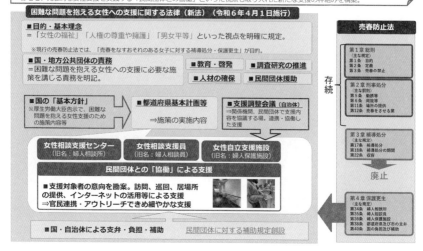

図18-2　困難な問題を抱える女性への支援に関する法律（議員立法）のポイント

（内閣府「困難な問題を抱える女性への支援に係る基本方針等に関する有識者会議（第1回）参考資料1」，2023）

【文　献】

相澤仁編集代表，柏女霊峰・澁谷昌史編（2012）：『子どもの養育・支援の原理——社会的養護総論』明石書店

柏女霊峰（2017）：『これからの子ども・子育て支援を考える——共生社会の創出をめざして』ミネルヴァ書房

柏女霊峰（2019a）：『子ども家庭福祉学序説——実践論からのアプローチ』誠信書房

柏女霊峰（2019b）：『平成期の子ども家庭福祉——政策立案の内側からの証言』生活書院

第19章

子ども家庭福祉と援助活動

　最終章においては，子ども家庭福祉実践の代表的課題である相談援助活動[*1]と，施設における子ども家庭福祉援助活動について，特に，相談援助活動を中心として，その原理や過程，留意事項等について解説する。なお，地域福祉援助活動については，第12章をご参照いただきたい。

●第1節　子ども家庭福祉相談援助の特性と方法，過程●

1. 子ども家庭福祉における相談援助活動の特性

(1) 定　義

　子ども家庭福祉における相談援助活動（以下「相談援助活動」）について，全国レベルで統一された定義はないが，ここでは，「子どもの性格，行動，知能，身体等種々の問題，ならびに家庭，学校，地域等環境上の問題から起こる子どもの問題等について，子ども本人あるいは保護者，学校等から相談を受け，それに対して専門的な方法で援助活動を行い，子どもが心身ともに健全に成長し，その持てる力を最大限に発揮することができるよう援助していく一連の活動（子ども家庭相談援助活動）を，福祉領域および福祉的手法を中心として展開する活動」と定義しておきたい。

　つまり，相談援助活動という場合，一般的にその対象・領域は幅広く，子ども

---

*1　社会福祉士及び介護福祉士法第2条第1項は「……社会福祉士の名称を用いて，専門的知識及び技術をもつて，身体上若しくは精神上の障害があること又は環境上の理由により日常生活を営むのに支障がある者の福祉に関する相談に応じ，助言，指導，福祉サービスを提供する者又は医師その他の保健医療サービスを提供する者その他の関係者（第四十七条において「福祉サービス関係者等」という。）との連絡及び調整その他の援助を行うこと」を「相談援助」とし，いわゆるソーシャルワークに近い活動を相談援助としているが，本章では，社会福祉士のスキルの体系であるソーシャルワークより広い一般的な概念として用いることとする。

の生活全般にわたるものであるといえる。このことは，子ども家庭福祉の領域における相談援助活動を考えていくうえにおいても重要なことである。

　福祉領域における相談援助活動にあっては，教育，医療等の各分野における生活課題に個々別々に対応するのではなく，生活主体すなわち相談ニーズをもつ本人の生活の全体構造，生活の各側面の相互関連性に配慮しつつ，総合的な解決を図るという視点がどうしても必要になる。もちろん，ひとくちに福祉の領域における相談援助といっても，具体的に相談を受ける機関や職能によって領域や方法に違いがあり，生活構造のとらえ方や相談援助における力点の置きどころに差が出ることは否定できないし，各福祉機関に固有の本来業務もあるため，現実には相談援助に偏りが生じていることも少なくない。しかし，基本的視座としては，先に述べたことを忘れてはならない。

(2) 子ども家庭福祉ニーズと相談援助活動

　相談援助活動は，通常，主訴と呼ばれる子ども家庭福祉ニーズが，相談援助機関に持ち込まれることによって開始される。主訴を持ち込む利用者は，通常は子どもの親または親に代わる保護者である場合も多い。しかし，その主訴は，必ずしも保護者本人あるいは子どもの真のニーズを正確には反映していない。主訴は，利用者の意識や感情等のフィルターを通じてたまたま表面に顕在化したニーズであり，その陰に別の真のニーズが隠されている場合も少なくない。

　たとえば，「わが子に落ち着きがないので何とかしてほしい」との主訴で来談した利用者の真のニーズが，「わが子を好きになれず，このままでは虐待してしまいそうなので何とかしてほしい」という救助信号であったといったことは，よくみられることである。わが子の盗みを矯正するべく施設入所を希望したが，その子どもは，親から満たされない愛情欲求を「盗み」という行動をサインとして表現していたといったこともみられる。この場合，親の主訴と子どものニーズとは逆方向であることがわかる。

　また，利用者のニーズは変容する可能性があるということにも，留意しなければならない。人間は固定的な存在ではなく，環境に自分自身を合わせ，また，環境を自分自身に合わせて変えていくなど，常に変化している存在である。したがって，初期のニーズは，状況により，また，自分自身や他者に対する気づき等により，変容していく可能性をもっている。わが子の問題に関する相談が，いつの間にか親自身の生き方に関する相談に変わっていくことも，よくみられること

である。

　すなわち，相談として持ち込まれる福祉ニーズは，そのなかに存在する真の
ニーズをつかむための，また，その後に展開するニーズの変容に向き合うため
の，いわば入場券としての役割を果たしていると考えられる。相談援助活動を行
う者は，この入場券を手がかりとして，子どもと保護者，および彼らが関わりを
もっている全体的環境のドラマに，参加していくことになるのである。

2.　相談援助活動の方法と特徴

（1）相談援助活動の方法と特徴

　相談援助活動にはいくつかの方法がある。アプテカー（Aptekar, H. H. 1955）
は，代表的援助方法であるケースワーク（casework：個別援助技術），カウンセ
リング（counseling），心理療法（psychotherapy）のそれぞれの関係について整
理している。これに，後述する相談援助活動の技術である助言指導（ガイダン
ス：guidance），ならびに親教育（parenting）・訓練（training），保育相談支援
を加えた，6つの技法の相互の関係を整理すると，**図19-1** のようになると考え
られる。

　すなわち，ケースワーク（現在では，ソーシャルワーク〈socialwork：社会福
祉援助技術〉と総称される）は，より外在化されたニーズに対して具体的サー
ビスを通じて援助することに重点をおき，反対に心理療法は，より内面化された
ニーズに対して治療的に関わることに重点をおき，カウンセリングはその中間に
位置すると，一般的には考えられるのである。

（2）助言指導（guidance）

　指導とは「指し導く」と書き，相談援助活動の本旨からはあまり適切な言葉と
はいえないが，用語として定着しているのでここではこの用語を用いることとす
る。これは，「より意識的，外在化された問題に対して，行動や意識等の改善を
目的として広い範囲の対象者に，集団または個人単位に助言，支持，承認，解
説，情報提供，行動見本の提示等を与えること」と定義できる。具体的には1回
あるいは継続的な，助言，支持，解説，承認情報提供等のほか，他機関あっせ
ん，電話相談，関係者に対するコンサルテーション（consultation）等の活動が
挙げられる。

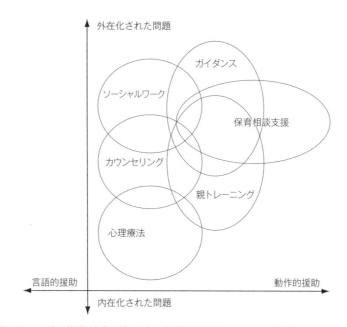

図 19-1　助言指導（ガイダンス），保育相談支援，ソーシャルワーク，カウン
　　　　セリング，心理療法，親教育・訓練（トレーニング）の相互関係
（柏女・有村ら，2012）

（3）保育相談支援

　平成 20 年 3 月に告示された新保育所保育指針に関する厚生労働省の解説書は，
保育指導について，「子どもの保育の専門性を有する保育士が，保育に関する専
門的知識・技術を背景としながら，保護者が支援を求めている子育ての問題や課
題に対して，保護者の気持ちを受け止めつつ，安定した親子関係や養育力の向上
をめざして行う子どもの養育（保育）に関する相談，助言，行動見本の提示その
の他の援助業務の総体」（厚生労働省，2008，p.179）と定義している。これを受
け，平成 23 年度入学生から導入された保育士養成課程においては，施設保育士
の専門性を生かした保護者支援も含め，「保育相談支援」が演習として 1 単位，
教授されている（令和元年度入学生から適用されている新保育士養成課程におい
ては，その名称が子育て支援となったが，標準シラバス上その内容が保育相談支
援であることは変わらない）。保育相談支援について，著者らは，別途，考察を
深め体系化を模索（柏女・橋本，2008，2011，2012 ほか）しているのでご参照

いただきたいが，援助体系としては，ガイダンスに近い専門技術と考えることができる。

(4) 継続指導（ソーシャルワーク，カウンセリング，心理療法）

これは，ひとことでいえば，利用者が自らの問題を解決することができるように実施する，種々の継続的な心理的・社会的援助活動のことである。社会環境への働きかけに重心をおくものがソーシャルワークであり，心理的な援助に重心をおくものがカウンセリング，心理療法である。具体的には種々の実践理論と技法に立つ種々の方法があり，さらには，各種の指導キャンプや児童相談所の一時保護所における短期入所指導，児童福祉施設におけるグループワークも，こうした側面をもっている。また，システム理論に基づいて確立され，わが国においても浸透してきている家族療法もこのなかに含まれる。

(5) 親教育（parenting）・訓練（training）

これは，特定の子ども，保護者等に具体的な課題を設定し，新たな態度や技能等を習得せしめることを目的とするものである。知的障害や発達障害，肢体不自由等を有する子どもたちの療育・訓練，非行を有する子どもの再教育等が挙げられ，主として児童福祉施設において実施されている。なお，近年では，さまざまなペアレンティング・プログラム（parenting program：親教育プログラム）[*2]も導入されており，それぞれファシリテーターや援助者養成も進められている。これらのプログラムを子ども家庭福祉援助活動においてどのように整理するか，今後の課題である。

3. 相談援助活動の過程

相談援助の過程は決して平坦な過程ではない。まず，相談援助機関の利用者，つまり子ども本人やその関係者たちに，個々の相談援助機関の固有機能や独自性を正確に区別して認識し，問題の性格によって相談先を使い分けることを期待することに，無理がある。そもそも相談の内容や問題は，そう簡単に割り切ったり，単純化したりできるものではない。したがって，機関本来の役割や固有機能

[*2] たとえば，子育て家庭に対してはノーバディズ　パーフェクト（Nobodies Perfect：NP）プログラム，コモン・センス・ペアレンティング（CSP），子ども虐待の家族関係調整に関してはサインズ・オブ・セーフティ・アプローチ（SoSA）等が導入され，幅広く行われつつある。

になじまない問題が持ち込まれたり，相談の過程でそういう問題が生じたり，表面化したりすることがよくある。それとは逆に，いくら援助者が努力しても問題解決の糸口さえつかめないということもしばしば起きてくる。このような場合には，援助者と利用者の間の作用関係，つまり相互に影響を与えあう人間関係の基盤が形成されていなかったことになる。関係者相互の連携・協働が叫ばれたり，援助者の基本的姿勢が問われたりするのは，こうした相談援助過程の特性によるのである。

　相談援助の過程は変化に富むとはいえ，それを時間的経過の面から整理してみると，どのような相談も過程の局面の推移はおおむね共通していて，ソーシャルワークを例にとれば，次のような経過をたどる。

　①相談の受付——紹介・問合せ，通告等による相談ニーズの表明と相談の申込み等。

　②受付面接，受理会議——インテーク面接と呼ばれる。フェースシート，主訴，子どもや保護者等の生活状況等の把握，受理の可否の判断，受理の場合は担当者とその後の手順の決定，不受理の場合の他機関への紹介・斡旋等。

　③スタディ（調査，診断，判定の実施と関連諸会議における検討）とアセスメント（評価）——面接・電話・照会等による調査と社会診断，面接・検査・観察等による心理診断，医学診断等による諸資料の収集と分析，問題の分析と原因の究明，援助方針の検討・決定，援助担当者の決定等。

　④プランニングと援助の実施・モニタリング——アセスメントに基づく援助方針と支援のための計画の策定。訪問，通所，入所等による援助（助言指導，心理療法，カウンセリング，ソーシャルワーク，訓練，その他の援助）の実施，援助効果の評価（モニタリング）とそれに基づく援助方針・内容の変更・修正等。

　⑤終結——援助目的達成度評価，目的達成による終結，援助能力の限界による終結（この場合は他機関紹介），その他の理由による終結。

　⑥アフターケア——学校適応・家庭生活適応に対する援助，問題再発の予防等。

　なお，これらの各段階は，全体の流れについての一応の概念的枠組みにすぎず，各段階が時系列上に整然と順序性をもって存在するわけではない。たとえば，援助者に対する信頼が深まってやっと本音が聞けるといったことや，援助に対する反応から家族や子どもの別の側面を理解する資料が得られたりするといったこともあり，その場合には，④の段階から③の段階に戻って再度援助方針を検

討することになる。このように，相談援助の推移は常に流動的であることを，心に留めておく必要がある。

4. 相談援助活動の基本原理

相談援助活動の基本原理については，ソーシャルワークの基本原理，カウンセリングや遊戯療法に関する原理などさまざまなものがあるが，ここでは，それらを参考にしつつ，共通的な原理を10点挙げておきたい。

(1) 受　容

これは，利用者のありのままを無条件に受け入れることである。利用者のどのような経験や態度，感情であろうと，その人の一部として受け入れ，しかも「～ならあなたを受け入れる」といった条件つきでないということである。具体的には，たとえば，「今のあなたのお気持ちは～なのですね」といった対応になる。

(2) 個別性

相談は，同じものは2つとない個々の特性をもっている。相談内容を分類整理し，対応方法を類型化していくことは可能であるが，個々の相談は，あくまで個々の問題に対応する1回きりのものであり，個別性を大切にすることが求められる。

(3) 相互信頼関係

この人にならなんでも話せそうだという相互信頼と親和の関係が成立しなければ，相談援助は進展しない。この関係は通常，ラポール（相互信頼関係）と呼ばれる。

(4) 自立・自己決定への援助

相談援助活動の目的はあくまで利用者の自立・自己決定への援助であり，援助が利用者の主体性を摘み取ってしまうことのないよう，十分注意しなければならない。

(5) 総合的アプローチ

①関わる側の総合性——子ども家庭福祉問題は，子どもの素質，養育環境，誘因，所属集団・地域・社会環境等の，さまざまな要因の複合体として存在しており，そのため，医師，公認心理師，社会福祉士，保育士，保健師等の，さまざまな専門職の総合的なアプローチによって問題の理解と解決を図っていくことが必要となる。その場合，誰かがキーパーソン（通常は社会福祉士）となってチーム

ワークを図る必要があり，また，そのような体制がとれない場合には，必要なマンパワーが状況に応じて活用できるようネットワークの形成に努め，さらに，自らの限界について熟知していることが求められる。

　②子どもを含む環境全体に総合的に関わること——来談者や子どもの訴えを十分に聴き，理解していくと同時に，子どもを囲む家族・所属集団等の全体的環境のなかで，どこ（誰）が最も援助を必要としているか，利用者が問題解決に向けて動ける力をもっているか，子どもと家族にとって鍵となる人物は誰かといったことについて判断し，最も効果的な支援の方法を決めていくことが必要となる。

(6) 内的世界の尊重

　利用者の語る主観的な世界は，たとえそれが客観的事実に基づかない思い込みのように思われても，それはとりもなおさず利用者にとっての現実であり，周囲に対するものの見方である。そうした利用者の主観的世界を共感的に理解していくことなくして，客観的な判断基準のみに従って助言等を行っていくことは，両者の関係を壊してしまうことにもなりかねない。また，利用者の自立をめざす援助の基本からもはずれてしまいかねず，注意が必要である。

(7) 秘密保持

　相談援助を行ううえで，相談により知り得た事柄の秘密を守ることは最も基本的なことである。このことが基本にあるからこそ，利用者は自らの問題について語り，自らを見つめることができるのである。また，個人情報の保護についても留意が必要である。

(8) 自己覚知

　相談援助は，単純な情報提供は別として，利用者の内面に関わることが多いだけに，援助者自身の人間観や価値観，パーソナリティ，自分自身の子育て観等が深く関与することが多くなる。そのため，援助者自身が自らのそれらについての理解を深めておくこと（自己覚知）が必要となる。そうでないと，ある特定の相談について拒否的になったり，過度に同情的になって巻き込まれてしまったりする事態も生じがちである。援助者はこうした事態を避けるため，すすんでスーパービジョンを受ける機会をもつことが必要とされている。

(9) スーパービジョン

　援助者は，相談援助のプロセスでさまざまな困難に突き当たる。また，自分自身が気づかないうちに，利用者に巻き込まれてしまうことも起こりがちであ

る。このため，相談内容や子どもと保護者に対する正確な理解を深め，援助者の知識・技術の不足を補い，また，援助者自身が自分自身の価値観，対人関係の特徴，情緒的反応の傾向等，相談援助に影響する個人的傾向を理解するために，スーパービジョンを受ける機会をもつことが必要とされている。そのことが，援助者自らの力量を高めていくことにつながるとともに，利用者の福祉向上にもつながっていくことになるのである。

(10) 子ども家庭福祉相談援助の特殊性

最後に，子ども，子ども・子育て問題の特殊性についても触れておかねばならない。誰もが子ども時代を経験し，子育ては多くの人が経験しているだけに，子どもや子育てに関する相談援助については，ややもすると自分のものさしで判断しがちとなる。しかし，子育ての問題で悩んでいる利用者も，その人自身の人生のシナリオをその人なりに精一杯生きようとしている。自分の人生のシナリオと他人の人生のシナリオとは，違っていて当然である。固定観念や自己の経験を一度封印し，まず，利用者の話を十分に聴いて，利用者の人生のシナリオの世界に入り，利用者の人生ドラマに一緒に参加していきたいものである。

●第2節 施設における子ども家庭福祉援助活動●

1. 施設における子どもたちの生活の保障

施設ケアにおいて最も重視されるべき点は，入所児童の最善の利益，ウエルビーイングを保障するという視点である。すなわち，子どもが自立したひとりの人間として育ち，その人らしく生き，その尊厳が尊重されつつ，自己の可能性を最大限発揮することができるよう支援することである。言い換えれば，人間としての「あたりまえの生活」（児童養護施設運営指針等）を保障することであるといってよい。

あたりまえの生活とは，私たちがふだん，社会で当たり前に行っている生活そのものである。日課やチャイムもなく，学校から帰れば「今日のおやつは？」と勝手に冷蔵庫を開けたり，おなかが空けばつまみ食いをしたりする生活，部活の朝練のときは早く起き，何もない日曜日は昼ごろまで寝坊を楽しむ生活である。外出するときはドアの鍵を閉め，ガス栓を閉じ，夜はカーテン，雨戸を閉め，こたつでみかんをつまみながら団欒する生活である。こうした社会におけるあたり

まえの生活をまず保障していくことが，施設生活において最も重視されなければ
ならない。

　そのためには，ケア単位の小規模化，ケアの個別化，ケアの連続化，ケアの透
明化，アドボカシー（権利擁護）等の視点が担保されなければならない。そのう
えで，施設における子ども家庭福祉の具体的援助活動が展開されなければならな
い。

　平成24年3月には，社会的養護関係5種別児童福祉施設の運営指針，ならび
に里親・ファミリーホーム養育指針が厚生労働省から通知されている。平成26
年度末には，自立援助ホーム運営指針も通知された。社会的養護関係施設の種別
ごとの運営指針の策定は，子どもの最善の利益保障のために提供される養育の平
準化，社会的養護の社会化，支援・養育の質の向上を促すことなどを目的として
実施された。施設間格差の是正をめざし，かつ，施設運営の透明性，説明責任の
確保のため，施設種別ごとの運営指針の作成が必要とされたのである。

　各施設運営指針の総論部分は，ほぼ共通するように策定されている。そのうえ
で，たとえば児童養護施設運営指針にあっては，施設運営指針の目的のあと，社
会的養護の基本理念として，①子どもの最善の利益のために，②すべての子ども
を社会全体で育む，の2点が挙げられ，原理としては，①家庭的養護と個別化，
②発達の保障と自立支援，③回復をめざした支援，④家族との連携・協働，⑤継
続的支援と連携アプローチ，⑥ライフサイクルを見通した支援，の6点が掲げら
れている。その後，児童養護施設の役割と理念，対象児童，養育のあり方の基
本，児童養護施設の将来像と続き，この後は第三者評価基準と連動した各論が続
く。なお，社会的養護施設の第三者評価は3年に一度の受審義務化が図られ，平
成24年度から施行されている。

2. 児童福祉施設における援助活動

　次に，子どもとその家庭のウエルビーイングを保障していくために，児童福祉
施設の社会福祉専門職に求められる専門性，ソーシャルワーク活動について，主
として養育系の施設を念頭に整理しておきたい。

　近年では，特に社会的養護分野において，居住型施設におけるケアワークと
ソーシャルワークとを一体的に展開する，レジデンシャルワークも提唱されてい
る。

　なお，施設における援助においては，アドミッションケア（admission care），インケア（in care），リービングケア（leaving care），アフターケア（after care）という一連の流れのなかで，以下の方法を総合的に用いた援助が行われる。

（1）ケアワーク（生活援助技術）

　これは，いわゆる保育や養護活動のことであり，子どもの生活全体を視野に入れ，直接支援を通じて生活を総合的に支援していくことである。具体的には，食事等身のまわりの世話，介助，しつけ，発達支援等，各種の日常生活援助活動がある。生活自体のノーマライゼーションが最も求められる。また，入所児童の意向を尊重した取り組みや，生活上のさまざまな思いへの対応を含めた，いわゆる苦情解決に向けた取り組みも必要とされる。さらに，子どもの支援について，ソーシャル・サポート・ネットワーク[*3]の中心的機能を担うことも必要とされる。

（2）保育相談支援

　児童福祉施設においては，保育士が行う保護者支援の専門性である保育相談支援を主として用いた援助も展開されている。子どもたちの施設での様子について保護者に伝え，また，保護者の養育力を高めていくようなアドバイスや行動見本の提示，体験の提供等は，ケアワークから導き出された保護者支援のスキルとして，今後，その体系化が必要とされる。そのうえで，ソーシャルワークとの役割分担が必要とされる。

（3）ケースワーク（個別援助技術）

　子どもの生活・発達の保障，特にケアの連続性確保のため，保護者の生活を支援し，また，子どもの生活基盤を整える環境調整を継続的に行う活動である。前述のソーシャルワークの諸原則に従うことが最も重視される。児童福祉施設におけるケースワーク援助は，子どもの福祉のために親を裁くことではない。また，親の事情により欠けてしまった子どもの保育，養育を補完・代替するだけでもない。保護者とともに，子育てに対する専門性を蓄積し，その機能やノウハウを子どもや保護者に提供することにより子育てを支援していくことである。

　＊3　社会福祉実践において，公的な機関や専門家によるフォーマルな援助に加え，家族や親類，ボランティアや近隣等によるインフォーマルな資源も含めて，それらを有機的に結合し，多面的に支援するネットワークおよびその形成を図ることである。

(4) グループワーク（集団援助技術）

これは，意図的なグループ経験を通じて個人および集団の社会的機能を高め，子どもが有する社会生活上の諸課題を達成するために実施される，集団的技法であるといえる。児童福祉施設においては，子どもの安定感の獲得，社会的規範の修得，対人関係の学習等をめざして行われることが多い。

(5) ファシリテーション（相互援助強化技術）

これは，利用者の内的な力を強化し，仲間集団による相互援助を活性化させていく活動である。子育てグループ等のセルフヘルプ・グループの育成・運営や，保護者のつどい等の場において欠かせない技術となる。

(6) コーディネーション（連絡・調整活動）

いわゆる連絡・調整活動のことである。子どもや保護者の福祉増進のため地域社会の理解を得る活動や，地域における社会資源との連絡・調整，行政との連携等の活動が挙げられる。特定の子どもや保護者を支援するためにケースマネジメント活動を通じて，前述したソーシャル・サポート・ネットワークを形成していく活動も重要である。

(7) アドボケーション（権利擁護活動）

子どもや保護者の意見やニーズを反映し，サービスを円滑に利用できるように支援する，いわゆる代弁・権利擁護活動のことである。特に，子どもの場合は自らの意思を表明する力が十分でないため，子どもの真の福祉ニーズについて周囲の理解を求めていく活動が必要となる。

令和6年度から意見表明支援が児童福祉施設においても強化されていくが，意見表明支援は子どもたちの意見の形成支援と表明支援とから構成されていることを忘れてはならない。その意味では，日ごろのレジデンシャルワークにおける子どもの意見の聴取と尊重が必須である。また，苦情解決の仕組みの活性化のみならず，社会的養護のもとに入る子どもたちに寄り添い，各段階で子どもの声を代弁していく一連の活動を整備していく必要がある。

3. 子ども家庭福祉援助実践における援助技術の体系化をめざして

網野（2002）は，現在の仕組みのもとでは，「……その個人の生活に随時そのニーズに対応してサービスが横糸的に織り込まれていく活動をソーシャルワークという」とし，また，「……その個人の生活に常時あるいは継続的，断続的にそ

のニーズに対応してサービスが縦糸的に織り込まれていく活動をケアワークという」とし，それらを担う専門職がそれぞれソーシャルワーカー，ケアワーカーとされているとしている。そのうえで，児童養護施設等においては，職員の配置基準が児童指導員と保育士の合算によって定められていることを引き合いにして，子ども家庭福祉においては，「ケアワークとソーシャルワークの関連性が強い」としている。

　今後，これまで述べてきた助言指導（ガイダンス），保育相談支援，親教育・訓練，ソーシャルワーク（相談援助），カウンセリング，心理療法の6つの援助体系にケアワーク，保育を加え，これらを整理し体系化していくことが，子ども家庭福祉における社会福祉援助，福祉心理学的援助の大きな課題であると考えられる。

【文　献】

網野武博（2002）：『児童福祉学──＜子ども主体＞への学際的アプローチ』中央法規出版

Aptekar, H. H.（1955）：The dynamics of casework and counseling. Houghton Mifflin.（坪上宏訳〈1964〉：『ケースワークとカウンセリング』誠信書房）

Biestek, F. P.（1957）：The Casework Relationship.（尾崎新・福田俊子・原田和幸訳〈2006〉：『ケースワークの原則──援助関係を形成する技法』［新訳改訂版］誠信書房）

伊藤嘉余子（2007）：『児童養護施設におけるレジデンシャルワーク──施設職員の職場環境とストレス』明石書店

柏女霊峰（2017）：『これからの子ども・子育て支援を考える──共生社会の創出をめざして』ミネルヴァ書房

柏女霊峰（2019 a）：『子ども家庭福祉学序説──実践論からのアプローチ』誠信書房

柏女霊峰（2019 b）：『平成期の子ども家庭福祉──政策立案の内側からの証言』生活書院

柏女霊峰・有村大士・永野咲・橋本真紀・伊藤嘉余子・西村真実・鎮朋子・水枝谷奈央・山川美恵子・高山静子・三浦淳子（2012）：「児童福祉施設における保育士の保育相談支援技術の体系化に関する研究──子ども家庭福祉分野の援助技術における保育相談支援の位置づけと体系化をめざして」『日本子ども家庭総合研究所紀要』第48集

柏女霊峰・橋本真紀（2010）：『増補保育者の保護者支援──保育相談支援の原理と技術』フレーベル館

柏女霊峰・橋本真紀編（2011）：『保育相談支援』ミネルヴァ書房

柏女霊峰監修編，橋本真紀・西村真実編（2010）：『保護者支援スキルアップ講座　保育者の専門性を生かした保護者支援─保育相談支援（保育指導）の実際』ひかりのくに

柏女霊峰編（2020）：『子ども家庭福祉における地域包括的・継続的支援の可能性──社会福祉のニーズと実践からの示唆』福村出版

索　引

著者紹介

柏女　霊峰（かしわめ　れいほう）

1952年　福岡県生まれ
1976年　東京大学教育学部教育心理学科卒業
1976〜86年　千葉県児童相談所心理判定員
1986〜94年　厚生省児童家庭局企画課（'91年4月より児童福祉専門官）
1994年　淑徳大学社会学部助教授
1997〜2023年　淑徳大学総合福祉学部教授・同大学院教授。
2023年　淑徳大学総合福祉学部・同大学院特任教授。臨床心理士。
　　　　東京都児童福祉審議会会長，豊島区児童福祉審議会会長，JPホールディングス社
　　　　外取締役，社会福祉法人興望館理事，浦安市専門委員など。

主著（単著）『現代児童福祉論』誠信書房 1995,『児童福祉改革と実施体制』ミネルヴァ書房 1997,『児童福祉の近未来』ミネルヴァ書房 1999,『子ども家庭福祉のゆくえ』中央法規 2001,『子育て支援と保育者の役割』フレーベル館 2003,『次世代育成支援と保育』全国社会福祉協議会 2005,『こころの道標』ミネルヴァ書房 2005,『子ども家庭福祉・保育のあたらしい世界』生活書院 2006,『子ども家庭福祉サービス供給体制』中央法規 2008,『子ども家庭福祉・保育の幕開け──緊急提言　平成期の改革はどうあるべきか』誠信書房 2011,『子ども・子育て支援制度を読み解く』誠信書房 2015,『これからの子ども・子育て支援を考える』ミネルヴァ書房 2017,『混迷する保育政策を解きほぐす』明石書店 2019,『子ども家庭福祉学序説』誠信書房 2019,『平成期の子ども家庭福祉』生活書院 2019

監修・編著『新しい子ども家庭福祉』ミネルヴァ書房 1998,『新時代の保育サービス』フレーベル館 2000,『子ども虐待教師のための手引き』時事通信社 2001,『児童虐待とソーシャルワーク実践』ミネルヴァ書房 2001,『家族援助論』ミネルヴァ書房 2002,『ソーシャルワーク実習』有斐閣 2002,『市町村発子ども家庭福祉』ミネルヴァ書房 2005,『これからの保育者に求められること』ひかりのくに 2006,『これからの児童養護』生活書院 2007,『児童福祉論』中央法規出版 2009,『児童福祉』樹村房 2009,『社会福祉援助技術』樹村房 2009,『子ども家庭福祉の新展開』同文書院 2009,『事例でわかる！保育所保育指針・幼稚園教育要領』第一法規 2009,『改定版・全国保育士会倫理綱領ガイドブック』全国社会福祉協議会 2009,『保護者支援スキルアップ講座』ひかりのくに 2010,『保育学研究倫理ガイドブック』フレーベル館 2010,『こうのとりのゆりかごが問いかけるもの』明石書店 2010,『社会的養護とファミリーホーム』福村書店 2010,『増補保育者の保護者支援──保育相談支援の原理と技術』フレーベル館 2010,『保育相談支援』ミネルヴァ書房 2011,『子どもの養育・支援の原理──社会的養護総論』明石書店 2012,『改訂版・医療現場の保育士と障がい児者の生活支援』生活書院 2013,『社会福祉用語辞典［第9版］』ミネルヴァ書房 2013,『保育用語辞典［第8版］』ミネルヴァ書房 2015,『児童家庭福祉［改訂2版］』全国社会福祉協議会 2015,『児童や家庭に対する支援と児童・家庭福祉制度［第5版］』中央法規 2015,『子ども・子育て支援新制度　利用者支援事業の手引き』第一法規 2015,『放課後児童支援員都道府県認定資格研修教材　認定資格研修のポイントと講義概要』中央法規 2015,『改訂2版・全国保育士会倫理綱領ガイドブック』全国社会福祉協議会 2018,『三訂版・医療現場の保育士と障がい児者の生活支援』生活書院 2018,『子ども家庭福祉』全国社会福祉協議会 2019,『保育者の資質・能力を育む保育所・施設・幼稚園実習指導』福村出版 2019,『子ども家庭福祉分野における地域包括的・継続的支援の可能性』福村出版 2020,『子育て支援・保護者支援』萌文書林 2021 など

子ども家庭福祉論〔第 8 版〕

2009 年 1 月 23 日　初　版第 1 刷発行
2010 年 4 月 5 日　初　版第 2 刷発行
2011 年 2 月 15 日　第 2 版第 1 刷発行
2011 年 11 月 30 日　第 2 版第 2 刷発行
2013 年 1 月 30 日　第 3 版第 1 刷発行
2014 年 3 月 31 日　第 3 版第 2 刷発行
2015 年 8 月 31 日　第 4 版第 1 刷発行
2016 年 4 月 5 日　第 4 版第 2 刷発行
2018 年 1 月 25 日　第 5 版第 1 刷発行
2019 年 4 月 10 日　第 5 版第 2 刷発行
2020 年 1 月 30 日　第 6 版第 1 刷発行
2022 年 1 月 31 日　第 7 版第 1 刷発行
2024 年 1 月 30 日　第 8 版第 1 刷発行

著　者　柏　女　霊　峰
発 行 者　柴　田　敏　樹
印 刷 者　西　澤　道　祐
発 行 所　株式会社　誠 信 書 房

〒112-0012 東京都文京区大塚 3-20-6
電話　03 (3946) 5666
https://www.seishinshobo.co.jp/